JÜRGEN GRABBE

Verfassungsrechtliche Grenzen der Privatisierung kommunaler Aufgaben

Schriften zum Öffentlichen Recht

Band 359

Verfassungsrechtliche Grenzen der Privatisierung kommunaler Aufgaben

Von

Dr. Jürgen Grabbe

DUNCKER & HUMBLOT / BERLIN

Gedruckt 1979 bei Buchdruckerei A. Sayffaerth - E. L. Krohn, Berlin 61
Printed in Germany

ISBN 3 428 04389 8

Meinen Eltern

Vorwort

Die vorliegende Arbeit lag im Jahre 1978 der Juristischen Fakultät der Universität zu Köln als Dissertation vor. Da das Manuskript mit Ausnahme des Kapitels über die kommunalen Sparkassen im Jahre 1977 abgeschlossen war, konnte später erschienene Literatur und Rechtsprechung nicht mehr berücksichtigt werden.

Dank gebührt allen, die diese Arbeit ermöglicht und gefördert haben, Herrn Prof. Dr. Kriele für die Betreuung der Dissertation und Herrn Ministerialrat a. D. Prof. Dr. Broermann für die Aufnahme in seine Reihe „Schriften zum Öffentlichen Recht".

Jürgen Grabbe

Inhaltsverzeichnis

3. Teil

Die rechtlichen, politischen und sozialen Folgen der Privatisierung

4. Teil

Folgerungen für die einzelnen kommunalen Aufgabenbereiche

Abkürzungsverzeichnis

a. A.	=	anderer Ansicht
AbfG	=	Abfallbeseitigungsgesetz
a. F.	=	alter Fassung
AfK	=	Archiv für Kommunalwissenschaften
AG	=	Aktiengesellschaft
AktG	=	Aktiengesetz
Allg.	=	Allgemeines
AöR	=	Archiv des öffentlichen Rechts
AP	=	Arbeitsrechtliche Praxis Nachschlagwerk des Bundesarbeitsgerichts
ArbG	=	Arbeitsgericht
BAG	=	Bundesarbeitsgericht
BAGE	=	Entscheidungen des Bundesarbeitsgerichts
BAT	=	Bundesangestelltentarifvertrag
Bay	=	Bayerisch
BayVBl	=	Bayerische Verwaltungsblätter
BB	=	Betriebsberater
BBG	=	Bundesbeamtengesetz
BBauG	=	Bundesbaugesetz
BGB	=	Bürgerliches Gesetzbuch
BGBl	=	Bundesgesetzblatt
BGH	=	Bundesgerichtshof
BGHZ	=	Entscheidungen des Bundesgerichtshofs in Zivilsachen
BHO	=	Bundeshaushaltsordnung
BK	=	Bonner Kommentar
BMF	=	Bundesministerium der Finanzen
BMT-G	=	Bundesmanteltarif für Arbeiter gemeindlicher Verwaltungen und Betriebe
BMW	=	Bundesministerium für Wirtschaft
BNotO	=	Bundesnotarordnung
BRRG	=	Beamtenrechtsrahmengesetz
BSG	=	Bundessozialgericht
BSHG	=	Bundessozialhilfegesetz
BT	=	Bundestag
BetrVG	=	Betriebsverfassungsgesetz
BVerfG	=	Bundesverfassungsgericht
BVerfGE	=	Entscheidungen des Bundesverfassungsgerichts
BVerwG	=	Bundesverwaltungsgericht
BVerwGE	=	Entscheidungen des Bundesverwaltungsgerichts
BW	=	Baden-Württemberg

DGO	= Deutsche Gemeindeordnung
DJT	= Deutscher Juristentag
DÖV	= Die öffentliche Verwaltung
DrS	= Drucksache
DRZ	= Deutsche Rechtszeitschrift
DSt	= Der Städtetag
DVBl	= Deutsches Verwaltungsblatt
EGKSV	= Vertrag über die Gründung der Europäischen Gemeinschaft für Kohle und Stahl
EigG	= Eigenbetriebsgesetz
EigVO	= Eigenbetriebsverordnung
EnWG	= Energiewirtschaftsgesetz
ESVGH	= Entscheidungen des Hessischen Verwaltungsgerichtshofs und des Verwaltungsgerichtshofs Baden-Württemberg mit Entscheidungen der Staatsgerichtshöfe beider Länder
EvStl	= Evangelisches Staatslexikon
EVU	= Energieversorgungsunternehmen
EWGV	= Vertrag zur Gründung der Europäischen Wirtschaftsgemeinschaft
GG	= Grundgesetz
GmbH	= Gesellschaft mit beschränkter Haftung
GmbHG	= Gesetz betreffend die Gesellschaft mit beschränkter Haftung
GenG	= Gesetz betreffend die Erwerbs- und Wirtschaftsgenossenschaften
GO	= Gemeindeordnung
GWB	= Gesetz gegen Wettbewerbsbeschränkungen
Hess.	= Hessisch
HGO	= Hessische Gemeindeordnung
HKWP	= Handbuch der kommunalen Wissenschaft und Praxis
h. M.	= herrschende Meinung
i. a.	= im allgemeinen
i. V. m.	= in Verbindung mit
JöR	= Jahrbuch des öffentlichen Rechts
JR	= Juristische Rundschau
jur.	= juristisch
JurA	= Juristische Analysen
JuS	= Juristische Schulung
JWG	= Jugendwohlfahrtsgesetz
JZ	= Juristenzeitung
KAG	= Kommunalabgabengesetz
KE	= Kommissionsbericht zur Reform der Staatshaftung
KgG	= Kindergartengesetz
KGSt	= Kommunale Gemeinschaftsstelle für Verwaltungsvereinfachung
KHG	= Krankenhausfinanzierungsgesetz

KHG NW	= Krankenhausgesetz des Landes Nordrhein-Westfalen
KomSelbst VerwG	= Kommunalselbstverwaltungsgesetz
KPV	= Kommunalpolitische Vereinigung der CDU und CSU Deutschlands
KSchG	= Kündigungsschutzgesetz
KWG	= Gesetz über das Kreditwesen
LAbfG	= Landesabfallgesetz
LAG	= Landesarbeitsgericht
LBG	= Landesbeamtengesetz
LT	= Landtag
MdI	= Minister des Innern
MitbestG	= Gesetz über die Mitbestimmung der Arbeitnehmer
Mrd.	= Milliarden
Nds.	= Niedersachsen
NDV	= Nachrichtendienst des deutschen Vereins für öffentliche und private Fürsorge
n. F.	= neue Folge
NGO	= Niedersächsische Gemeindeordnung
NJW	= Neue Juristische Wochenschrift
Nr.	= Nummer
NSpG	= Sparkassengesetz für das Land Niedersachsen
NW	= Nordrhein-Westfalen
OGU	= örtliches Gasversorgungsunternehmen
OLG	= Oberlandesgericht
ÖPNV	= Öffentlicher Personennahverkehr
ÖTV	= Gewerkschaft Öffentliche Dienste, Transport und Verkehr
OVG	= Oberverwaltungsgericht
OVGE	= Entscheidungen der Oberverwaltungsgerichte für das Land Nordrhein-Westfalen in Münster sowie für die Länder Niedersachsen und Schleswig-Holstein in Lüneburg mit Entscheidungen des Verfassungsgerichtshofes Nordrhein-Westfalen und des Niedersächsischen Staatsgerichtshofes
PBefG	= Personenbeförderungsgesetz
RdA	= Recht der Arbeit
RE	= Referentenentwurf zur Reform des Staatshaftungsrechts
RGBl	= Reichsgesetzblatt
RGZ	= Entscheidungen des Reichsgerichts in Zivilsachen
RMBliV	= Ministerialblatt des Reichs- und Preußischen Ministeriums des Innern
Rh.-Pf.	= Rheinland-Pfalz
RuPrMdI	= Reichs- und Preußischer Minister des Innern
Saar	= Saarland
SchulVG	= Schulverwaltungsgesetz

SH	= Schleswig Holstein
SKV	= Staats- und Kommunalverwaltung
SpkG	= Sparkassengesetz
StabG	= Gesetz zur Förderung der Stabilität und des Wachstums der Wirtschaft
StGH	= Staatsgerichtshof
TV	= Tarifvertrag
Tz.	= Textziffer
UiD	= Unionsinformationsdienst
usw.	= und so weiter
v.	= vom
v. a.	= vor allem
VBL	= Versorgungsanstalt des Bundes und der Länder
VerwArch	= Verwaltungsarchiv
VerfGH	= Verfassungsgerichtshof
VerwR	= Verwaltungsrecht
VerwRspr	= Verwaltungsrechtsprechung in Deutschland, Sammlung obergerichtlicher Entscheidungen aus dem Verfassungs- und Verwaltungsrecht
VG	= Verwaltungsgericht
VGH	= Verwaltungsgerichtshof
VGHE	= Entscheidungen des Bayerischen Verwaltungsgerichtshofs und des Bayerischen Verfassungsgerichtshofs, des Bayerischen Dienststrafhofs und des Bayerischen Gerichtshofs für Kompetenzkonflikte
VKS	= Verband kommunaler Städtereinigungsbetriebe
VKU	= Verband kommunaler Unternehmen e. V.
Vorbem.	= Vorbemerkung
VÖV	= Verband öffentlicher Verkehrsbetriebe
VPS	= Verband privater Städtereinigungsbetriebe
VVDStRL	= Veröffentlichungen der Vereinigung Deutscher Staatsrechtslehrer
VwG	= Verwaltungsgesetz
VwGO	= Verwaltungsgerichtsordnung
VwVerfG	= Verwaltungsverfahrensgesetz
WirtVerwR	= Wirtschaftsverwaltungsrecht
wiss.	= wissenschaftlich
WRV	= Weimarer Reichsverfassung
WSI-Mitteilungen	= Zeitschrift des Wirtschafts- und Sozialwissenschaftlichen Instituts des Deutschen Gewerkschaftsbundes GmbH
ZgesStW	= Zeitschrift für die gesamte Staatswissenschaft
ZPO	= Zivilprozeßordnung
ZRP	= Zeitschrift für Rechtspolitik
z. T.	= zum Teil

Einleitung

Im Zuge der Weltrezession nach der Ölkrise gerieten Bund, Länder und Gemeinden im Jahre 1975 in erhebliche Finanznot. Der wissenschaftliche Beirat beim Bundesfinanzministerium schätzte das Defizit der Gebietskörperschaften für 1975 auf 60 Mrd. DM, wovon die Hälfte nicht konjunkturbedingt, sondern Ausdruck eines strukturellen Ungleichgewichts der öffentlichen Haushalte sein sollte[1]. Um die öffentlichen Haushalte zu entlasten, schlug der wissenschaftliche Beirat unter anderem vor, bisher öffentlich angebotene Leistungen auf private Anbieter zu verlagern[2], allerdings mit der Einschränkung, daß die Aufdeckung konkreter Fälle einer möglicherweise kostengünstigeren privaten Produktion keine leichte Aufgabe sei[3]. Auch der Sachverständigenrat zur Begutachtung der gesamtwirtschaftlichen Lage sieht in der Privatisierung öffentlicher Leistungen bzw. in der privaten Produktion öffentlicher Leistungen Einsparungsmöglichkeiten für den Staat[4]. Diese Anstöße seitens der Wissenschaft führten zu einer breiten öffentlichen Diskussion in der Bundesrepublik.

Die Privatisierungsdiskussion stellt den Reformtrend der frühen Siebzigerjahre in Frage; ging es doch dabei um die Ausweitung des öffentlichen Sektors, um so die kollektiven Bedürfnisse der Bevölkerung zu befriedigen. Es wird behauptet, der Staat produziere öffentliche Leistungen zu teuer (These von der öffentlichen Verschwendung) und produziere unnötig private Güter, wozu das Bildungswesen vom Kindergarten bis zur Universität gerechnet wird (These von der öffentlichen Überlastung)[5]. Von daher ertönt der Ruf nach Privatisierung öffentlicher Aufgaben, nach Entstaatlichung. Im Mittelpunkt des Interesses steht die Privatisierung bisher von den Gemeinden wahrgenommener Aufgaben, von der Müllabfuhr über die Energieversorgung bis zu den Planungsämtern[6].

---

[1] Zur Lage und Entwicklung der Staatsfinanzen in der Bundesrepublik Deutschland, Bulletin Nr. 103/S. 1001 v. 16. 8. 1975.

[2] Wiss. Beirat beim BMF, S. 1007 ff.

[3] Wiss. Beirat beim BMF, S. 1008.

[4] Jahresgutachten 1975, BT DrS 7/4326, S. 138 f.

[5] So Wolfram Engels, zitiert nach Wirtschaftswoche Nr. 32 v. 1. 8. 1975, S. 16; ähnlich Engels, in: Was soll und kann der Staat noch leisten?, 15 (26 ff.).

[6] Ebenso Pausch, Möglichkeiten einer Privatisierung öffentlicher Unternehmen, S. 1 Fn. 1, S. 33 ff.

Es bleibt allerdings die Frage, wie eine sozial gerechte Gesellschaft geschaffen werden soll, wenn das Gemeinwohl allein privatem Soll und Haben unterworfen ist, wie das mit dem Rechtsstaats- und Sozialstaatsprinzip des Grundgesetzes zu vereinbaren ist. Die Privatisierungsdiskussion darf nicht nur unter finanz- und gesellschaftspolitischen Gesichtspunkten geführt werden. Die rechtlichen Folgen und Grenzen der Privatisierung öffentlicher Aufgaben dürfen nicht außer acht gelassen werden. Dazu will die vorliegende Arbeit einen Beitrag leisten.

Es soll gefragt werden, ob sich aus dem Grundgesetz ein Bereich gebotener staatlicher Verantwortlichkeit und Tätigkeit ermitteln läßt, der einer Privatisierung entgegensteht. Auch sind die sozial- und rechtsstaatlichen Bedingungen einer zulässigen Privatisierung zu klären.

Die Untersuchung der verfassungsrechtlichen Grenzen von Privatisierungsmaßnahmen soll beschränkt sein auf die Privatisierung kommunaler Aufgaben, da diese im Mittelpunkt der Diskussion stehen. Zudem legen die spezifische Bedeutung der Gemeinden als bürgernaheste demokratische und soziale Gemeinwesen und ihre verfassungsrechtlich abgesicherte Stellung dies nahe.

Das Schwergewicht der Untersuchung liegt bei der kommunalen Leistungsverwaltung. Im Sozialstaat ist die Darbietung von Leistungen für die Bürger zur Befriedigung der kollektiven Bedürfnisse (Daseinsvorsorge) zur Hauptaufgabe der Gemeinden geworden[7]. Gerade gegen die umfassende Betätigung der Kommunen in diesem Bereich wenden sich die Befürworter einer Privatisierung kommunaler Aufgaben. Die Eingriffsverwaltung wird dagegen zum Teil aus der Diskussion ausgeklammert.

---

[7] So auch Fröhler/Oberndorfer, Die Gemeinde im Spannungsfeld des Sozialstaats, S. 11.

1. TEIL

Die Forderung nach Privatisierung

A. Tätigkeitsbereiche der Gemeinden

Ausgangspunkt der Forderung nach Privatisierung öffentlicher Aufgaben ist die These von der Überlastung der öffentlichen Hand[1]. Der Staat müsse seine politische Substanz wiedergewinnen[2]. Es ist daher nützlich, zu Beginn der Untersuchung einen Blick auf die Tätigkeitsbereiche der Gemeinden zu werfen.

I. Beschreibung kommunaler Tätigkeit

1. Die Allzuständigkeit der Gemeinden

Art. 28 Abs. 2 GG garantiert den Gemeinden das Recht, alle Angelegenheiten der örtlichen Gemeinschaft im Rahmen der Gesetze in eigener Verantwortung zu regeln. Dieser Grundsatz der gemeindlichen Allzuständigkeit (Universalität[3]), der seit den Reformen des Freiherrn vom Stein das deutsche Gemeinderecht beherrscht[4], ist durch die Gemeindeordnungen der Länder konkretisiert worden[5]. Damit ist den Gemeinden das Recht zur umfassenden Pflege und Sorge für die Wohlfahrt der Gemeindeeinwohner, für die Förderung ihrer Kultur-, Sozial- und Wirtschaftsinteressen zugestanden[6]. Von diesem Recht haben die Gemeinden intensiv Gebrauch gemacht. Deutsche Gemeinden unterhalten Feuerwehren, betreiben eigene Wirtschaftsunternehmen zur Versorgung ihrer

---

[1] Engels, zitiert nach Wirtschaftswoche Nr. 32 v. 1. 8. 1975, S. 16.

[2] Fischer-Menshausen, in: Verselbständigung von Verwaltungsträgern, 51 (52 f.).

[3] BVerfGE 1, 167 (175) v. 20. 3. 1952; 8, 122 (134) v. 30. 7. 1958; 21, 117 (128) v. 17. 1. 1967; Schmidt-Bleibtreu/Klein, Art. 28 Rdn. 9.

[4] Siehe schon § 108 Preußische Städteordnung von 1808. Im Gegensatz dazu gilt im Ausland teilweise der Spezialitätsgrundsatz, nach dem den Gemeinden Aufgaben ausdrücklich zugewiesen sein müssen. Vgl. dazu v. Unruh, in: Besonderes VerwR (Hrsg. v. Münch), S. 98.

[5] § 2 Abs. 1 GO BW, Art. 6 Abs. 1 BayGO, § 2 HGO, § 2 NGO, § 2 GO NW, § 2 Abs. 1 GO Rh.-Pf., § 5 Abs. 1 KomSelbstVerwG Saar, § 2 Abs. 1 GO SH.

[6] Vgl. Kunze/Schmid/Rehm, GO BW, § 2 Erl. I, 2 u. § 1 Erl. II, 3; Kottenberg/Rehn, GO NW, § 1 Erl. II, 1; v. Loebell, GO NW, § 1 Erl. 4.

Einwohner mit Strom, Gas und Wasser, brauen eigenes Bier und halten sich eigene Zuchttiere. Die Betätigungsfelder sind also zahlreich.

2. Gliederung gemeindlicher Aktivitäten

Als Anknüpfungspunkt für eine Sichtung kommunaler Aktivitäten können die nach Funktionen gegliederten Haushaltspläne der Gemeinden dienen[7]. Anhaltspunkte bietet auch der Aufgabengliederungsplan der Kommunalen Gemeinschaftsstelle für Verwaltungsvereinfachung (KGSt)[8]. Bei aller Unterschiedlichkeit sind die deutschen Gemeinden im allgemeinen auf folgenden Gebieten tätig:[9]

1. Sorge für die öffentliche Sicherheit und Ordnung (Rechtswesen, Sicherheit und Ordnung, Meldewesen, Personenstandswesen, Sozialversicherung, Feuerschutz, Zivilschutz)
2. Schulwesen
3. Kultur und Sport
4. Sozial- und Gesundheitswesen
5. Bauwesen (Bauverwaltungsaufgaben, Stadtplanung, Vermessungs- und Katasterwesen, Bauordnung, Wohnungswesen, Hochbau, Tiefbau, Garten- und Friedhofswesen)
6. Verwaltung von öffentlichen Einrichtungen (Stadtreinigung und Fuhrpark, Schlacht- und Viehhof, Marktwesen, Pfandleihwesen, Bäderwesen)
7. Wirtschaft und Verkehr (Wirtschafts- und Verkehrsförderung, Wirtschaftliche Unternehmen, Forstwesen)
8. Finanz- und Steuersachen

3. Die Gemeindeeinrichtungen

Besonders stark engagiert haben sich die Gemeinden bei der Unterhaltung von Gemeindeeinrichtungen. Dazu zählen vor allem die öffentlichen Einrichtungen, die zu errichten den Gemeinden durch die Gemeindeordnungen auferlegt ist[10]. Der Begriff der „öffentlichen Einrichtungen" ist gesetzlich ungeklärt. Daher ist nicht unbestritten, ob kommunale Verkehrs- und Versorgungsbetriebe in privatrechtlicher Form zu den öffentlichen Einrichtungen zählen oder nur private Ein-

---

[7] Vgl. den Gliederungsplan bei v. Unruh (Fn. 4), S. 150 ff.

[8] KGSt, Aufgabengliederungsplan, S. 41 ff.

[9] Vgl. v. Unruh (Fn. 4), S. 150 ff.; KGSt, S. 41 ff.; E. Becker, in: HKWP I, 62 (111); Pagenkopf, Kommunalrecht I, S. 162; Widtmann, Kommunalrecht, in: EvStL, Sp. 1346 (1354).

[10] § 10 Abs. 2 S. 1 GO BW, Art. 57 Abs. 1 BayGO, § 19 Abs. 1 HGO, § 2 Abs. 1 S. 2 NGO, § 18 Abs. 1 GO NW, § 17 Abs. 1 GO SH.

richtungen der Gemeinden darstellen[11]. Zu den letzteren gehören jedenfalls Einrichtungen, die nicht unmittelbar der Verwirklichung öffentlicher Zwecke dienen (z. B. Ratskeller, Brauereien)[12]. Die öffentlichen und die privaten Einrichtungen der Gemeinden können aber unter dem Begriff „Gemeindeeinrichtungen" zusammengefaßt werden[13].

Als Beispiele von Gemeindeeinrichtungen sind zu nennen:[14]

a) Versorgungs- und Verkehrsbetriebe: Wasser-, Gas- und Elektrizitätswerke, Straßenbahnen, Kleinbahnen, Drahtseilbahnen und Gebirgsbahnen, Häfen und Fähren

b) Betriebe der Urproduktion und darauf aufgebaute Verarbeitungsbetriebe: Landwirtschaftsgüter, Vatertierhaltung, Molkereien, Sägewerke, Ziegeleien, Mühlen, Weinberge

c) Hilfsbetriebe: Buchbindereien, Schreinereien, Dachdeckereien, Schlossereien, Kraftfahrzeugwerkstätten

d) sonstige Gemeindeeinrichtungen: Öffentliche Büchereien, Museen, Volkshochschulen, Theater, Altenheime, Volksküchen, Wärmestuben, Jugendheime, Kindergärten, Skihügel, Skilifte, Schießstände, Stadtgärtnereien, Friedhöfe, Krematorien, Bestattungsbetriebe, Kleingartenanlagen, Straßenreinigung, Müllabfuhr, Schlachthof, Märkte, Schwimmbäder, Wannen- und Brausebäder, Heilbäder, Messehallen, Stadthallen, Aussichtstürme, Gaststätten, Reklamebetriebe, Kurbetriebe, Apotheken und Brauereien.

Aus dieser Aufzählung ist ein geschlossenes System gemeindlicher Einrichtungen nicht erkennbar. Es gibt Einrichtungen, die unmittelbar der Erfüllung öffentlicher Zwecke dienen und die die Gemeinden bewußt zum Wohl ihrer Einwohner geschaffen haben, so die Verkehrs- und Versorgungsbetriebe. Manches aber ist vom Zufall und der historischen Entwicklung[15] geprägt. Vor allem bei diesen Einrichtungen muß gefragt werden, ob ihre Unterhaltung durch die Gemeinden heute

---

[11] Siehe dazu Ossenbühl, DVBl 1973, 289 (293); Pappermann, JZ 1969, 485 (487 ff.); zum Begriff der öffentlichen Einrichtung: OVG Lüneburg, DVBl 1964, 365 (366) v. 27. 6. 1963; OVG Koblenz, in: Kottenberg/Rehn, RKVR, § 18 Nr. 18 v. 13. 12. 1965; OVG Münster, NJW 1969, S. 1077 v. 23. 10. 1968; BayVGH, in: Kottenberg/Rehn, RKVR, § 18 Nr. 51 v. 11. 12. 1968; HessVGH ESVGH 25, 59 (70) v. 24. 6. 1974; Kottenberg/Rehn, GO NW, § 18 Erl. I, 3; Rauball, GO NW, § 18 Erl. 1; vgl. auch die Literaturhinweise bei Scholz, Das Wesen und die Entwicklung der gemeindlichen öffentlichen Einrichtungen, S. 27 Fn. 53 und 54.

[12] Vgl. Lüersen/Neuffer, NGO, § 22 Anm. 1.

[13] Hurst, in: HKWP II, S. 833.

[14] Vgl. KGSt, Katalog der Organisationseinheiten mit Betriebscharakter; Scholz, Das Wesen, S. 17 (in Fn. 7 weitere Nachweise); Gönnenwein, Gemeinderecht, S. 477 f.; Lüersen/Neuffer, NGO, § 22 Anm. 1.

[15] Zur geschichtlichen Entwicklung der Kommunalwirtschaft: Stern/Püttner, Die Gemeindewirtschaft, S. 11 ff.

noch geboten ist. Viele Einrichtungen erfordern hohe Zuschüsse aus dem Gemeindehaushalt. Da stellt sich die Frage, ob es Private nicht billiger machen können. Es sind aber auch die Grenzen zu beachten, die sich aus unserer Rechtsordnung, namentlich aus den Staatszielbestimmungen des Grundgesetzes, für eine privatwirtschaftliche Betätigung auf den Gebieten der Sozial- und Kulturförderung der Bürger ergeben.

II. Rechtsformen kommunaler Betätigung

1. Eingriffsverwaltung und Leistungsverwaltung

Für die rechtliche Beurteilung der Privatisierung kommunaler Aufgaben, vor allem für die Frage ihrer verfassungsrechtlichen Zulässigkeit, ist es notwendig, Klarheit über die Arten und Formen kommunaler Betätigung zu gewinnen. Für die kommunale Selbstverwaltung als Teil der öffentlichen Verwaltung gelten dabei die Grundsätze, die für die allgemeine Verwaltung entwickelt worden sind.

Die Tätigkeit der öffentlichen Verwaltung kann man beschreiben „als die Bewahrung und gestaltende Fortentwicklung der sozialen Ordnung eines Gemeinwesens und seiner Glieder sowie die Bereitstellung der dazu und für alle anderen Glieder der Organisatin des Gemeinwesens erforderlichen Mittel, wobei die Ordnungsprinzipien durch Verfassung, Gesetzgebung und Regierung vorgeschrieben werden“[16].

Seit *Forsthoff* mit seiner wegweisenden Schrift „Die Verwaltung als Leistungsträger“ aus dem Jahre 1938 die Bedeutung der leistenden Tätigkeit der Verwaltung, der „Daseinsvorsorge“, herausgestellt hat, wird die Verwaltungstätigkeit üblicherweise in Eingriffsverwaltung und Leistungsverwaltung unterschieden[17].

Eingriffsverwaltung wird herkömmlich verstanden als die Verwaltungstätigkeit, bei der die Träger öffentlicher Verwaltung einseitig verbindlich regelnd durch Gebote und Verbote (z. B. Polizei- und Ordnungsverfügungen), Entscheidungen und Änderung bestehender Rechtsverhältnisse (z. B. Führerscheinentzug) unter Anwendung oder Androhung von hoheitlichem Zwang in die Rechte einzelner eingreifen[18]. Es ist die Verwaltung, „die mit Erlaubnisvorbehalten, Befehlen und

[16] Wolff/Bachof, VerwR I, S. 18.

[17] Vgl. Beinhardt, DVBl 1961, S. 608; Forsthoff, VVDStRL 12, 8 (13); Gröttrup, Die kommunale Leistungsverwaltung, S. 80; Klüber, Das Gemeindederecht, S. 30 f.; Maunz/Dürig, in: Maunz/Dürig/Herzog, Art. 20 Rdn. 129; v. Münch, in: Erichsen/Martens, Allg. VerwR, S. 18; Püttner, Die öffentlichen Unternehmen, S. 326.

[18] Vgl. Wolff/Bachof, VerwR I, S. 111; Maunz/Dürig (Fn. 17); v. Münch (Fn. 17).

notfalls mit Zwang in das freie Belieben der Menschen eingreift"[19]. Typisch für die Eingriffsverwaltung ist also die belastende Maßnahme. Ihr Hauptzweck ist die Gefahrenabwehr, vor allem die Aufrechterhaltung der öffentlichen Sicherheit und Ordnung[20].

Der Austausch von Leistungen zwischen Verwaltung und Bürger und die Förderung von Personen sind die Tätigkeiten, die als „Leistungsverwaltung" bezeichnet werden[21]. Zur Leistungsverwaltung zählen die Darbietung von Versorgungsleistungen (Gas-, Wasser-, Strom- und Fernwärmeversorgung), das Bereitstellen von Verkehrsmitteln und sozialen und kulturellen Einrichtungen (Theater, Sportstätten, Kindergärten) und Zuwendungen an Personen (Subventionen, Stipendien). Im Gegensatz zur Eingriffsverwaltung, die dem einzelnen eine Last auferlegt, ist also typisch für die Leistungsverwaltung, daß sie dem einzelnen einen Vorteil gewährt[22].

Gegen die Einteilung der Verwaltungstätigkeit in Eingriffsverwaltung und Leistungsverwaltung werden vielfach Bedenken erhoben. So versteht *Erich Becker* auch Eingriffe, die der Aufrechterhaltung von Sicherheit und Ordnung dienen, als Leistung, und zwar als Daseinsvorsorge[23]. Er bezeichnet folglich als Leistungsaufgaben alle Aufgaben der öffentlichen Verwaltung, die der Allgemeinheit oder bestimmten einzelnen unmittelbar dienen sollen[24].

Wolff kritisiert die Entgegensetzung von Eingriffs- und Leistungsverwaltung. Die Eingriffsverwaltung bezeichne eine Tätigkeitsweise (Modalität), die Leistungsverwaltung einen Tätigkeitsgehalt (Qualität) der öffentlichen Verwaltung[25]. Richtiger sei es, zwischen ordnender und leistender Verwaltung zu unterscheiden[26].

---

[19] Wolff/Bachof, VerwR I, S. 20.

[20] Vgl. Wittern, Grundriß, S. 27.

[21] Vgl. Wolff/Bachof, VerwR I, S. 19; v. Münch (Fn. 17), S. 19 mit weiteren Literaturhinweisen zur Leistungsverwaltung in Fn. 54; Gröttrup, S. 80 ff.; Klüber, Das Gemeinderecht, S. 31; Maunz/Dürig (Fn. 17); Wittern, S. 27.

[22] Vgl. Gröttrup, S. 81.

[23] E. Becker, VVDStRL 14, 96 (110).

[24] E. Becker, VVDStRL 14, 96 (109); ihm folgen Beinhardt, DVBl 1961, 608 (613); Menger, DVBl 1960, 297 (298).

[25] Wolff, VerwR III, S. 154; ebenso Brohm, VVDStRL 30, 245 (304 Fn. 176); Rüfner, Formen öffentlicher Verwaltung, S. 132 spricht von „terminologischer Verwirrung".

[26] Wolff, VerwR III, S. 155; ähnlich Rüfner, S. 133, der die Verwaltung nach ihren Zielen in Ordnungsverwaltung und fördernde Verwaltung einteilt, aber in Fn. 33 auf S. 133 Bedenken gegen Wolff erhebt, weil ihm dessen Begriff der Leistungsverwaltung (auch Förderung mit den Mitteln des Eingriffs, z. B. durch Inpflichtnahme privater Unternehmungen) zu weit geht. Rüfner unterscheidet nach den Handlungsformen zwischen Eingriffs- und Nichteingriffsverwaltung.

Den Kritikern ist zuzugestehen, daß eine Unterscheidung zwischen Eingriffs- und Leistungsverwaltung oft sehr schwierig ist. Die Grenzen zwischen beiden Bereichen sind fließend[27]. So fällt etwa die Einordnung von entgeltlichen Leistungen, zu deren Empfang der Begünstigte durch Anschluß- und Benutzungszwang gezwungen wird, schwer. Die Begriffe Ordnungsverwaltung und Eingriffsverwaltung bezeichnen nicht den gleichen Gegenstand. So kann im Bereich der Wirtschaft ordnende Verwaltung in der Gewährung von Leistungen bestehen, um den Empfänger zu einem bestimmten ordnungspolitisch erwünschten Verhalten zu veranlassen. Die sog. lenkende Verwaltung kann mit Eingriffen und Leitungen erfolgen.

Für eine Unterscheidung nach der Qualität der Verwaltungstätigkeit ist die Einteilung in Eingriffs- und Leistungsverwaltung unzureichend. Zur Systembildung reicht sie nicht aus[28], zur Beschreibung der Verwaltungsaufgaben muß stärker differenziert werden. Bei der rechtlichen Erörterung der Privatisierung kommunaler Aufgaben muß jedoch entscheidend auf die Folgen für den einzelnen abgestellt werden. Dort, wo der Bürger hoheitlichem Befehl und Zwang unterliegt, stellt sich die Frage nach der rechtlichen Zulässigkeit der Privatisierung vom Ansatz her anders als dort, wo er weitgehend selbst entscheiden kann, ob er eine ihm angebotene Leistung annehmen will oder nicht. Daher soll trotz mancher Bedenken an der Einteilung in Eingriffs- und Leistungsverwaltung festgehalten werden. Diese Einteilung bezieht sich allein auf die Modalität des Verwaltungshandelns.

2. Privatrechtliche und öffentlich-rechtliche Leistungsverhältnisse

Die Verwaltung soll sich zur Verwirklichung ihrer Ziele der jeweils zweckmäßigsten Mittel bedienen. Dazu bieten sich öffentlich-rechtliche und privatrechtliche Gestaltungsformen an.

Das traditionelle Handeln der Verwaltung war bestimmt durch den Eingriff in die Freiheiten der Bürger mit Befehlen und Zwang zum Zwecke der Gefahrenabwehr. Dafür ist ein spezielles öffentliches Recht entwickelt worden. Im Bemühen, dieses Verwaltungshandeln rechtsstaatlichen Grundsätzen zu unterwerfen, sind die Institutionen des deutschen Verwaltungsrechts geprägt worden[29].

Der Staat und die Gemeinden waren jedoch stets auch gezwungen, am allgemeinen Wirtschaftsverkehr teilzunehmen, und sei es nur, um sich

[27] Vgl. Bachof, Diskussionsbeitrag in: VVDStRL 14, S. 174; Gröttrup, S. 81 f.

[28] Vgl. Brohm, VVDStRL 30, 245 (304 Fn. 176); Bachof, VVDStRL 30, 194 (227 f.).

[29] So Forsthoff, Rechtsfragen der leistenden Verwaltung, S. 50; ders., Lehrbuch I, S. 369.

die Mittel zur Erfüllung der Verwaltungszwecke zu beschaffen. Auch waren sie im beschränkten Maß immer wirtschaftlich tätig, z. B. durch das Betreiben von Bergwerken, Staatsbrauereien oder Porzellanwarenmanufakturen. Wenn die Verwaltung wie ein Privater am Wirtschaftsleben teilnahm, mußte sie sich den Gestaltungsformen des Privatrechts unterwerfen.

Die Unterscheidung von öffentlichem Recht und Privatrecht, die der überkommenen Doppelnatur des Staates als Hoheitsträger und als Fiskus entspricht[30], ist weitgehend hinfällig geworden[31]. Zumindest sind die Grenzen zwischen beiden Rechtsgebieten fließend.

Im Bereich der Leistungsverwaltung steht den Gemeinden in den Grenzen des Rechts ein Wahlrecht zwischen öffentlich-rechtlichen und privatrechtlichen Organisationsformen zu[32]. Dies ergibt sich aus der Organisationsgewalt der Gemeinden, die durch die Selbstverwaltungsgarantie des Art. 28 Abs. 2 GG geschützt ist[33]. Das Wahlrecht betrifft die Organisation, den Leistungsaustausch und die Personalbeschäftigung[34]. Die Wahlfreiheit ist eingeschränkt, wenn auf bestimmten Gebieten öffentlich-rechtliches Handeln zwingend vorgeschrieben ist, etwa bei Anschluß- und Benutzungszwang hinsichtlich der Zwangsbeziehung[35].

Für die Regelung der Leistungsbeziehungen zwischen Bürger und Verwaltung wird die Wahlfreiheit neuerdings in Frage gestellt. So will *Pestalozza* den Staat in allen seinen Verhaltensweisen dem öffentlichen Recht unterwerfen. Privatrechtliche Normen sollen nur subsidiär anwendbar sein[36]. Auch die juristischen Personen des Privatrechts, deren sich der Staat zur Erfüllung öffentlicher Aufgaben bedient, sollen dem öffentlichen Recht unterstellt sein[37]. In der Rechtsprechung zeigen sich ebenfalls Tendenzen, Leistungsbeziehungen zwischen Bürgern und

---

30 Püttner, Die öffentlichen Unternehmen, S. 125; ders., Allg. VerwR, S. 70; Gröttrup, S. 100; H. H. Klein, Die Teilnahme des Staates am wirtschaftlichen Wettbewerb, S. 119 ff., v. a. S. 120, S. 129, S. 135.

31 Vgl. Bullinger, Öffentliches Recht und Privatrecht; Püttner, Die öffentlichen Unternehmen, S. 125 mit weiteren Hinweisen in Fn. 2.

32 OVG Lüneburg, NJW 1977, S. 450 v. 26. 8. 1976; Püttner, Die öffentlichen Unternehmen, S. 136 ff. u. S. 328 ff.; ders., Allg. VerwR, S. 67; ders., DVBl 1975, S. 353; Gröttrup, S. 100 ff., Rüfner, S. 353; Wolff/Bachof, VerwR I, S. 105.

33 OVG Lüneburg (Fn. 32); Stern, in: BK, Art. 28 Rdn. 102; Wolff/Bachof, VerwR II, S. 204.

34 Püttner, Die öffentlichen Unternehmen, S. 136.

35 Vgl. Gröttrup, S. 102; Püttner, Die öffentlichen Unternehmen, S. 138 f.; ob auch die Abwicklung der Beziehung nur öffentlich-rechtlich erfolgen kann, ist bestritten. Vgl. dazu HessVGH ESVGH 25, 59 (71) v. 24. 6. 1974; OVG Lüneburg (Fn. 32).

36 Pestalozza, Formenmißbrauch, S. 174 ff.

37 Pestalozza, S. 183 f.; so auch Eyermann/Fröhler, VwGO, § 40 Rdn. 53; ihnen folgend Kratzer, DVBl 1961, S. 604.

öffentlichen Einrichtungen grundsätzlich dem öffentlichen Recht zu unterwerfen[38].

Für die Gemeindeeinrichtungen läßt sich diese Auffassung nicht halten. Die Kommunalabgabengesetze und die Gemeindeordnungen stellen klar, daß die Gemeinden die Benutzungsverhältnisse gemeindlicher Einrichtungen und Anlagen öffentlich-rechtlich oder privatrechtlich regeln können[39]. Die Gemeinden können nur bei privatrechtlichem Handeln besonderen öffentlich-rechtlichen Bindungen unterliegen, so daß die Gefahr eines rechtsstaatlichen Defizits weitgehend eingeschränkt ist. Ebensowenig ist eine Verkürzung des gerichtlichen Rechtsschutzes zu befürchten. Die rechtsstaatlichen Garantien gelten im gerichtlichen Verfahren für den ordentlichen Rechtsweg gleichermaßen wie für den Verwaltungsrechtsweg[40]. Eine generelle Unterordnung etwa der Rechtsbeziehungen zwischen Bürgern und privatrechtlichen Unternehmen der öffentlichen Hand unter das öffentliche Recht ist schon deshalb abzulehnen, weil diesen Unternehmen als Privatrechtssubjekten keine Hoheitsrechte zustehen[41].

3. Rechtsformen gemeindlicher Einrichtungen

Nachdem festgestellt ist, daß den Gemeinden in den Grenzen des Rechts die Freiheit zusteht, die Einrichtungen ihrer Leistungsverwaltung öffentlich-rechtlich oder privatrechtlich zu gestalten, sollen die dafür in Frage kommenden verschiedenen Organisationsformen, die gegenüber der allgemeinen Verwaltung unterschiedliche Verselbständigungsgrade aufweisen, näher dargestellt werden. Dieser Darstellung kommt deshalb besondere Bedeutung zu, weil sich in der öffentlichen Diskussion die Forderung nach Privatisierung und nach stärkerer Verselbständigung gemeindlicher Einrichtungen bei bestehenbleibender öffentlicher Trägerschaft berühren und auch nicht immer auseinandergehalten werden[42]. Eine größere Verselbständigung gemeindlicher Ein-

---

[38] Vgl. HessVGH, NJW 1977, S. 452 v. 28. 9. 1976; VG Wiesbaden, DVBl 1974, 243 (244) v. 14. 1. 1974; VG Berlin, JR 1972, S. 172 f. v. 16. 7. 1971; a. A.: BGH, DVBl 1974, 558 (560) v. 27. 10. 1972; OVG Lüneburg, NJW 1977, S. 450 v. 26. 8. 1976.

[39] Vgl. z. B. § 5 Abs. 1 KAG Nds., § 6 Abs. 1 KAG NW, § 51 Nr. 10 HGO, § 40 Abs. 1 Nr. 6 NGO, § 28 Abs. 1 i GO NW, § 32 Abs. 2 Nr. 10 GO Rh.-Pf., § 35 Nr. 14 KomSelbstVerwG Saar, § 28 h GO SH.

[40] So auch OVG Lüneburg, NJW 1977, 450 (451).

[41] Vgl. Püttner, Die öffentlichen Unternehmen, S. 328; Gröttrup, S. 104; Huber, WirtVerwR I, S. 160; Kruschke, DÖV 1971, 694 (695 f.); Reuß, in: Staatsbürger und Staatsgewalt, Bd. II, S. 255 (280 f.); Rüfner, S. 353; Siedentopf, Grenzen und Bindungen der Kommunalwirtschaft, S. 82 f.; Wolff, AfK 1963, 149 (173).

[42] Vgl. etwa Kux, Ansätze zur Privatisierung öffentlicher Aufgaben, S. 2 f. Beide Problemkreise sind zusammen diskutiert worden auf zwei Tagungen der Deutschen Sektion des Internationalen Instituts für Verwaltungswissen-

richtungen kann sich als Alternative zur Privatisierung darstellen und die Vorteile größerer Beweglichkeit und Wirtschaftlichkeit mit der kommunalen Trägerschaft verbinden.

a) Der kommunale Eigenbetrieb[43]

Ursprünglich führten die Gemeinden ihre Versorgungs- und Verkehrsbetriebe in eigener Regie ohne besonders ausgebildete Rechtsform[44]. Damit unterlagen sie den strengen Haushalts- und Verwaltungsvorschriften des Gemeinderechts. Um eine elastischere Betriebsführung zu ermöglichen, gleichzeitig aber eine enge Bindung der Gemeindeunternehmen an die Gemeindepolitik zu gewährleisten, wurde mit der Eigenbetriebsverordnung vom 21. 11. 1938 (RGBl I, S. 1650) eine besondere Rechtsform für kommunale Wirtschaftsbetriebe geschaffen. Die westdeutschen Länder haben nach 1945 die EigVO von 1938 entweder übernommen[45] oder neue Eigenbetriebsverordnungen oder -gesetze erlassen[46], die sich weitgehend an die EigVO von 1938 anlehnen, wobei die Bestimmungen, in denen das Führerprinzip zum Ausdruck kam, geändert wurden.

Der Eigenbetrieb wird vermögensmäßig selbständig als Sondervermögen der Gemeinde verwaltet. Für die Eigenbetriebe ist eine Sonderkasse einzurichten, die einen gesonderten Jahresabschluß des Eigenbetriebs ermöglicht. Sie unterliegen nicht den Bestimmungen des gemeindlichen Haushaltsrechts und führen ihre Rechnung nach den Regeln der doppelten kaufmännischen Buchführung. Für den Eigenbetrieb ist ein gesonderter Wirtschaftsplan aufzustellen, der von der Gemeindevertretung festgestellt wird. Ihm kommt nicht die bindende Wirkung eines Haushaltsplans zu. Gegliedert ist er in den Erfolgsplan, den Finanzplan und die Stellenübersicht. Der Erfolgsplan enthält alle voraussehbaren Erträge und Aufwendungen des Wirtschaftsjahres. Im Finanzplan sind alle voraussehbaren Einnahmen und Ausgaben des

---

schaften; siehe darüber Wagener (Hrsg.), „Verselbständigung von Verwaltungsträgern“ und „Regierbarkeit? Dezentralisation? Entstaatlichung?“.

[43] Vgl. zum Recht des kommunalen Eigenbetriebs: Forsthoff, Lehrbuch I, S. 516 f.; Klüber, Das Gemeinderecht, S. 262 ff.; v. Münch, in: Erichsen/Martens, Allg. VerwR, S. 27; Püttner, Die öffentlichen Unternehmen, S. 100; ders., Das Recht der kommunalen Energieversorgung, S. 59 ff.; Rüfner, S. 237 f.; Scholz, Das Wesen, S. 103 ff.; Siedentopf, S. 23 f.; Wolff, AfK 1963, 149 (162 ff.); Zeiß, Das Eigenbetriebsrecht der gemeindlichen Betriebe; ders., in: HKWP III, 611 (641 ff.).

[44] Vgl. Stern/Püttner, Die Gemeindewirtschaft, S. 35.

[45] Die EigVO von 1938 gilt mit gewissen Änderungen heute noch in Niedersachsen und Bayern.

[46] EigG BW v. 19. 7. 1962, EigG Berlin v. 11. 12. 1952, EigG Hessen v. 9. 3. 1957, EigVO NW v. 22. 12. 1953, EigVO Rh.-Pf. v. 18. 9. 1975, EigVO Saar v. 11. 11. 1954, EigVO SH v. 20. 8. 1974.

Wirtschaftsjahres auszuweisen, die sich aus Anlageänderungen und aus der Kreditwirtschaft des Eigenbetriebs ergeben.

Der Eigenbetrieb betreibt meist eine Personalwirtschaft[47]. Geführt wird er durch die Werkleitung, der die selbständige Leitung des Betriebs, insbesondere die laufende Betriebsführung und im Rahmen ihrer Entscheidungsmacht die Vertretung nach außen, obliegt.

Rechtliche Selbständigkeit kommt dem Eigenbetrieb nicht zu; er ist keine juristische Person. Durch die Mitwirkung des Gemeinderats (v. a. Feststellung des Wirtschaftsplans und des Jahresabschlusses und Bestellung der Werkleiter), des vom Rat bestellten Werksausschusses (i. a. Festsetzung der allgemeinen Lieferbedingungen und Vorbereitung der Ratsbeschlüsse) und des Hauptverwaltungsbeamten bei der Betriebsführung ist der Eigenbetrieb in die Verwaltung eingegliedert.

Da die Eigenbetriebe rechtlich unselbständig sind, können sie nicht selbst Darlehen zur Deckung ihres Finanzbedarfs aufnehmen. Dazu muß die Gemeinde Darlehen aufnehmen und an das Sondervermögen weiterleiten[48].

In der Rechtsform des Eigenbetriebs wird der weitaus überwiegende Teil der kommunalen Versorgungs- und Verkehrsbetriebe geführt[49].

b) Eigengesellschaften

Im Rahmen ihrer Organisationsgewalt haben zahlreiche Gemeinden einzelne Einrichtungen der Leistungsverwaltung, vor allem Versorgungs- und Verkehrsbetriebe, privatrechtlich nach den Vorschriften des Gesellschaftsrechts organisiert. Eine privatrechtliche Gesellschaft, deren sämtliche Anteile sich in der Hand einer Gemeinde oder eines Kreises befinden, wird als „Eigengesellschaft" bezeichnet[50].

Nicht alle Organisationsformen des Gesellschaftsrechts kommen für die Führung kommunaler Betriebe in Betracht. Die Gemeinden dürfen sich nach den Bestimmungen der Gemeindeordnungen an wirtschaftlichen Unternehmen nur beteiligen, wenn die Haftung der Gemeinde auf einen bestimmten Betrag begrenzt ist[51]. Auch die Vereinigung aller

[47] Vgl. § 6 EigVO NW, der bestimmt, daß der Werkleitung die Personalführung durch die Hauptsatzung übertragen werden kann; siehe auch § 5 Abs. 1 EigVO Rh.-Pf.

[48] Vgl. dazu Klüber, Das Gemeinderecht, S. 263 f.

[49] Vgl. das Mitgliederverzeichnis des Verbandes kommunaler Unternehmen e. V. (VKU), Stand März 1974.

[50] Siehe die Definition in § 108 Abs. 2 Nr. 2 NGO; Püttner, Das Recht der kommunalen Energieversorgung, S. 12; Siedentopf, S. 27.

[51] § 104 Abs. 1 Nr. 3 GO BW, Art. 91 Abs. 1 Nr. 3 BayGO, § 122 Abs. 1 HGO, § 110 Abs. 1 NGO, § 90 Abs. 1 GO NW, § 87 Abs. 1 GO Rh.-Pf., § 107 Abs. 1 Nr. 2 KomSelbstVerwG Saar, § 103 Abs. 1 GO SH.

Anteile eines wirtschaftlichen Unternehmens in der Hand der Gemeinde stellt eine Beteiligung im Sinne der Gemeindeordnungen dar[52]. Da die Aktiengesellschaft, die Gesellschaft mit beschränkter Haftung und die Genossenschaft nicht als Ein-Mann-Gesellschaft[53] gegründet werden können[54], kann die Gemeinde allein ohne Einschaltung von Treuhändern als Strohmänner eine Eigengesellschaft nicht errichten; sie kann sich also zunächst nur „beteiligen", wenn sie auch sofort nach Gründung der Gesellschaft alle Anteile erwirbt.

Neben der Einschaltung von Treuhändern gibt es für die Gemeinden noch eine zweite Möglichkeit eine Eigengesellschaft zu errichten. Die Gemeinde kann sämtliche Anteile einer bereits bestehenden Gesellschaft als sog. Mantel erwerben und deren Satzung entsprechend ihren Bedürfnissen ändern, um sie als Eigengesellschaft zu führen[55].

Für die Eigengesellschaften gelten die einschlägigen Bestimmungen des Gesellschaftsrechts, das in einigen Vorschriften die Besonderheiten öffentlicher Unternehmen berücksichtigt[56]. Gegenüber dem Eigenbetrieb bieten die Eigengesellschaften manchen Vorteil[57]. Die kaufmännische Rechtsform ermöglicht eine elastischere Betriebsführung[58]. Der Haftungsbetrag ist ziffernmäßig begrenzt, wobei die unmittelbare Haftung der Gesellschafter, also der Gemeinde, ausgeschlossen ist. Durch die Mitwirkungsrechte von Rat und Hauptverwaltungsbeamten sind die Eigenbetriebe eng in die Kommunalpolitik eingebunden. Dagegen ist die Eigengesellschaft, sofern sie als AG organisiert ist, schon durch die starke Stellung des Vorstands wesentlich unabhängiger, nicht zuletzt auch von der Staatsaufsicht[59], und parteipolitisch stärker neutrali-

---

[52] Helmreich/Widtmann, BayGO, Art. 77 (a. F.) Anm. 2; Klüber, Das Gemeinderecht, S. 257; Siedentopf, S. 25; Surén/Loschelder, DGO, § 69 Erl. 2 d.

[53] Zur Zulässigkeit der Ein-Mann-Gesellschaft siehe RGZ 68, S. 172 v. 20. 3. 1908; 98, 289 (291) v. 16. 3. 1920; Baumbach/Hueck, AktG, Anhang nach § 262 Anm. I; Hueck, Gesellschaftsrecht, S. 230 f.

[54] Vgl. § 2 AktG und § 4 GenG. In § 2 GmbHG ist nicht ausdrücklich von mehreren Gesellschaftern die Rede; da ein Gesellschaftsvertrag abzuschließen ist, müssen mindestens 2 Personen an der Gründung beteiligt sein, vgl. Baumbach/Hueck, GmbHG, § 2 Anm. 2 A; Hueck, S. 247.

[55] Vgl. Klüber, Das Gemeinderecht, S. 258; Forsthoff, Lehrbuch I, S. 518 Fn. 3.

[56] Vgl. §§ 394, 395 und 359 AktG; vorwiegend den Belangen der öffentlichen Wirtschaft dienen die Bestimmungen über das Mehrstimmrecht, § 12 Abs. 2 S. 2, und das Entsendungsrecht, § 101 Abs. 2 AktG; siehe auch Püttner, Die öffentlichen Unternehmen, S. 376.

[57] Zu den Vorteilen der Eigengesellschaft siehe Forsthoff, Lehrbuch I, S. 517 f.; Püttner, in: Verselbständigung von Verwaltungsträgern, 125 (130); Reschke, in: Regierbarkeit? Dezentralisation? Entstaatlichung?, 27 (46); Rüfner, S. 254 ff.; Siedentopf, S. 24 f.

[58] Vgl. Forsthoff, Lehrbuch I, S. 517; Siedentopf, S. 24 f.; Zeiß, in: HKWP III, 611 (644).

[59] Zur Frage, ob die Staatsaufsicht in die Geschäftsgebarung der Eigengesellschaften eingreifen kann, siehe Forsthoff, Lehrbuch I S. 519, der für

siert[60]. Die Eigengesellschaften sind in ihrer Personalpolitik von den Bindungen des Beamtenrechts befreit[61]. Da sie ihre Vermögensgegenstände als Sicherheiten für Kredite einsetzen können, bestehen für Eigengesellschaften im Vergleich zu den Eigenbetrieben günstigere Finanzierungsmöglichkeiten[62].

Dennoch ist die Aktiengesellschaft als Organisationsform bei vielen Kommunen wenig beliebt[63]. Hinsichtlich der Stellung der Aufsichtsratsmitglieder kann es zu einem Konflikt zwischen dem Gemeinderecht, das die Möglichkeit vorsieht, Vertretern der Gemeinde in wirtschaftlichen Unternehmen besondere Weisungen zu erteilen[64], und der aktienrechtlichen Treuepflicht der Aufsichtsratsmitglieder gegenüber der Gesellschaft kommen[65]. Auch sind die Unterrichtungsmöglichkeiten der Aufsichtsratsmitglieder an die Gemeindevertretungen durch die Geheimhaltungsvorschriften des AktG beschränkt, wenn auch die §§ 394, 395 AktG für Vertreter von Gebietskörperschaften im Aufsichtsrat begrenzte Ausnahmen zulassen. Die im Vergleich zum Eigenbetrieb begrenzte Einflußmöglichkeit erschwert die Anbindung der Eigengesellschaft an die Kommunalpolitik[66]. Deshalb wählen die Gemeinden dort, wo sie nicht den Eigenbetrieb vorziehen[67], oft die Rechtsform der GmbH. Hier besteht die Möglichkeit, die Befugnisse des — fakultativen — Aufsichtsrats[68] durch die Gesellschaftssatzung zu begrenzen oder zu erweitern[69]. Teilweise werden auch die Versorgungs- und

---

ein Eingriffsrecht der Staatsaufsicht gegenüber kommunalen Eigengesellschaften der Daseinsvorsorge eintritt, da diese Unternehmen materiell Verwaltungsfunktionen wahrnähmen.

60 Siehe dazu Forsthoff, Lehrbuch I, S. 517; Rüfner, S. 254.

61 Vgl. Forsthoff (Fn. 60); Siedentopf, S. 25.

62 Vgl. Forsthoff (Fn. 60); Siedentopf, S. 25; Rüfner, S. 254.

63 Vgl. Klüber, Das Gemeinderecht, S. 260.

64 § 105 Abs. 1 S. 3 GO BW, Art. 93 Abs. 2 S. 2 BayGO, § 124 Abs. 1 HGO, § 111 Abs. 1 NGO, § 91 Abs. 1 GO NW, § 88 Abs. 1 S. 3 GO Rh.-Pf., § 110 Abs. 1 KomSelbstVerwG Saar, § 104 Abs. 1 S. 2 GO SH.

65 Siehe dazu Klüber, Das Gemeinderecht, S. 258 f.; vgl. auch Püttner, Das Recht der kommunalen Energieversorgung, S. 89 ff., der einen Konflikt zwischen Gemeinde- und Aktienrecht bestreitet, da das Wohlergehen des Unternehmens auch partielles Wohlergehen der Gemeinde bedeutet (S. 90). Durch die Schadensersatzpflicht der Gemeinde gem. § 117 und § 317 AktG sei die Harmonie zum Aktienrecht hergestellt. Es gebe jedoch Grenzen des Weisungsrechts. Es gelte nur für grundlegende Fragen und wichtige Einzelfälle (S. 92). Zum Streitstand siehe auch die Hinweise auf S. 89 Fn. 149.

66 Siehe auch Püttner, Das Recht der kommunalen Energieversorgung, S. 82 f.

67 Beachtlich ist, daß gerade große Städte wie München und Frankfurt ihre Stadtwerke weiterhin als Eigenbetriebe führen.

68 Für eine GmbH mit in der Regel mehr als 2 000 Arbeitnehmern ist nach §§ 1 Abs. 1, 6 MitbestG v. 4. 5. 1976 (BGBl I, S. 1153) ein Aufsichtsrat zwingend vorgeschrieben, ebenso für eine GmbH mit weniger als 2 000 aber mehr als 500 Arbeitnehmern nach § 77 Abs. 1 BetrVG 1952.

69 Vgl. Klüber, Das Gemeinderecht, S. 260.

Verkehrsunternehmen, die als AG organisiert sind, unter dem Dach einer Stadtwerke GmbH zusammengefaßt.

Die Organisationsformen des Gesellschaftsrechts bieten sich für die Kommunen vor allem dann an, wenn sich mehrere Träger öffentlicher Verwaltung zur Gründung eines öffentlichen Unternehmens zusammenschließen wollen (sog. gemischt-öffentliches Unternehmen[70]) oder wenn eine Beteiligung von öffentlicher Hand und Privaten (sog. gemischtwirtschaftliches Unternehmen) erstrebt wird.

c) Die selbständige öffentlich-rechtliche Anstalt

Viele Gemeindeeinrichtungen werden als öffentliche Anstalt betrieben. Der Begriff „öffentliche Anstalt" bezeichnet einen „Bestand von Mitteln, sächlichen wie persönlichen, welche in der Hand eines Trägers öffentlicher Verwaltung einem besonderen öffentlichen Zwecke dauernd zu dienen bestimmt sind"[71]. Es gibt rechtlich selbständige und unselbständige Anstalten. Eine rechtlich selbständige öffentliche Anstalt ist eine Anstalt, die einer „besonders dafür geschaffenen juristischen Person... zugehört"[72].

In der Rechtsform der rechtlich selbständigen öffentlich-rechtlichen Anstalt betreiben die Gemeinden ihre Sparkassen. Diese Rechtsform ist den Gemeinden seit der Notverordnung vom 6.10.1931 (RGBl I, S. 537, S. 554) vorgeschrieben[73]. Die Organisation der Sparkassen ähnelt in mancher Beziehung der Organisation des Eigenbetriebs. Besonders wichtige Entscheidungen sind dem Verwaltungsrat der Sparkasse vorbehalten, dessen Mitglieder von der Vertretungskörperschaft des Gewährsträgers gewählt werden[74].

Den Sparkassen sind durch Gesetz besondere Aufgaben zugewiesen[75]. Sie dienen der kreditwirtschaftlichen Versorgung der Bevölkerung im Gebiet des Gewährsträgers, sie sollen den Sparsinn und die Vermö-

---

[70] Bezeichnung nach K. Vogel, Öffentliche Wirtschafteinheiten in privater Hand, S. 189.

[71] Otto Mayer, Deutsches VerwR II, S. 268. Dieser Anstaltsbegriff ist bis heute herrschend geblieben, vgl. Forsthoff, Lehrbuch I, S. 494; Püttner, Allg. VerwR, S. 32; Rudolf, in: Erichsen/Martens, Allg. VerwR, S. 430; Salzwedel, ebenda, S. 299; Scholz, Das Wesen, S. 198 f. mit zahlreichen Literaturhinweisen zum Begriff der Anstalt in Fn. 19; K. Vogel, S. 232; Wittern, Grundriß, S. 65.

[72] O. Mayer, S. 331; vgl. auch Forsthoff, Lehrbuch I, S. 495; Wolff/Bachof, VerwR II, S. 370.

[73] Zur Begründung der Verselbständigung in Zusammenhang mit der Weltwirtschaftskrise vgl. Klüber, Das Gemeinderecht, S. 264.

[74] Vgl. z. B. §§ 11 ff. SpkG BW, §§ 12 ff. NSpG, §§ 10 ff. SpkG NW; siehe auch Rüfner, S. 242.

[75] Siehe z. B. § 6 SpkG BW, § 4 NSpG, § 3 SpkG NW.

gensbildung fördern und die Kreditausstattung des Mittelstandes und der wirtschaftlich schwächeren Bevölkerung übernehmen.

d) Rechtlich unselbständige Anstalten

Rechtlich unselbständige Anstalten sind keine juristischen Personen des öffentlichen Rechts, sondern technisch verselbständigte Verwaltungseinheiten[76]. Sie werden regelmäßig als sog. reine Regiebetriebe geführt. Ihre Aufgaben, die Regelung ihrer Benutzung, die dafür zu entrichtenden Gebühren und häufig auch Vorschriften über ihre Verwaltung werden in einer Anstaltssatzung, meist als Anstaltsordnung bezeichnet, festgelegt[77]. Ihr Haushalt ist Teil des Kommunalhaushalts; in der Regel wird ihnen darin ein besonderer Abschnitt eingeräumt[78]. Die Rechnungsführung ist daher kameralistisch. Die unselbständigen Anstalten sind zwar regelmäßig keine wirtschaftlichen Unternehmen, sollen aber nach wirtschaftlichen Grundsätzen geführt werden[79]. Oft erheben sie jedoch keine kostendeckenden Gebühren, um den Zweck der Anstalt nicht zu vereiteln.

Bei Einrichtunen, die der lebenswichtigen Ver- und Entsorgung des Gemeindegebiets dienen (z. B. Wasserversorgung, Müllabfuhr, Straßenreinigung, Kanalisation), besteht oft ein Anschluß- und Benutzungszwang. Sie werden als sog. Gebührenetats geführt[80]. Bei ihnen werden grundsätzlich kostendeckende Gebühren erhoben.

Beispiele für Regiebetriebe sind Schulen, Schwimmbäder, Theater, Museen, Bibliotheken, städtischer Fuhrpark, Schlachthöfe, Friedhöfe und Tierkörperverwertungsanstalten. In manchen Ländern werden auch die Versorgungsbetriebe von Kleinstgemeinden als reine Regiebetriebe geführt[81].

e) Sonstiges

Neben den erwähnten Rechtsformen bedienen sich die Gemeinden zahlreicher weiterer Formen zur Erfüllung ihrer Aufgaben. Viele Aufgaben erledigen sie im normalen Verwaltungsweg durch städtische Ämter. Ferienerholungswerke werden teils im Verwaltungsweg, teils als eingetragene Vereine betrieben. Volkshochschulen sind als öffentliche Anstalten oder als e. V. organisiert[82]. Die Gemeinden unterhalten

---

[76] Püttner, Allg. VerwR, S. 34; Wittern, S. 66.

[77] Vgl. Klüber, Das Gemeinderecht, S. 271; Wolff, AfK 1963, 149 (159).

[78] Vgl. Klüber, Das Gemeinderecht, S. 270 f.; Siedentopf, S. 23; Wolff, AfK 1963, 149 (157); Zeiß, in: HKWP III, 611 (640 f.).

[79] § 102 Abs. 3 S. 2 GO BW, § 121 Abs. 2 S. 2 HGO, § 108 Abs. 3 S. 2 NGO, § 88 Abs. 2 S. 2 GO NW, § 85 Abs. 2 S. 2 GO Rh.-Pf., § 101 Abs. 2 S. 2 GO SH.

[80] Vgl. Klüber, Das Gemeinderecht, S. 272.

[81] Vgl. Püttner, Die öffentlichen Unternehmen, S. 99 f.

[82] Siehe Klüber, DSt 1963, 491 (492).

Gemeindeforsten als rechtlich nicht selbständiges Sondervermögen, sie verwalten Domänen und führen zahlreiche unselbständige handwerkliche Hilfs- und Nebenbetriebe in Verbindung mit unselbständigen öffentlichen Anstalten, Eigenbetrieben und Eigengesellschaften[83].

B. Die kommunalen und öffentlichen Aufgaben

Es ist festgestellt worden, daß die Gemeinden sich in verschiedensten Rechtsformen auf zahlreichen Gebieten betätigen. Manches schien vom Zufall und der historischen Entwicklung bestimmt, so daß sich die Frage stellte, ob diese Angelegenheiten nicht Privaten überlassen werden können. Es ist daher — auch als Voraussetzung der weiteren Untersuchung — notwendig, den Begriff der kommunalen Aufgaben näher zu klären. Da die Gemeinden als Organe der mittelbaren Staatsverwaltung in die allgemeine Staatsorganisation eingebunden sind, ist zunächst nach dem Begriff der öffentlichen Aufgaben zu fragen. Die Bestimmung dieses Begriffs ist auch deshalb wichtig, weil in der öffentlichen Diskussion meist von Privatisierung „öffentlicher Aufgaben" die Rede ist[84].

I. Der Begriff der öffentlichen Aufgaben

Der Begriff „öffentliche Aufgabe" findet sich in vielen Gesetzen, Urteilen, Monographien und Aufsätzen, ohne daß oft hinreichend klar wird, was darunter im einzelnen zu verstehen ist. Teils wird er mit dem Begriff der „staatlichen Aufgabe" gleichgesetzt, teils scharf davon unterschieden.

1. Die Unterscheidung von öffentlichen und staatlichen Aufgaben

Deutlich werden die öffentlichen Aufgaben von den staatlichen Aufgaben von *Peters* unterschieden[85]. Als „öffentliche Aufgaben" bezeichnet er „solche, an deren Erfüllung die Öffentlichkeit maßgeblich interessiert ist"[86]. Unter „staatlichen Aufgaben" versteht er Aufgaben, die der

[83] Klüber, Das Gemeinderecht, S. 273 ff.

[84] Vgl. die gleichnamige Schrift des Deutschen Städtetags oder auch Kux, Ansätze zur Privatisierung öffentlicher Aufgaben.

[85] Peters, in: Nipperdey-Festschrift II, S. 877 ff.; ihm schließen sich an H. H. Klein, DÖV 1965, 755 (758); Leisner, Werbefernsehen, S. 27 f.; Ossenbühl, VVDStRL 29, 137 (144, 151 ff.); Wolff/Bachof, VerwR I, S. 11 f.

[86] Peters, in: Nipperdey-Festschrift II, 877 (878); ebenso E. Becker, in: Verwaltung, S. 187; ähnlich auch Martens, Öffentlich als Rechtsbegriff, S. 117 und Bansch, Diss., S. 89 v. a. Fn. 281 unter Hinweis auf Martens; Wolff/

Staat unmittelbar durch eigene Behörden oder mittelbar durch von ihm abhängige Rechtsträger wahrnehmen läßt[87]. Der tiefere Grund für die Unterscheidung von öffentlichen und staatlichen Aufgaben liege in der fehlenden Identität von Staat und Gesellschaft, die „nach hergebrachter deutscher Auffassung sogar oft zueinander im Gegensatz" stünden[88].

Auch *Häberle* will die Unterscheidung zwischen „staatlichen Aufgaben" und „öffentlichen Gemeinwohlaufgaben" aufrechterhalten, aber gleichzeitig durch das „Zweierschema Staat und Gesellschaft" hindurchgehen[89]. Mit „öffentlichen Gemeinwohlaufgaben" sind die Aufgaben gemeint, die dem grundgesetzlich geschützten Bereich des Öffentlichen und nicht dem des Staatlichen im engeren Sinne zugehören. Mit seinem Begriff des „Öffentlichen" will Häberle die Einheit des politischen Gemeinwesens und seines umfassenden Integrationsprozesses hervorheben[90].

2. Die Auffassung des Bundesverfassungsgerichts

Die Rechtsprechung des Bundesverfassungsgerichts zu den Begriffen „öffentliche" und „staatliche" Aufgaben ist widersprüchlich[91]. In den Entscheidungen zum Recht der Rundfunkanstalten werden die Begriffe nicht auseinandergehalten[92] — anders das Minderheitsvotum[93] — und gar ein neuer Begriff der öffentlich-rechtlichen Aufgaben eingeführt[94]. In einer anderen Entscheidung dagegen wird der Presse eine öffentliche Aufgabe zugesprochen[95].

Bachof, VerwR I, S. 11 sprechen von öffentlichen Angelegenheiten im inhaltlichen Sinne, worunter sie die Angelegenheiten der Gemeinwesen und ihrer Glieder als solcher verstehen.

[87] Peters, in: Nipperdey-Festschrift II, 877 (879); ähnlich Wolff/Bachof, VerwR I, S. 11.

[88] Peters (Fn. 87); ähnlich, H. H. Klein, DÖV 1965, 755 (758), der das wesentliche Kennzeichen der öffentlichen Aufgaben darin sieht, daß sie nicht vom Staat, sondern von der Gesellschaft erfüllt werden. — Demgegenüber stellt Ossenbühl, VVDStRL 29, 137 (150), die Trennung von Staat und Gesellschaft in Frage. Ossenbühl betont die Verschränkung von „staatlich institutionalisierter" und „gesellschaftlicher Sphäre".

[89] Häberle, Öffentliches Interesse, S. 213 f.

[90] Häberle, JuS 1967, 64 (73).

[91] Vgl. z. B. BVerfGE 7, 99 (104) v. 3. 9. 1957; 12, 113 (128) v. 25. 1. 1961; 12, 205 (243) v. 28. 2. 1961; 16, 147 (172) v. 22. 5. 1963; 31, 314 (329) v. 27. 7. 1971; 38, 281 (299) v. 18. 12. 1974; weitere Nachweise bei Leisner, Werbefernsehen, S. 24 f. und Krautzberger, Erfüllung öffentlicher Aufgaben durch Private, S. 98 f.

[92] BVerfGE 7, 99 (104) v. 3. 9. 1957; 12, 205 (243) v. 28. 2. 1961; 31, 314 v. 27. 7. 1971.

[93] BVerfGE 31, 314 (337).

[94] BVerfGE 31, 314 (329).

[95] BVerfGE 12, 113 (128) v. 25. 1. 1961.

3. Gleichsetzung von staatlichen und öffentlichen Aufgaben

Soweit die Unterscheidung von öffentlichen und staatlichen Aufgaben mit der Trennung von Staat und Gesellschaft begründet wird, dürfte sie angesichts der Entwicklung der spätkapitalistischen Industriegesellschaft mit der weitgehenden Intervention des Staates in den gesellschaftlichen Bereich und der Notwendigkeit staatlicher Globalsteuerung privater Produktionsprozesse[96] nicht mehr haltbar sein. Es ist eine weitgehende Durchdringung und Annäherung von Staat und Gesellschaft festzustellen, so daß ihre Trennung nicht länger aufrechterhalten werden kann[97],wenn auch keine völlige Identität besteht[98]. Im demokratisch verfaßten Staat sorgen die Grundrechte , die sowohl als konstituierende Rechte demokratischer Staatlichkeit als auch als Garanten individueller und gesellschaftlicher Freiheit zu verstehen sind, für die notwendigen Ausgrenzungen.

Das Wort „öffentlich" drückt eine Beziehung zum Staat[99], aber auch eine allgemeine gesellschaftliche Beziehung aus. Daher versucht Häberle die Trennung von Staat und Gesellschaft zu durchbrechen, gleichzeitig aber die Unterscheidung von öffentlichen und staatlichen Aufgaben aufrechtzuerhalten. Zuzugeben ist, daß es im gesellschaftlichen Bereich eine Vielzahl von Tätigkeiten und Aufgaben von öffentlicher Bedeutung gibt, die nicht in staatlicher Verantwortung liegen und bei denen staatliche Verantwortung auch nicht erstrebt oder gar durch die Verfassung begrenzt wird (z. B. die Tarifautonomie). Wenn man jedoch alle Angelegenheiten von öffentlicher Bedeutung als öffentliche Aufgabe bezeichnet, verliert der Begriff jegliche Konturen. Der Begriff „öffentliche Aufgabe" dient dann oft nur dazu, besondere Pflichten oder Befugnisse im außerstaatlichen Bereich, die sich aus dem geltenden Recht sonst nicht überzeugend herleiten lassen, zu begründen[100]. Daher soll hier der Begriff des „Öffentlichen" nur in seiner Beziehung zur institutionalisierten Staatlichkeit verstanden werden. Zur institutionalisierten Staatlichkeit gehören nicht nur Bund und Länder mit ihren Behörden, sondern auch die Träger mittelbarer Staatsverwaltung, wie die Gemeinden[101].

„Öffentliche" und „staatliche" Aufgaben bezeichnen dasselbe, nämlich Aufgaben, die zulässigerweise nach rechtlichen Maßstäben von

[96] Vgl. dazu Ellwein, Regierung als politische Führung, S. 80 ff.

[97] Vgl. Ossenbühl, VVDStRL 29, 137 (150 mit Fn. 63); Ridder, Die verfassungsrechtliche Stellung der Gewerkschaften, S. 14; Hesse, in: Smend-Festgabe, 71 (79).

[98] So auch Ridder (Fn. 97).

[99] Vgl. Bull, Die Staatsaufgaben nach dem Grundgesetz, S. 48.

[100] Vgl. Bull, S. 49; H. H. Klein, DÖV 1965, 755 (757); Steiner, DÖV 1970, 526 (529).

[101] Ebenso Lüersen/Neuffer, NGO, § 1 Anm. 2 b; vgl. auch Bull, S. 51.

der Staatsorganisation im weitesten Sinne wahrgenommen werden[102]. Wenn man dennoch zwischen den beiden Begriffen unterscheiden will, dann bietet es sich am ehesten an, die „staatlichen Aufgaben im weiteren Sinne", also unter Einschluß der Aufgaben der mittelbaren Staatsverwaltung, als „öffentliche Aufgaben" zu bezeichnen und den Begriff „staatliche Aufgaben" auf den engeren Bereich der Staatlichkeit, nämlich auf die Aufgaben von Bund und Ländern, zu beschränken.

4. Der Umfang der öffentlichen Aufgaben

Angesichts unterschiedlicher politischer Vorstellungen darüber, wann Aufgaben von öffentlicher Bedeutung von Organen des Staates oder von Privaten wahrgenommen werden sollen, ist es bisher nicht gelungen, eine präzisere als die obige Definition der öffentlichen Aufgabe zu finden[103]. So ist auch ein geschlossenes System öffentlicher Aufgaben nicht zu erkennen[104]. Man kann nur empirisch feststellen, daß der Staat neben der klassischen Funktion der Sorge für die öffentliche Sicherheit und Ordnung im Zuge der Entwicklung der spätkapitalistischen Gesellschaft zunehmend zur Globalsteuerung von Staat und Gesellschaft aufgerufen ist[105]. Angefangen mit Bismarcks Sozialversicherung und der Kommunalisierung von Versorgungsunternehmen zu Ende des vorigen Jahrhunderts sind dem Staat vor allem Aufgaben der Vorsorge für das Dasein der Gesellschaft und ihrer Glieder zugewachsen[106]. Insgesamt ist der vorhandene Bestand der öffentlichen Aufgaben eher vom Charakter des Zufälligen geprägt, wenn sich auch die Bedingungen, unter denen Aufgaben auf den Staat übertragen wurden, feststellen lassen[107]. In der Regel übernahm der Staat nur solche Aufgaben, bei denen es nichts zu verdienen gab[108].

Aus der Entwicklung der öffentlichen Aufgaben ist zu ersehen, daß ihr Umfang jeweils von den wirtschaftlichen, sozialen und gesellschaftlichen Bedingungen abhängt. Daher ist der Bestand der öffentlichen Aufgaben notwendig offen[109].

---

102 Ebenso Zeidler, AöR 86, 361 (397); Bull, S. 50, empfiehlt, den Begriff „öffentliche Aufgaben" ganz zu vermeiden. Für Aufgaben mit Öffentlichkeitsbezug, die von privaten oder gesellschaftlichen Institutionen wahrgenommen werden, schlägt er den Ausdruck „gemeinwohlbezogene" oder „gemeinnützige" Aufgaben vor.

103 Vgl. U. Becker, in: Regierbarkeit? Dezentralisation? Entstaatlichung?, 91 (97).

104 So auch Ellwein, Regierung als politische Führung, S. 73; ders., DÖV 1972, S. 13; Mäding, Die Verwaltung 1973, 257 (261, 264).

105 Vgl. Ellwein, Regierung als politische Führung, S. 83.

106 Vgl. Mäding, Die Verwaltung 1973, 257 (263).

107 Ellwein, Regierung als politische Führung, S. 73.

108 Ellwein, Regierung als politische Führung, S. 82.

109 Ebenso Ossenbühl, VVDStRL 29, 137 (153).

Im Anschluß an *Frido Wagener*[110] kann man öffentliche Aufgaben als Aufgaben definieren, die von den politischen Vertretungskörperschaften in einer bestimmten raumzeitlichen Ordnung unter bestimmten wirtschaftlichen, gesellschaftlichen und sozialen Bedingungen zulässigerweise durch Aufnahme in den Haushaltsplan oder in sonstiger Weise zur öffentlichen Aufgabe erklärt worden sind[111].

In der Bestimmung öffentlicher Aufgaben sind die Vertretungskörperschaften jedoch nicht frei. Sie haben bei ihren Entscheidungen die verfassungsrechtlichen Grenzziehungen zu beachten. Aus der Verfassung, namentlich aus den Staatsstrukturbestimmungen, kann sich ein Bereich gebotener staatlicher Tätigkeit und Verantwortlichkeit und damit eine Schranke für Privatisierungsbestrebungen ergeben.

In der Literatur ist vielfach von sog. „geborenen", „notwendigen", „wesensmäßigen" oder „natürlichen" Aufgaben des Staates die Rede[112]. Zuzugeben ist, daß es bestimmte vom Staat wahrgenommene Aufgaben gibt, die das Bild des modernen Staates geprägt haben. Zu denken ist zunächst an Ordnungs- und Sicherungsaufgaben, mit der Entwicklung der Industriegesellschaft zunehmend aber auch Aufgaben der Daseinsvorsorge. Dennoch sind diese Aufgaben nicht zwingend oder naturgemäß Staatsaufgaben. Es gab Zeiten, in denen sogar für das Heerwesen, das als staatliche Aufgabe heute niemand in Frage stellt, Private zuständig waren. Notwendige oder zwingende Staatsaufgaben können sich jeweils nur aus der konkreten Staatsverfassung ergeben, wobei das überkommene Bild des modernen westlichen Staates die Interpretation maßgeblich mitbestimmt.

Es sind daher in der Bundesrepublik Deutschland die Vorschriften des Grundgesetzes, namentlich das Rechtsstaatsgebot, das Sozialstaatsgebot, das Demokratiegebot und der Gleichheitssatz des Art. 3 GG, für die Gemeinden auch die Selbstverwaltungsgarantie, heranzuziehen, um den Bereich gebotener staatlicher Verantwortlichkeit und Tätigkeit zu ermitteln.

Ebenso sind der Verfassung auch Grenzen staatlicher Betätigung zu entnehmen. Es ist jeweils zu prüfen, wieweit die Grundrechte die staatlichen Betätigungsfelder begrenzen.

Ein weiterer Bereich von Aufgaben öffentlicher Bedeutung liegt im Zwischenfeld zwischen gebotener staatlicher Tätigkeit und verbotener staatlicher Betätigung. In diesem Bereich ist es Aufgabe der Vertre-

---

110 Wagener, in: Verselbständigung von Verwaltungsträgern, S. 32.

111 Vgl. auch die Definition der öffentlichen Aufgaben bei Ellwein, Regierungs- und Verwaltungslehre, S. 34 und Martens, Öffentlich als Rechtsbegriff, S. 131.

112 Vgl. dazu Bull, S. 99 f. mit zahlreichen Literaturhinweisen.

tungskörperschaften nach politischen Gesichtspunkten zu entscheiden, welche Aufgaben von Organen des Gemeinwesens als öffentliche Aufgaben wahrgenommen werden sollen.

II. Der Begriff der kommunalen Aufgaben

Auch die Aufgaben mittelbarer Träger der Staatsverwaltung sind als staatliche Aufgaben im weiteren Sinne[113] oder öffentliche Aufgaben anzusehen. Der Begriff der kommunalen Aufgaben drückt als Unterbegriff der öffentlichen Aufgaben den spezifischen Charakter der kommunalen Selbstverwaltung aus. Unter diesem Begriff sind die Aufgaben zu verstehen, die die Gemeinden im Rahmen ihrer örtlichen Allzuständigkeit, die sich aus Art. 28 Abs. 2 GG und den Gemeindeordnungen ergibt, zulässigerweise wahrnehmen[114]. Dabei ist zwischen kommunalen Pflichtaufgaben, die den Gemeinden durch Gesetz vorgeschrieben sind, und den freiwilligen Selbstverwaltungsaufgaben zu unterscheiden. Im Bereich der freiwilligen Selbstverwaltungsaufgaben sind die Gemeinden gebunden durch die Grundentscheidungen der Verfassung und die in einzelnen Gemeindeordnungen festgelegte Pflicht, die für die Wirtschafts-, Sozial- und Kulturförderung der Einwohner erforderlichen Einrichtungen zu schaffen.

C. Der Begriff der Privatisierung

I. Die Beleihung

Wer sich mit der Übertragung öffentlicher Aufgaben auf Private beschäftigt, sieht sich zunächst mit dem Rechtsinstitut der Beleihung konfrontiert. Dieser Begriff hat im deutschen Verwaltungsrecht bisher keine klaren Konturen gewonnen[115]; er wird zur Bezeichnung unterschiedlicher Sachverhalte verwendet[116]. Die Unterschiede zwischen den verschiedenen Ansichten in der Literatur und in der Rechtsprechung betreffen vor allem den Gegenstand der Beleihung[117]. Als kleinster gemeinsamer Nenner der verschiedenen Auffassungen kann festgehalten werden, daß man als Beliehenen im allgemeinen ein Privatrechtssubjekt

---

[113] Ebenso Bull, S. 51.

[114] Siehe dazu Kottenberg/Rehn, GO NW, § 1 Erl. II.

[115] So Ossenbühl, VVDStRL 29, 137 (140).

[116] Mennacher, Diss., S. 17.

[117] Mennacher, Diss., S. 17.

bezeichnet, dem vom Staat bestimmte im öffentlichen Recht begründete Angelegenheiten zur selbständigen Wahrnehmung übertragen sind[118].

1. Der Begriff des beliehenen Unternehmers bei Otto Mayer

Otto Mayer hat den Begriff des „beliehenen Unternehmers" in das deutsche Verwaltungsrecht eingeführt. Er verstand unter Beleihung, die er als Verleihung oder Konzession bezeichnete, „einen Verwaltungsakt, durch welchen dem, über welchen er ergeht, dem Beliehenen, rechtliche Macht gegeben wird über ein Stück öffentlicher Verwaltung zur Ausübung eigenen Namens"[119]. Vom Beleihungsbegriff Otto Mayers werden Sachverhalte erfaßt, die heute nach der obigen allgemeinen Definition der Beleihung diesem Begriff nicht mehr zugerechnet werden[120].

2. Die Aufgabentheorie

Heute gibt es im wesentlichen zwei Ansichten zum Begriff des Beliehenen, die Aufgabentheorie und die Rechtsstellungs- oder Befugnistheorie. Nach beiden Meinungen bedeutet die Beleihung die Übertragung staatlicher Substanz an Private[121].

Die Aufgabentheorie will die staatliche Substanz von den staatlichen Aufgaben her bestimmen. Danach sind als beliehene Unternehmer Privatrechtssubjekte zu verstehen, denen „im Zusammenhang mit ihrer unternehmerischen Tätigkeit bestimmte Aufgaben und Befugnisse der öffentlichen Verwaltung im Wege der Delegation[122] zugewiesen sind"[123]. Die Übertragung hoheitlicher Befugnisse ist nach dieser Theorie kein wesensnotwendiges Merkmal der Beleihung. Entscheidend ist vielmehr die Delegation von Aufgaben der öffentlichen Verwaltung auf private Unternehmer[124].

Eine neuere Variante der Aufgabentheorie stellt die Auffassung von *Steiner* dar, der die Beleihung als Rechtsinstitut der Staatsfunktionen

---

118 Vgl. Bansch, Diss., S. 40; Mennacher, Diss., S. 4.

119 O. Mayer, Deutsches VerwR II, S. 243.

120 Vgl. Badura, Das Verwaltungsmonopol, S. 252 f.; Bansch, Diss., S. 33, der feststellt, nach heutigem Verständnis sei der Beliehene im Sinne Otto Mayers ein „Konzessionär im Bereich eines Verwaltungsmonopols", Steiner, DÖV 1970, 526 (527); K. Vogel, Öffentliche Wirtschaftseinheiten in privater Hand, S. 55.

121 So Ossenbühl, VVDStRL 29, 137 (141 Fn. 2).

122 Zum Begriff der Delegation siehe Mennacher, Diss., S. 56 f. im Anschluß an Triepel, Delegation und Macht im öffentlichen Recht, Stuttgart und Berlin 1942.

123 Huber, WirtVerwR I, S. 533; ebenso Eyermann/Fröhler, VwGO, § 42 Rdn. 67; ähnlich F. Mayer, Allg. VerwR, S. 51.

124 Vgl. Badura, Das Verwaltungsmonopol, S. 252 Fn. 60; Bansch, Diss., S. 37.

in privater Hand versteht[125]. Steiner will die Staatsfunktionen ermitteln, indem er von weitgehenden Funktionsvermutungen des Grundgesetzes, insbesondere der Art. 2 und 12 GG, zugunsten Privater ausgeht und nicht alle Aufgaben, an deren Erfüllung die Allgemeinheit maßgeblich interessiert ist, als Staatsfunktionen ansieht[126].

3. Die Rechtsstellungstheorie

Anders als die Aufgabentheorie sieht die Rechtsstellungs- oder Befugnistheorie im Anschluß an *Vogel* das entscheidende Merkmal der Beleihung in der Übertragung hoheitlicher Befugnisse auf Private[127]. Unter einem Beliehenen wird ein Privatrechtssubjekt verstanden, dem im Zusammenhang mit seiner wirtschaftlichen, sozialen oder kulturellen Tätigkeit die Ausübung öffentlicher Gewalt zur Wahrnehmung eigenen Namens übertragen ist[128].

4. Sondermeinung von Herzog/Pietzner

Eine Sondermeinung vertreten *Herzog/Pietzner*, die als Beliehenen einen durch demokratische Legitimation in seine Funktion gelangten Privaten verstehen[129].

5. Eigene Stellungnahme

Die Schwäche der Aufgabentheorie liegt darin, daß es in der Bundesrepublik Deutschland an einer allgemeingültigen Theorie der öffentlichen Aufgaben fehlt[130] und daher ein fester Bestand an staatlichen oder öffentlichen Aufgaben schwer zu ermitteln ist, nicht zuletzt deshalb, weil die Bestimmung einer Aufgabe als öffentlich oder staatlich vielfach eine politische Entscheidung darstellt. Damit verliert der Begriff des Beliehenen nach der Aufgabentheorie jegliche Konturen.

Ähnliche Einwendungen lassen sich gegen Steiners Begriff der „Staatsfunktionen in privater Hand" vorbringen. Es ist schon zweifelhaft, ob man überhaupt von weitreichenden Funktionsvermutungen und Funktionsgarantien zugunsten Privater im Grundgesetz ausgehen und von daher die Staatsfunktionen bestimmen kann[131]. Einem solchen

---

125 Steiner, Öffentliche Verwaltung durch Private, S. 251; ders., DÖV 1970, 526 (528).

126 Steiner, DÖV 1970, 526 (528).

127 K. Vogel, S. 81; Bansch, Diss., S. 38; Mennacher, Diss., S. 32; Ossenbühl, VVDStRL 29, 137 (141); Wolff/Bachof, VerwR II, S. 452.

128 Vgl. die Definition des beliehenen Privaten bei Mennacher, Diss., S. 136.

129 Herzog/Pietzner, Beliehener Unternehmer, in: EvStL, Sp. 171.

130 Vgl. Ellwein, DÖV 1972, S. 13.

131 Vgl. Ossenbühl, VVDStRL 29, 137 (155 Fn. 80); Bull, Die Staatsaufgaben nach dem Grundgesetz, S. 162.

Verfassungsverständnis setzen der Gleichheitssatz des Art. 3 GG, das Sozialstaatsprinzip und die Sozialisierungsermächtigung des Art. 15 GG Grenzen. Daher ist auch Steiners Begriffsbestimmung des Beliehenen abzulehnen.

Ebensowenig vermag die Sondermeinung von Herzog/Pietzner dem Rechtsinstitut der Beleihung begriffliche Schärfe zu geben, die es von den verschiedensten sonstigen Mitwirkungsmöglichkeiten Privater an der Erfüllung öffentlicher Aufgaben abhebt[132].

Nur wenn man auf die Rechtsstellung des Privaten abstellt, gewinnt das Rechtsinstitut der Beleihung einen eigenen Sinn. Die Beleihung soll danach die „private Partizipation an der genuin staatsbezogenen Sonderrechtsordnung" erfassen[133]. Entscheidend ist für den Verwaltungsbetroffenen, den Bürger, daß der beliehene Private ihm ebenso wie die obrigkeitliche formelle Verwaltung mit hoheitlichem Befehl und Zwang, also öffentlich-rechtlichen Machtmitteln, in seine Rechte und Freiheiten eingreifen kann. Nur so ist die Beleihung deutlich abgehoben gegen sonstige Fälle des Zusammenwirkens von Privaten und öffentlicher Verwaltung.

Der Begriff der Beleihung erfaßt also nur einen Teilbereich der Mitwirkung Privater an der Erfüllung von Aufgaben, an denen die Allgemeinheit wesentlich interessiert ist. Für die Privatisierungsdiskussion, die vornehmlich den Bereich der leistenden Verwaltung betrifft, kommt ihm somit nur untergeordnete Bedeutung zu[134]. Es kommt statt dessen darauf an, die unterschiedlichen Formen der Übertragung öffentlicher Aufgaben auf Private herauszuarbeiten, ohne sich auf den „ausgetretenen Pfaden der Beleihungsdogmatik" zu bewegen[135].

II. Formen der Privatisierung

1. Aufgabenerfüllung in privatrechtlichen Organisationsformen

Wie bereits erwähnt, hat ein Teil der Gemeinden seine bisher rechtlich unselbständigen Versorgungs- und Verkehrsbetriebe in rechtlich selbständige Gesellschaften des Privatrechts umgewandelt[136]. Die Vorteile der Privatrechtsformen sind oben dargestellt[137]. Rein formal-

---

[132] Siehe zur Kritik an Herzog/Pietzner Bansch, Diss., S. 52 f.

[133] Bansch, Diss., S. 49.

[134] Ebenso Tiemann, BayVBl 1976, 261 (262). Bedeutung hat der Begriff des Beliehenen bei der Frage der Grundrechtsbindung und der Staatshaftung.

[135] Tiemann (Fn. 134).

[136] Zur Umwandlung kommunaler Betriebe in privatrechtliche Gesellschaften siehe Rüfner, Formen öffentlicher Verwaltung, S. 257.

[137] Siehe oben 1. Teil A II 3 b.

technisch gesehen stellt die rechtliche Verselbständigung gemeindlicher Einrichtungen durch Umwandlung in privatrechtliche Gesellschaften eine Privatisierung dar[138].

Diese privatrechtlichen Gesellschaften sind jedoch weiterhin der Gemeindeverwaltung unmittelbar verbunden, weil sie im Eigentum der Gemeinden stehen und von diesen zur Verwirklichung von Zielen der Gemeindepolitik eingesetzt werden. Sie sind in die Staatsorganisation eingegliedert und daher „Nicht-Privater"[139]. Daher wird die Umwandlung gemeindlicher Einrichtungen in privatrechtliche Gesellschaften in der folgenden Darstellung vom Begriff der Privatisierung nicht mitumfaßt.

Für die Zurechnung zum nicht-privaten Bereich spricht auch, daß die kommunalen Eigengesellschaften zwar vom Beamtenrecht befreit sind, jedoch regelmäßig einem Arbeitgeberverband angehören, der Mitglied im Verband kommunaler Arbeitgeber ist. Daher gelten für sie die Tarifverträge für die Angestellten und Arbeiter des öffentlichen Dienstes[140].

Als Privater soll demnach hier der grundrechtsgeschützte Bürger oder die juristische Person des Privatrechts außerhalb der Staatsorganisation im weitesten Sinn verstanden werden. Auch die Kirchen sollen, da sie weitgehend vom Staat unabhängig sind, trotz ihrer öffentlichrechtlichen Organisationsform zum privaten Bereich gezählt werden. Unter Privatisierung wird die Übertragung einer bisher vom Staat im weitesten Sinn wahrgenommenen Aufgabe auch lediglich zur Durchführung auf eine natürliche oder juristische Person im privaten Bereich verstanden.

2. Übertragung von Hilfstätigkeiten der öffentlichen Verwaltung auf Private

Hilfstätigkeiten oder Annexaufgaben der öffentlichen Verwaltung sind die verwaltungsinternen Aufgaben, die zur Aufrechterhaltung des Verwaltungsbetriebs notwendig sind, aber das Außenverhältnis zwischen Staat und Bürger nicht berühren[141]. Dazu zählen etwa die Reinigung gemeindlicher Gebäude, die Durchführung von Reparaturen an gemeindlichen Fahrzeugen, das Bereitstellen von Dienstfahrzeugen, die Unterhaltung eines Bauhofs, die Bewachung öffentlicher Gebäude,

138 Vgl. Ossenbühl, VVDStRL 29, 137 (144), der zwischen dem Privaten im rechtstechnisch-formalen Sinn und dem Privaten im materiellen Sinn unterscheidet.

139 Vgl. auch Bansch, Diss., S. 41; U. Becker, in: Regierbarkeit? Dezentralisation? Entstaatlichung?, 91 (105); Reschke, ebenda, 27 (46); Dagtoglou, DÖV 1970, 532 (534); Steiner, Öffentliche Verwaltung durch Private, S. 203, S. 212 f.

140 Vgl. Deutscher Städtetag, Privatisierung öffentlicher Aufgaben, S. 10.

141 „Entstaatlichung" öffentlicher Aufgaben, MdI Rh.-Pf., LT DrS 8/661, S. 2.

die Rechtsberatung und die Erledigung von Druckereiarbeiten[142]. Solche Tätigkeiten werden vielfach schon von Privaten wahrgenommen; so hat ein Teil der Gemeinden die Gebäudereinigung bereits privatisiert oder die Bewachungsaufgaben an öffentlichen Gebäuden privaten Wach- und Schließgesellschaften übertragen. In diesem Bereich sind weitere Privatisierungen denkbar, ohne daß die Bürger davon unmittelbar betroffen sind. Es sind allerdings die sozialen Folgen für die Beschäftigten zu bedenken.

3. Übertragung öffentlicher Aufgaben zur Durchführung auf Private

Der Staat kann Aufgaben auf Private lediglich zur Durchführung übertragen. Die eigentliche Aufgabenverantwortung verbleibt dabei beim Staat[143]. So ist die Abfallbeseitigung nach § 3 Abs. 2 AbfG Aufgabe einer vom Land zu bestimmenden öffentlich-rechtlichen Körperschaft, in Nordrhein-Westfalen gem. § 1 Abs. 1 LAbfG NW der Kreise und kreisfreien Städte. Zur technischen Durchführung der Abfallbeseitigung können sich die beseitigungspflichtigen Körperschaften Privater bedienen (§ 3 Abs. 2 S. 2 AbfG).

Als weiteres Beispiel kann die Anmietung privater Omnibusunternehmer durch öffentliche Verkehrsunternehmen genannt werden, um sie im örtlichen Linienverkehr nach § 42 PBefG, vornehmlich in Spitzenzeiten, einzusetzen. Die Verantwortung für die Durchführung des Verkehrs verbleibt beim öffentlichen Unternehmen. Auch der Einsatz privater Nachttaxis auf Nahverkehrslinien gehört zu dieser Art von Privatisierung.

Zu nennen ist in diesem Zusammenhang auch die Privatisierung mittels Konzessionsvergabe. So hat der wissenschaftliche Beirat beim Bundesfinanzministerium in seinem Gutachten vorgeschlagen, der Staat solle auf die Erledigung bestimmter Aufgaben in eigener Regie verzichten und statt dessen Privaten öffentliche Konzessionen zur Erfüllung dieser Aufgaben erteilen[144]. Im Konzessionsvertrag kann die öffentliche Hand bestimmte Versorgungsbedingungen festlegen und sich eine begrenzte Einwirkungsmöglichkeit vorbehalten. Der Wettbewerb wird durch die Konzessionsvergabe eingeschränkt, da die betreffende Leistung nur von dem konzessionierten Unternehmer erbracht werden darf. Wettbewerbselemente können dadurch erhalten bleiben, daß die

---

[142] Vgl. auch die Aufzählung in: Deutscher Städtetag, S. 11 f.

[143] Vgl. Deutscher Städtetag, S. 12; Steiner, DÖV 1970, 526 (531); Wiese, SKV 1976, 194 (195).

[144] Zur Lage und Entwicklung der Staatsfinanzen in der Bundesrepublik Deutschland, Bulletin Nr. 103/S. 1009 f. v. 16. 8. 1975; für eine öffentliche Konzessionsvergabe tritt auch ein Fischer-Menshausen, in: Verselbständigung von Verwaltungsträgern, 51 (63).

Konzession nur befristet erteilt und von Zeit zu Zeit neu öffentlich ausgeschrieben wird[145]. Ein solches Verfahren wird vorgeschlagen für Teile des Erziehungswesens, des Entsorgungs- und Versorgungsbereichs und des Kulturbereichs.

4. Generelle Übertragung von Aufgaben auf Private

Eine weitergehende Form der Privatisierung besteht darin, nicht nur die Durchführung einer öffentlicher Aufgabe, sondern die Aufgabe als solche einem Privaten zur selbständigen Erledigung zu übertragen. Als Beispiele seien genannt die Übertragung von bestimmten Verkehrseinrichtungen, Theatern, Museen, Schwimmbädern oder Stadien auf Private[146]. Bei dieser Art von Privatisierung werden dic öffentlichen Aufgaben aus der unmittelbaren öffentlichen Entscheidung und Verantwortung entlassen. Es hängt somit allein von der Privatinitiative ab, ob die bisher von der öffentlichen Hand dargebotenen Leistungen dem Bürger weiterhin angeboten werden[147]. Das bedeutet jedoch nicht, daß die Privaten auch notwendig öffentlicher Kontrolle entzogen sind. Eine Kontrolle staatsentlastenden Privathandelns kann gesetzlich vorgeschrieben sein. Zu erwähnen ist etwa die staatliche Aufsicht über private Kindergärten und Spielkreise Minderjähriger nach §§ 78, 79 JWG oder über private Altersheime[148].

5. Übertragung öffentlicher Aufgaben auf freigemeinnützige Organisationen

Im Bildungs- und Sozialwesen könnten bisher von der öffentlichen Hand wahrgenommene Aufgaben ganz oder teilweise auf freigemeinnützige Organisationen übertragen werden. Freigemeinnützige Organisationen sind solche nicht gewinnorientierte Organisationen, die nicht in der Trägerschaft von Bund, Ländern oder Gemeinden stehen. Zu ihnen gehören Kirchen, freie Wohlfahrtsverbände, gemeinnützige Stiftungen und gemeinnützige Gesellschaften. Sie betätigen sich besonders stark im Bildungs- und Sozialwesen, aber auch im Wohnungsbau (gemeinnützige Wohnungsbaugesellschaften). Durch ihre gemeinnützigen Ziele und ihr soziales Engagement harmonieren sie stärker mit den Intentionen der öffentlichen Hand als erwerbswirtschaftlich tätige private Unternehmer[149]. Sie werden daher hier gesondert aufgeführt. Solche gemeinnützigen Organisationen können jedoch den Staat nur

---

145 Wiss. Beirat beim BMF, S. 1009 f.; Tiemann, BayVBl 1976, 261 (264).

146 Vgl. Deutscher Städtetag, S. 12.

147 So auch Wiese, SKV 1976, 194 (195).

148 Vgl. Ossenbühl, VVDStRL 29, 137 (149); „Entstaatlichung" öffentlicher Aufgaben, MdI Rh.-Pf., LT DrS 8/661, S. 1 f.

149 So Fischer-Menshausen, S. 62.

teilweise finanziell oder mit unentgeltlicher Arbeitskraft entlasten, da der Staat ihnen hohe finanzielle Zuwendungen geben muß, um ihnen Anreize zur Betätigung zu bieten[150]. Bisher ist eher ein Rückgang des gemeinnützigen Engagements festzustellen[151].

6. Reglementierende Inpflichtnahme Privater

Die öffentliche Hand kann bisher von ihr wahrgenommene Aufgaben privatisieren, indem sie Private gesetzlich verpflichtet, diese Aufgaben als eigene Angelegenheiten zu übernehmen[152]. Als Beispiele solch öffentlich-rechtlicher Bürgerpflichten können angeführt werden die Wegereinigungspflicht, die Verpflichtung privater Inhaber von Geschäfts- und Bürohäusern, entsprechende Parkmöglichkeiten bereitzustellen, Auflagen an private Unternehmer zur Beschäftigung von Behinderten, Auflagen zum Umweltschutz und die Verpflichtung des privaten Ölhandels zur Öllagerung. Durch diese Form der Privatisierung können die öffentlichen Haushalte wesentlich entlastet werden, doch sind auch die volkswirtschaftlichen Folgekosten, namentlich die Auswirkungen auf mittelständische und Kleinbetriebe, zu bedenken[153].

Dieser Art von Aufgabenüberbürdung sind verfassungsrechtliche Schranken gesetzt[154]. Ihre Zulässigkeit ist an den Grundrechten der Art. 3, 12 und 14 GG zu messen. Sofern sich die Inpflichtnahme Privater als Regelung der Berufsausübung darstellt, muß sie aus „vernünftigen Gründen des Gemeinwohls" gerechtfertigt sein[155], was allerdings meist zu bejahen sein wird. Bei Art. 14 GG ist im Einzelfall zu prüfen, ob eine Inpflichtnahme eine zulässige Eigentumsbeschränkung darstellt, die durch die Sozialbindung des Eigentums gedeckt ist. Wesentlich ist vor allem die Frage der Gleichbehandlung. Hier ist zu bedenken, daß eine rechtssatzmäßige Inpflichtnahme von Großbetrieben in der Regel eher zu verkraften ist als von Mittel- und Kleinbetrieben. Weiterhin bedarf die Inpflichtnahme Privater seitens der Gemeinden jedenfalls dann

---

150 Vgl. Wiss. Beirat beim BMF, S. 1009; siehe auch Fischer-Menshausen, S. 62, der sich sehr für die Förderung freigemeinnütziger Organisationen einsetzt, weil er darin eine multiplikative Mobilisierung privater Aktivitäten und Finanzquellen sieht; Deutscher Städtetag, S. 11.

151 Wiss. Beirat beim BMF, S. 1009.

152 Vgl. dazu Ossenbühl, VVDStRL 29, 137 (149); „Entstaatlichung" öffentlicher Aufgaben, MdI Rh.-Pf., S. 1; Wiss. Beirat beim BMF, S. 1010; Deutscher Städtetag, S. 12.

153 Zu den volkswirtschaftlichen Folgekosten siehe Wiss. Beirat beim BMF, S. 1010 f.

154 Vgl. dazu insgesamt Ossenbühl, VVDStRL 29, 137 (175 ff.); Tiemann, BayVBl 1976, 261 (264 f.).

155 So die Stufentheorie des BVerfG, vgl. BVerfGE 7, 377 v. 11. 6. 1958.

einer gesetzlichen Ermächtigungsgrundlage, wenn sie sich als lästige Verwaltungshilfe darstellt[156].

Für die Gemeinden kommt diese Art der Privatisierung nur bei Randaufgaben von öffentlicher Bedeutung in Betracht. Die zentralen Bereiche der kommunalen Leistungsverwaltung lassen sich auf diese Weise nicht privatisieren.

7. Leasing

In der öffentlichen Diskussion ist vorgeschlagen worden, Kindergärten, Schulen, Altenheime, Schwimmbäder und andere öffentliche Einrichtungen durch Leasing zu finanzieren[157]. Es handelt sich dabei um keine echte Privatisierung, da nicht daran gedacht ist, eine bestimmte Aufgabe auf Private zu übertragen. Vielmehr geht es nur um die privatwirtschaftliche Finanzierung öffentlicher Aufgaben. Ob sich durch Leasing Einsparungen für die Gemeindehaushalte erreichen lassen, ist durchaus fraglich, nicht zuletzt deshalb, weil den Leasinggebern nach den bestehenden Richtlinien keine Zuschüsse von Bund und Ländern gewährt werden, während die Kommunen für ihre Investitionsvorhaben häufig Zuschüsse bekommen[158].

D. Gründe für eine Privatisierung

Die Frage, wieweit die öffentliche Hand selbst am Wirtschaftsleben teilnehmen und selbst Sozialleistungen erbringen und entsprechende Einrichtungen zur Verfügung stellen soll, ist stets umstritten gewesen[159]. Die Argumente, die sich gegen die Betätigung der öffentlichen Hand richten, sind meist die gleichen.

I. Der Vorwurf der Ineffizienz

Ein alter Vorwurf, der gegen die öffentliche Hand, vor allem gegen ihre wirtschaftliche Betätigung vorgebracht wird, ist der Vorwurf der mangelnden Effizienz.

---

[156] Vgl. Ossenbühl, VVDStRL 29, 137 (170); Tiemann, BayVBl 1976, 261 (264 f.).

[157] Vgl. dazu Deutscher Städtetag, S. 41 f.; Pausch, Möglichkeiten einer Privatisierung öffentlicher Unternehmen, S. 89 ff.; „Kindergärten und Schulen mit Leasing finanzieren", Die Welt v. 15. 7. 1975.

[158] Siehe Deutscher Städtetag, S. 41 f.

[159] Siehe dazu Stern/Püttner, Die Gemeindewirtschaft, S. 19 ff.

1. Fehlendes Rentabilitätsbewußtsein

Von den Befürwortern einer Privatisierung öffentlicher Aufgaben wird hervorgehoben, daß Verwaltungsdenken und Wirtschaftsdenken nicht identisch seien. Die öffentliche Hand orientiere sich an politischen Zielvorgaben und nicht an der Rentabilität[160].

2. Fehlendes Leistungsprinzip

Kernvorwurf an die öffentliche Verwaltung ist die mangelnde Ausrichtung am Leistungsprinzip[161]. Zum Leistungsprinzip gehören wesensmäßig Wettbewerb, persönliches Risiko und ein Sanktionsmechanismus, der positive Leistungen honoriert und negative Leistungen mit nachteiligen Folgen versieht[162]. Einem so verstandenen Leistungsprinzip stehen die starren Laufbahnregelungen des Beamtenrechts und des daran ausgerichteten sonstigen öffentlichen Dienstrechts mit seinen hierarchischen Strukturen, die besondere soziale Sicherung der öffentlich Bediensteten und das Haushaltsrecht mit seinem Stellenkegel entgegen[163]. Daher werden vielfach Produktionsreserven im öffentlichen Dienst vermutet[164].

3. Einfluß haushaltspolitischer Erwägungen

Weiterhin wird beklagt, daß die öffentliche Hand versucht, durch Gewinne öffentlicher Unternehmen Lücken im öffentlichen Haushalt zu schließen. Solche haushaltspolitischen Erwägungen bedeuteten einen sachfremden Einfluß auf die wirtschaftlichen Entscheidungen[165]. In diesem Zusammenhang wird auch die wirtschaftliche Praxis der Querverbundunternehmen kritisiert[166]. Als „Querverbund" wird die Zusammenfassung mehrerer Versorgungssparten (Strom-, Gas-, Wasserversorgung) — teilweise wird auch der Nahverkehr einbezogen — in einem Unternehmen unter einheitlicher Leitung bezeichnet. Im Querverbund werden Verluste einer Sparte (etwa des Nahverkehrs) mit den Gewinnen der anderen Sparte ausgeglichen.

---

160 Bundesfachausschuß für Wirtschaft der F.D.P., Liberale Thesen zur öffentlichen Wirtschaft, S. 2.

161 Vgl. Bundesfachausschuß für Wirtschaft der F.D.P., S. 2.

162 Studienkommission für die Reform des öffentlichen Dienstrechts, S. 113 Rdn. 170.

163 Siehe dazu auch Fischer-Menshausen, in: Verselbständigung von Verwaltungsträgern, 51 (55 f.).

164 Vgl. z. B. Sachverständigenrat zur Begutachtung der gesamtwirtschaftlichen Lage, Jahresgutachten 1975, BT DrS 7/4326, S. 139; Bund der Steuerzahler, Entstaatlichung, S. 5 f.

165 Bundesfachausschuß für Wirtschaft der F.D.P., S. 2.

166 Emmerich, Das Wirtschaftsrecht der öffentlichen Unternehmen, S. 360, S. 363; Kux, Ansätze zur Privatisierung öffentlicher Aufgaben, S. 18 f.

II. Gefahren für die Marktwirtschaft

Das Streben nach mehr Qualität des Lebens in den westlichen Industriegesellschaften erzeugt eine wachsende Nachfrage nach Gütern des Dienstleistungsbereichs, namentlich der Güter, die von der öffentlichen Hand angeboten werden, etwa Bildung, Kranken- und Altersversorgung, öffentliche Einrichtungen wie Schwimmbäder, Bürgerzentren, Jugendzentren usw. Diese Entwicklung führt zu einer Ausweitung des Staatsanteils am Bruttosozialprodukt. Darin sehen manche die Gefahr einer schleichenden Sozialisierung und eine Gefährdung der Marktwirtschaft. Daher sei zu fordern, daß der öffentlichen Hand zugewachsene wirtschaftliche Funktionen auf die Privatwirtschaft zu übertragen seien[167]. So wird die Privatisierung von Kindergärten, Schulen und Hochschulen vorgeschlagen[168].

Auch die öffentlichen Unternehmen werden als Fremdkörper in der Marktwirtschaft betrachtet[169]. Sie hinderten die Entfaltung von Privatinitiativen in der Wirtschaft[170]. Ein fairer Wettbewerb zwischen öffentlichen und privaten Unternehmen sei weitgehend ausgeschlossen, da den öffentlichen Unternehmen Wettbewerbsvorteile eingeräumt würden[171].

III. Unterdrückung freier Initiativen

Von den Privatisierungsbefürwortern wird vorgebracht, daß die zunehmende Staatstätigkeit freie Initiativen Privater behindere und unterdrücke. So stellt der wissenschaftliche Beirat beim Bundesfinanzministerium ein abnehmendes soziales Engagement freigemeinnütziger Organisationen fest[172]. Es wird gefordert, sowohl die wirtschaftliche Betätigung der öffentlichen Hand einzuschränken, um durch den Appell an privates Gewinnstreben die Übernahme öffentlicher Aufgaben und Ausgaben zu erreichen[173], als auch freie Initiativen im sozialen und kul-

---

167 Gefahren für die Marktwirtschaft sehen Kux, S. 52; Wiss. Beirat beim BMW, Kosten und Preise öffentlicher Unternehmen, Bulletin Nr. 4/1976, 36 (43); Bund der Steuerzahler, S. 3.

168 Vgl. Kaltefleiter, Wirtschaftswoche Nr. 37 v. 5. 9. 1975, S. 42; Fischer-Menshausen, S. 68 ff.

169 Emmerich, Das Wirtschaftsrecht, S. 79 ff.

170 Emmerich, Das Wirtschaftsrecht, S. 80 f.; Kommunalpolitische Vereinigung der CDU und CSU Deutschlands (KPV), Kommunalpolitisches Grundsatzprogramm, S. 16.

171 Emmerich, Das Wirtschaftsrecht, S. 81 ff.; Hamm, Kollektiveigentum, S. 78 ff.; Horak, Die wirtschaftliche Betätigung der öffentlichen Hand, S. 72 f.

172 Wiss. Beirat beim BMF, S. 1009; auch Kux, S. 51, sieht negative Auswirkungen auf das private Leistungs-Potential.

173 So Fischer-Menshausen, S. 63; vgl. auch KPV, S. 14, S. 16.

turellen Bereich verstärkt zu fördern[174]. Dabei ist neben dem Engagement freigemeinnütziger Organisationen an die Selbstorganisation der Bürger gedacht, z. B. in Form von Elterninitiativen zur Einrichtung und Unterhaltung eines Kindergartens[175]. Die öffentliche Hand soll in diesem Bereich nur subsidiär tätig werden (Subsidiaritätsprinzip)[176].

[174] Fischer-Menshausen, S. 62 f.

[175] So Staatssekretär Volker Hauff, zitiert nach Bund der Steuerzahler, Entstaatlichung, S. 15.

[176] Vgl. Fischer-Menshausen, S. 53; KPV, S. 21; Bundesfachausschuß für Wirtschaft der F.D.P., S. 7.

2. TEIL

Allgemeine verfassungsrechtliche Probleme der Privatisierung

Die Forderung nach Privatisierung öffentlicher Aufgaben betrifft zahlreiche kommunale Tätigkeitsbereiche und Einrichtungen, von den Versorgungsbetrieben über die Sozialeinrichtungen bis zu den Schulen. Für die Frage der rechtlichen Zulässigkeit solcher Privatisierungsmaßnahmen ist es notwendig, an Hand der Bestimmungen des Grundgesetzes die gebotene öffentliche Verantwortlichkeit und Tätigkeit, die notwendigen öffentlichen Aufgaben, näher zu ermitteln. Daneben soll nach den Grenzen der öffentlichen Betätigung gefragt werden.

A. Schranken für Privatisierungsmaßnahmen

I. Das Rechtsstaatsprinzip

Der Begriff „Rechtsstaat" ist als solcher in den Bestimmungen über die Grundlagen staatlicher Ordnung in Art. 20 GG nicht enthalten. Art. 20 Abs. 2 S. 2 und Abs. 3 GG statuieren jedoch mit der Gewaltenteilung und der Bindung der vollziehenden Gewalt und der Rechtsprechung an Gesetz und Recht die wesentlichen rechtsstaatlichen Grundsätze. Die Bindung der Länder an die Grundsätze des Rechtsstaats in Art. 28 Abs. 1 GG, der die Verfassungsordnung der Länder an die des Bundes angleichen will (sog. Homogenitätsprinzip[1]), läßt einen Rückschluß auf die Verfassung des Bundes zu[2]. Aus den genannten Bestimmungen kann daher entnommen werden, daß in der Bundesrepublik alle staatliche Tätigkeit den Geboten des Rechtsstaats unterworfen sein soll[3].

---

[1] Siehe dazu Maunz, in: Maunz/Dürig/Herzog, Art. 28 Rdn. 2; Schmidt-Bleibtreu/Klein, Art. 28 Rdn. 1.

[2] v. Mangoldt/Klein, Art. 20 Anm. VI; Hesse, Grundzüge des Verfassungsrechts, S. 76.

[3] Hamann/Lenz, Art. 20 Anm. B 9; Maunz/Dürig, in: Maunz/Dürig/Herzog, Art. 20 vor Rdn. 58; Schnapp, in: v. Münch, GG, Art. 20 Rdn. 21; Wernicke, in: BK, Art. 20 Anm. II, 3.

Die Erwähnung des Begriffs „Rechtsstaat" nur in Zusammenhang mit den Adjektiven „demokratisch" und „sozial" in Art. 28 Abs. 1 GG macht deutlich, daß der Rechtsstaat des Grundgesetzes nicht als bloßer Rechtsbewahrerstaat, der die bestehenden Sozialverhältnisse als vorgegeben und im Grundsatz durch staatliche Einwirkung nicht veränderbar ansah, verstanden werden kann[4]. Die Gebote des Rechtsstaats sind heute vorrangig als „Verwirklichungsbedingungen funktional verstandener Staatlichkeit" zu begreifen[5].

Auf die besondere Bedeutung der Begriffsverbindung „sozialer Rechtsstaat" wird an anderer Stelle näher einzugehen sein. Die Sozialverpflichtung der Bundesrepublik wird vornehmlich im Bereich der Leistungsverwaltung aktuell. Im Vordergrund der Untersuchung des Rechtsstaatsprinzips soll dessen Ausstrahlung auf den Bereich der Eingriffsverwaltung stehen; es geht um die notwendigen Sicherungen des Bürgers gegen hoheitliche Eingriffe in seine Rechte.

Dabei muß die Verbindung des Rechtsstaatsprinzips mit dem Demokratiegebot gesehen werden. In der Demokratie muß alle Herrschaft durch die Zustimmung der Herrschaftsunterworfenen selbst legitimiert sein. Es ist im demokratischen Rechtsstaat nur dann gerechtfertigt, Menschen Herrschaftsmacht über andere Menschen einzuräumen, wenn die Ausübung dieser Machtbefugnisse in unmittelbarer Verantwortung gegenüber der Regierung und damit unter der Kontrolle des Parlaments steht und eine rechtsstaatliche Qualität der Ausübung gesichert ist[6]. Die rechtliche Sicherung des einzelnen darf sich nicht auf gerichtlichen Schutz beschränken, sondern fordert die rechtliche Durchformung des Verwaltungsverfahrens selbst[7].

Wesentlicher Bestandteil eines rechtsstaatlichen Verwaltungsvollzugs sind Uneigennützigkeit, Unparteilichkeit und Sachgerechtigkeit hoheitlicher Kompetenzwahrnehmung[8]. Nur dann sind Entscheidungen, die mit Eingriffen in Rechte verbunden sind, für die Betroffenen akzeptierbar. Daraus folgt die Pflicht, die Erfüllung von Aufgaben, die Eingriffe in die Rechte der Bürger bedingen, so zu organisieren, daß die rechtsstaatliche Qualität der Aufgabenerfüllung gesichert ist.

---

[4] Abendroth, in: Rechtsstaatlichkeit und Sozialstaatlichkeit, S. 114 ff., v. a. S. 119, S. 129; Bansch, Diss., S. 100 f.

[5] Bansch, Diss., S. 101, in Anlehnung an Bäumlin, Rechtsstaat, in: EvStL, Sp. 2048.

[6] Siehe hierzu auch Bansch, Diss., S. 126.

[7] So Scheuner, in: Rechtsstaatlichkeit und Sozialstaatlichkeit, 461 (498); vgl. auch Fichtmüller, AöR 91, 297 (341).

[8] Bansch, Diss., S. 110; im Ergebnis ebenso Fichtmüller, AöR 91, 297 (340 f.); W. Weber, Staats- und Selbstverwaltung, S. 96; Wolff/Bachof, VerwR I, S. 181, die diese Gebote aus dem Grundsatz der Gesetzmäßigkeit der Verwaltung herleiten.

Entsprechend fachlich geschulte und gebildete Angehörige des öffentlichen Dienstes bieten eine beachtliche Gewähr für die rechtsstaatliche Qualität der Wahrnehmung hoheitlicher Kompetenzen[9]. Bei der Übertragung solcher Kompetenzen auf Private müßte der Staat die rechtsstaatliche Qualität privater Aufgabenerfüllung mit den Mitteln der Staatsaufsicht sichern[10]. Seitens des Parlaments ist mit einer Privatisierung von Eingriffsaufgaben ein Einflußverlust verbunden.

Die Tätigkeit der Staatsgewalt ist nur im Dienste des Gemeinwohls legitim[11]; die Mitwirkung Privater bei der Erfüllung öffentlicher Aufgaben dient legitimerweise zusätzlich privater Interessenverfolgung[12]. Dabei ist eine Interessenverstrickung des Privaten mit einzelnen Verwaltungsbetroffenen möglich[13].

Theoretisch ließen sich zahlreiche Aufgaben im Bereich der Eingriffsverwaltung privatisieren. So könnten etwa die Aufgaben der Polizei und der Ordnungsbehörden durch Anmietung privater Polizeitrupps in den privaten Raum entlassen werden. Die Folge wäre, daß die Sicherheit der Bürger privatem Soll und Haben, dem Konkurrenzkampf privater Polizeifirmen mit all seinen Auswüchsen unterworfen würde[14]. Schon jetzt gibt es in der Bundesrepublik viele private Wach- und Sicherheitsdienste, die zum Schutz von Personen und Objekten eingesetzt werden. Ihnen stehen jedoch keine öffentlich-rechtlichen Befugnisse zu; sie können nur im Rahmen der jedermann zustehenden Rechte (Notwehr und Festnahmerecht) tätig werden. Diese Tätigkeit der Privaten ist nicht unbedenklich. Es mangelt an rechtlichen Kenntnissen, an der Orientierung am öffentlichen Interesse und am demokratisch-rechtsstaatlichen Bewußtsein. Die Monopolisierung der Gewalt beim Staat ist eine wesentliche Errungenschaft des Rechtsstaats und entspricht der Friedensfunktion des Staates[15]. Bei einer Privatisierung von

---

[9] Vgl. dazu BVerfGE 17, 371 (379) v. 5. 5. 1964; BGH, NJW 1974, 453 (454) v. 29. 11. 1973.

[10] Huber, WirtVerwR I, S. 544; Peters/Ossenbühl, Die Übertragung von öffentlich-rechtlichen Befugnissen auf die Sozialpartner, S. 43; Steiner, Öffentliche Verwaltung durch Private, S. 272; Wiegand, Diss., S. 71; siehe auch BVerfG (Fn. 9); BGH (Fn. 9).

[11] Vgl. Bäumlin, Rechtsstaat, in EvStL, Sp. 2048; Bansch, Diss., S. 110.

[12] Vgl. dazu Leisner, DÖV 1970, 217 (219); Steiner, Öffentliche Verwaltung durch Private, S. 265, weist darauf hin, daß private Verwaltungshelfer zu einem privaten Verständnis ihrer Tätigkeit neigen; siehe auch Fn. 60 (Beispiel des TÜV).

[13] Siehe dazu Bansch, Diss., S. 114 ff.; Steiner, Öffentliche Verwaltung durch Private, S. 267.

[14] Vgl. die Klagen über rüdes Verhalten und Marketing eines privaten Münchener Sicherheitsdienstes, in: Wirtschaftswoche v. 28. 5. 1976, S. 15.

[15] Siehe zur Friedensfunktion des Staates Kriele, Einführung in die Staatslehre, S. 48.

Gewaltfunktionen erscheinen Konflikte zwischen verschiedenen privaten Gewalten nicht ausgeschlossen.

Daher sind Aufgaben, die hoheitliche Eingriffe in die Rechte der Bürger bedingen, grundsätzlich von staatlichen Behörden in Verantwortung gegenüber der Regierung und damit mittelbar gegenüber dem Parlament wahrzunehmen. Das gebietet das Rechtsstaatsprinzip.

II. Art. 33 Abs. 4 GG

Art. 33 Abs. 4 GG behält die Ausübung hoheitsrechtlicher Befugnisse in der Regel Angehörigen des öffentlichen Dienstes vor, die in einem öffentlich-rechtlichen Dienst- und Treueverhältnis stehen. Damit garantiert Art. 33 Abs. 4 in Verbindung mit Abs. 5 GG die Einrichtung des Berufsbeamtentums[16]. Aus der Formulierung „in der Regel“ ergibt sich, daß hoheitsrechtliche Befugnisse ausnahmsweise auch privatrechtlich tätigen Kräften zustehen können[17]. Art. 33 Abs. 4 GG enthält einen „Funktionsvorbehalt“ zugunsten des Beamtentums[18]. Unmittelbar grenzt die Norm die Zuständigkeit von Beamten und anderen Angehörigen des öffentlichen Dienstes, also Angestellten und Arbeitern, die in einem privatrechtlichen Arbeitsverhältnis zum Staat stehen, ab[19]. Die Vorschrift stellt insofern eine „Aufgabenverteilungsnorm“ innerhalb des öffentlichen Dienstes dar[20].

Zu fragen bleibt, ob Art. 33 Abs. 4 GG darüber hinaus auch die Zulässigkeit der Übertragung von Hoheitsbefugnissen auf Private außerhalb des öffentlichen Dienstes betrifft.

Von manchen wird das bestritten. Der Art. 33 Abs. 4 GG enthalte keine Aussage zur Zulässigkeit der Delegation von Hoheitsbefugnissen auf Private[21]. Daraus wird von einigen gefolgert, eine solche Übertragung sei überhaupt unzulässig[22].

---

[16] Dittmann, Die Verwaltung 1975, 431 (442); Matthey, in: v. Münch, GG, Art. 33 Rdn. 28; Ossenbühl, VVDStRL 29, 137 (159).

[17] Matthey, in: v. Münch, GG, Art. 33 Rdn. 31; v. Mangoldt/Klein, Art. 33 Anm. VI, 3.

[18] So Dittmann (Fn. 16); Matthey, in: v. Münch, GG, Art. 33 Rdn. 28; Maunz, in: Maunz/Dürig/Herzog, Art. 33 Rdn. 32.

[19] Bansch, Diss., S. 66; Huber, WirtVerwR I, S. 544; v. Mangoldt/Klein, Art. 33 Anm. VI, 4; Wiegand, Diss., S. 66.

[20] Bansch, Diss. S. 66.

[21] So Bansch, Diss., S. 69; Reuß, DVBl 1970, 396 (397); Ule, Diskussionsbeitrag in: VVDStRL 29, S. 269.

[22] Siehe Ule (Fn. 21); vgl. auch Bansch, Diss., S. 126, der eine Übertragung hoheitsrechtlicher Befugnisse grundsätzlich für unzulässig hält, dieses Ergebnis aber wesentlich aus dem Rechtsstaatsprinzip entnimmt.

Diese Auffassung läßt sich jedoch bezweifeln. In Deutschland sind traditionell stets auch Private mit der Wahrnehmung von Hoheitsbefugnissen betraut worden (z. B. Bezirksschornsteinfeger, der Sachverständige beim TÜV, Jagdaufseher, Schiffskapitäne). Der Verfassungsgesetzgeber fand somit einen bestimmten Bestand von Hoheitsbefugnissen in privater Hand vor. Hätte der Parlamentarische Rat die Delegation von Hoheitsbefugnissen auf Private generell abschaffen wollen, so hätte er den Art. 33 Abs. 4 GG anders gefaßt. Als Ausnahme ist nicht nur die Übertragung von Hoheitsbefugnissen auf nicht-beamtete Angehörige des öffentlichen Dienstes, sondern auch auf Private außerhalb der Verwaltung zulässig. Das besagt mittelbar die Formulierung „in der Regel“[23].

Wenn Art. 33 Abs. 4 GG allerdings die Einrichtung des Berufsbeamtentums sichern und die Wahrnehmung hoheitsrechtlicher Befugnisse in der Regel Beamten anvertrauen will, dann genügt es nicht, den Beamten nur innerhalb der Verwaltung einen Funktionsvorbehalt zuzugestehen. Vielmehr muß der Art. 33 Abs. 4 GG erst recht gegenüber Privaten außerhalb der Verwaltungsorganisation wirken. Sonst besteht die Gefahr, daß der Funktionsvorbehalt ins Leere stößt. Art. 33 Abs. 4 GG schließt die Übertragung hoheitsrechtlicher Befugnisse auf Private nicht grundsätzlich aus, begrenzt sie jedoch quantitativ[24].

Hoheitsrechtliche Befugnisse werden ausgeübt, wenn der Staat als Obrigkeit tätig wird[25]. Dort, wo der Staat oder ein von ihm abhängiger Rechtsträger dem Bürger wie ein privater Leistungsträger gegenübertritt, entfaltet der Funktionsvorbehalt des Art. 33 Abs. 4 GG keine Wirkung. Wesentliche Bedeutung kommt ihm in der Eingriffsverwaltung zu, wenn er sich auch nicht darauf beschränkt, sondern auch den Bereich der Leistungsverwaltung erfaßt, in dem einseitig verbindliche Regelungen getroffen werden[26].

---

[23] So auch Brohm, Strukturen der Wirtschaftsverwaltung, S. 215; Huber, WirtVerwR I, S. 544; Hackenbroch, in: Brinkmann, Art. 33 Anm. I, 5 e; v. Mangoldt/Klein, Art. 33 Anm. VI, 4; Matthey, in: v. Münch, GG, Art. 33 Rdn. 31; Mennacher, Diss., S. 111; Ossenbühl, VVDStRL 29, 137 (162); Peters/Ossenbühl, S. 43.

[24] Brohm (Fn. 23); Huber, WirtVerwR I, S. 543 f.; Mennacher, Diss., S. 111; Ossenbühl, VVDStRL 29, 137 (162); Peters/Ossenbühl, S. 43.

[25] So eine Anmerkung des Allg. Redaktionsausschusses des Parlamentarischen Rates zu Art. 33 Abs. 4 GG, zitiert nach Doemming/Füsslein/Matz, JöR 1, S. 323; vgl. auch Ule, in: Die Grundrechte IV, 2, 537 (559).

[26] Siehe dazu auch Maunz, in: Maunz/Dürig/Herzog, Art. 33 Rdn. 33.

III. Die Art. 83 ff. GG

Es bleibt zu fragen, ob dem Abschnitt des Grundgesetzes über die Ausführung der Bundesgesetze und die Bundesverwaltung etwas zur verfassungsrechtlichen Zulässigkeit der Privatisierung öffentlicher Aufgaben zu entnehmen ist. So hat *Reuß* aus den Art. 83 ff. GG geschlossen, die Übertragung hoheitsrechtlicher Befugnisse und entsprechender Aufgaben auf Private sei verfassungsrechtlich unzulässig[27].

Zunächst ist darauf hinzuweisen, daß die Art. 83 ff. GG die Ausführung von Landesgesetzen durch die Länder nicht behandeln. Demnach könnte ihnen schwerlich ein Verbot der Übertragung öffentlicher Aufgaben auf Private in diesem Verwaltungsbereich zu entnehmen sein[28], es sei denn, man denke an ein ungeschriebenes Homogenitätsprinzip.

Mit Ausnahme des Art. 89 Abs. 3 GG ist in den Art. 83 ff. GG über das eigentliche Verwaltungsverfahren nichts gesagt[29]. Zwar spricht Art. 84 Abs. 1 GG von der „Einrichtung der Behörden" zur landeseigenen Ausführung von Bundesgesetzen; daraus kann aber nicht gefolgert werden, die Länder dürften nur Stellen mit Behördeneigenschaft die Ausführung von Bundesgesetzen anvertrauen[30]. Art. 84 GG meint nicht eine Behörde im engen rechtstechnischen Sinn des Verwaltungsrechts; vielmehr bedeutet Behörde hier soviel wie „Stelle" oder „Organ"[31].

Art. 86 GG führt Körperschaften und Anstalten des öffentlichen Rechts als mögliche Träger bundeseigener Verwaltung auf. Damit wird jedoch nicht der Zweck verfolgt, die Übertragung öffentlicher Aufgaben auf Private zu verbieten[32]. Ebensowenig läßt sich dem Art. 87 Abs. 3 GG ein Verbot der Übertragung bestimmter Aufgaben und Befugnisse auf Private entnehmen[33].

Die Übertragung öffentlicher Aufgaben und hoheitsrechtlicher Befugnisse auf Private ist in den Art. 83 ff. GG nicht angesprochen. Diese Vorschriften sollen keine Richtlinien zur Verwaltungsführung sein, sondern lediglich die Fragen regeln, die sich für die Ausführung der Bundesgesetze aus der föderalistischen Struktur der Bundesrepublik ergeben[34]. Die Art. 83 ff. GG grenzen nur die Verwaltungskompetenzen von Bund und Ländern ab, sagen aber nichts darüber aus, ob auch

[27] Reuß, in: Die Grundrechte III, 1, 91 (130 f.).

[28] So auch Bansch, Diss., S. 70.

[29] Vgl. v. Mangoldt/Klein, Vorbem. II, 1 zu Art. 83.

[30] Vgl. Huber, WirtVerwR I, S. 540; Wiegand, Diss., S. 68.

[31] Vgl. Huber, WirtVerwR I, S. 541.

[32] Ebenso v. Mangoldt/Klein, Art. 86 Anm. III, 2 b; Maunz, in: Maunz/Dürig/Herzog, Art. 86 Rdn. 2.

[33] Vgl. dazu auch Huber, WirtVerwR I, S. 542 und Steiner, Öffentliche Verwaltung durch Private, S. 257.

[34] Vgl. Bansch, Diss., S. 71; Huber, WirtVerwR I, S. 540.

Private mit der Ausführung von Bundesgesetzen betraut werden dürfen[35].

IV. Der Organbegriff des Art. 20 Abs. 2 Satz 2 GG

Man könnte daran denken, daß der Begriff des „Organs" in Art. 20 Abs. 2 S. 2 GG einer Privatisierung öffentlicher Aufgaben, zumindest im Bereich der Eingriffsverwaltung, entgegensteht. Es ist nämlich fraglich, ob Private, denen hoheitliche Befugnisse übertragen worden sind, als besondere Organe der vollziehenden Gewalt angesehen werden können.

Zu bedenken ist jedoch der Sinn des Art. 20 Abs. 2 S. 2 GG. Er legt den Grundsatz der Gewaltenteilung verfassungsrechtlich fest. „Besondere Organe" bedeutet in diesem Zusammenhang, daß es verboten ist, Aufgaben zweier Gewalten durch ein und dasselbe Organ wahrnehmen zu lassen. Für alle drei Gewalten sind besondere voneinander unabhängige und getrennte Stellen vorgeschrieben. Es wäre eine zu enge Interpretation des Art. 20 Abs. 2 S. 2 GG, wollte man ihm eine Festlegung des Begriffs „Organ" auf einen technischen Sinn entnehmen, der die Ausübung von hoheitlichen Kompetenzen durch nicht-staatliche Stellen ausschließen soll[36]. Daher können auch Private als Organe im Sinne des Art. 20 Abs. 2 S. 2 GG angesehen werden[37]. Diese Norm steht der Übertragung öffentlicher Aufgaben auf Private nicht entgegen.

V. Das Sozialstaatsprinzip

Wesentliche Bedeutung bei der Bestimmung des Bereichs gebotener staatlicher Tätigkeit und Verantwortung und damit der verfassungsrechtlichen Grenzen privater Aufgabenerfüllung kommt dem Sozialstaatsprinzip zu, das im Grundgesetz in Art. 20 Abs. 1 und Art. 28 Abs. 1 normiert ist. Der Begriff „Sozialstaat" findet sich im Grundgesetz nicht. Art. 20 Abs. 1 GG beschreibt die Bundesrepublik als „sozialen Bundesstaat" und Art. 28 Abs. 1 GG bindet die Länder an die Grundsätze des „sozialen Rechtsstaats". Beide Normen bestimmen, daß der Bund und die Länder soziale Staaten sind, in einem Wort ausgedrückt, Sozialstaaten.

---

[35] Ebenso Bansch, Diss. S. 71; Brohm, Strukturen der Wirtschaftsverwaltung, S. 215; Greß, SKV 1967, 122 (123); Huber (Fn. 34); v. Mangoldt/Klein, Vorbem. II, 1 zu Art. 83; Mennacher, Diss., S. 89; Ossenbühl, VVDStRL 29, 137 (162 f.); Peters/Ossenbühl, S. 41; Steiner (Fn. 33); K. Vogel, Öffentliche Wirtschafteinheiten in privater Hand, S. 237; Wiegand, Diss., S. 67 f.; nur Reuß (Fn. 27) ist anderer Meinung.

[36] Ebenso Steiner (Fn. 33); Mennacher, Diss., S. 92.

[37] Vgl. Wiegand, Diss., S. 65.

1. Die rechtliche Wirkung des Sozialstaatsprinzips

Da die Sozialstaatsbestimmung ein Novum in der deutschen Verfassungsentwicklung darstellt[38], entstand bald Streit über ihre rechtliche Relevanz. Manche sahen im Sozialstaatsprinzip nur eine „programmatische Forderung", deren Realisierung der künftigen Gesetzgebung überlassen bleiben sollte[39], eine der „juristischen Auslegung kaum zugängliche" Bestimmung[40], ein „politisches Schlagwort"[41], einen „substanzlosen Blankettbegriff"[42] oder gar einen „Gemeinplatz"[43]. Andere hielten die Sozialstaatsbestimmung lediglich für einen Rechtsgrundsatz, aber nicht für einen Rechtssatz[44].

Diesen Auffassungen ist jedoch entgegenzuhalten, daß das Grundgesetz in bewußter Reaktion auf die Weimarer Reichsverfassung auf bloße Programmsätze verzichtet. Gerade deshalb hat man die Staatsgewalt unmittelbar an die Grundrechte gebunden. Daher besteht heute weitgehend Einigkeit darüber, daß das Sozialstaatsprinzip unmittelbar geltendes Recht ist[45], das allerdings der konkreten Ausgestaltung bedarf[46]. Ebenso ist unbestritten, daß das, was das Grundgesetz im Ist-Zustand feststellt, nämlich daß die Bundesrepublik ein sozialer Bundesstaat ist, auf die Zukunft hin bezogen werden muß und als Zielvorstellung des Verfassungsgesetzgebers zu verstehen ist[47].

Fraglich ist die Reichweite der Rechtswirkung des Sozialstaatsprinzips. Zunächst ist die Sozialstaatsbestimmung als Auslegungs- und Argumentationshilfe für die Verwaltung und Rechtsprechung[48] und als Auftrag und Ermächtigung zu sozialer Aktivität für alle staatliche Ge-

---

[38] So auch Schnapp, in: v. Münch, GG, Art. 20 Rdn. 16.

[39] Wernicke, in: BK, Art. 20 Anm. II, 1 d.

[40] Herrfahrdt, in: BK, Art. 79 Anm. II, 3.

[41] Jerusalem, NJW 1953, S. 1134.

[42] Grewe, DRZ 1949, 349 (351).

[43] Löwenstein, Über Wesen, Technik und Grundzüge der Verfassungsänderung, S. 46.

[44] Vgl. Weisel, Diss., S. 16, S. 37.

[45] Vgl. u. a. BVerfGE 1, 97 (105) v. 19. 12. 1951; 3, 377 (381) v. 29. 4. 1954; 6, 32 (41) v. 16. 1. 1957; BSG, NJW 1958, S. 1252 v. 19. 12. 1957; Hamann/Lenz, Art. 20 Anm. B 3 a; Herzog, in: Maunz/Dürig/Herzog, Art. 20 Rdn. 153; v. Mangoldt/Klein, Art. 20 Anm. VII, 3; Schnapp (Fn. 38); Bull, Die Staatsaufgaben nach dem Grundgesetz, S. 164; Huber, DÖV 1956, S. 200 f.; Püttner, Die öffentlichen Unternehmen, S. 253; Stern/Burmeister, Die kommunalen Sparkassen, S. 98 f.; Ule, Zeitschrift für Sozialreform 1962, 637 (640).

[46] So BVerfGE 5, 85 (198) v. 17. 8. 1956; siehe auch BVerfGE 10, 354 (370 f.) v. 15. 2. 1960.

[47] Vgl. Bull S. 164 mit weiteren Nachweisen in Fn. 16.

[48] BVerfGE 1, 97 (105); Hamann/Lenz, Art. 20 Anm. B 3 a; Schnapp, in: v. Münch, GG, Art. 20 Rdn. 20; Abendroth, in: Rechtsstaatlichkeit und Sozialstaatlichkeit, 114 (117); Bachof, VVDStRL 12, 37 (43); Maunz, Deutsches Staatsrecht, S. 78; Stern, Sozialstaat, in: EvStL, Sp. 2402 (2407).

walt[49] zu begreifen. In ihrer letzten Funktion wird sie vor allem im Bereich der Gesetzgebung aktuell[50], erschöpft sich jedoch nicht darin, sondern ist besonders auch an die sog. autonomen Gewalten gerichtet, vor allem an die Gemeinden[51]. Art. 28 Abs. 1 GG bindet die Länder an die Staatsstrukturbestimmungen des Grundgesetzes, namentlich an die Grundsätze des sozialen Rechtsstaats. Diese Bindung gilt mittelbar auch für die Gemeinden als Bestandteile der Länder. Keinesfalls kann angenommen werden, Art. 28 Abs. 2 GG habe die Gemeinden von der Beachtung der Staatsgrundsätze ausnehmen wollen[52]. Vielmehr obliegt den Gemeinden die Verpflichtung, die Gebote des sozialen Rechtsstaats auf örtlicher Ebene zu verwirklichen[53].

Das Sozialstaatsprinzip ist primär an die staatliche Gewalt gerichtet. Sehr umstritten ist die Frage, ob es auch als Anspruchsgrundlage des Bürgers gegen den Staat, etwa in Verbindung mit Grundrechten wie Art. 1 Abs. 1, 2, 3, 12 und 13, aktualisiert werden kann. Daran hat sich in den letzten Jahren eine heftige Diskussion entzündet, die besonders durch die Staatsrechtslehrertagung 1971 mit den Referaten von *Martens* und *Häberle* über „Grundrechte im Leistungsstaat"[54] angeregt worden ist. Auf diese Problematik wird bei der Behandlung des Gleichheitssatzes des Art. 3 GG und der Garantie des sozialen Mindeststandards näher einzugehen sein.

2. Die inhaltliche Bedeutung des Sozialstaatsprinzips

a) Allgemeine Bemerkungen

Die inhaltliche Konkretisierung des Sozialstaatsprinzips gestaltet sich recht schwierig. Es geht dabei wesentlich darum, wie weit das Recht und die Pflicht des Staates zur Gestaltung der Sozialordnung reichen.

Bei der Auslegung der Sozialstaatsbestimmung ist die Ausgangslage des Parlamentarischen Rats mit den Erfahrungen der Weimarer Republik, des NS-Staates, der Länderverfassungen und den damaligen Vor-

---

49 BVerfGE 1, 97 (105); BSG, NJW 1958, S. 1252; Giese/Schunck, Art. 20 Anm. II, 4; Hamann/Lenz, Einf. I D 2 B 5; Bachof, VVDStRL 12, 37 (39); Hesse, Grundzüge, S. 89; Huber, DÖV 1956, 200 (201); Ule, Zeitschrift für Sozialreform 1962, 637 (640).

50 Vgl. Bachof, VVDStRL 12, 37 (43).

51 Vgl. dazu OVG Münster OVGE 12, 177 (187) v. 20. 3. 1957; Schreiber, Das Sozialstaatsprinzip des Grundgesetzes in der Praxis der Rechtsprechung, S. 35 mit weiteren Rechtsprechungshinweisen; Reusch, Diss., S. 40 f.; Scholz, Das Wesen, S. 230; Stern/Burmeister, S. 56 ff., S. 95 ff.; siehe auch BVerfGE 21, 117 (130) v. 17. 1. 1967.

52 So OVG Münster (Fn. 51).

53 Reusch, Diss., S. 40 f.; Scholz, Das Wesen, S. 230; Stern/Burmeister, S. 95 ff.

54 VVDStRL 30, S. 7 ff. und S. 43 ff.

stellungen der politischen Parteien zu berücksichtigen. Daneben dürfen aber auch die aktuellen Probleme, die der Verfassungsgesetzgeber nicht alle hatte erkennen können, und die verfassungsrechtliche Entwicklung, namentlich die Rechtsprechung des Bundesverfassungsgerichts, nicht außer acht gelassen werden[55].

Da die Aufnahme des Sozialstaatsprinzips in das Grundgesetz ein Novum in der Verfassungsentwicklung darstellte, ist das Bild des Sozialstaats viel unschärfer als das der Demokratie oder des Rechtsstaats, die im Laufe der verfassungsgeschichtlichen Entwicklung relativ feste Konturen gewonnen haben[56]. Auch die Beratungen im Parlamentarischen Rat geben zur inhaltlichen Deutung des Sozialstaatsprinzips wenig her[57]. Dessen Aufnahme in das Grundgesetz war im Parlamentarischen Rat nicht bestritten. Schon im ersten Entwurf des Art. 20 (früher 21), den der Abgeordnete von Mangoldt dem Grundsatzausschuß vorlegte, wurde die Bundesrepublik als sozialer Rechtsstaat beschrieben[58]. Das zwingt zu der Deutung, der Verfassungsgesetzgeber habe versucht, mit der Formulierung des Sozialstaatsprinzips die verschiedenen Sozialauffassungen, die im Parlamentarischen Rat vertreten waren, zu integrieren. Das Sozialstaatsprinzip umfaßt sowohl das Bekenntnis der bürgerlichen Parteien zu sozialpolitischen Eingriffen des Staates in Wirtschaft und Gesellschaft als auch die damalige Intention der SPD, über Mehrheiten im Bundestag eine grundlegende Veränderung der Wirtschafts- und Sozialordnung durchzusetzen[59], deren wesentliche Elemente die Sozialisierung der Schlüsselindustrien und die umfassende Demokratisierung von Wirtschaft und Gesellschaft sind[60].

Das Grundgesetz hat sich mit seinem Bekenntnis zum Sozialstaat nicht für ein bestimmtes Sozialmodell entschieden, sondern ist insoweit offen[61]. Es wäre aber eine Verkennung des Sozialstaatsprinzips, wollte man darin nur eine unverbindliche Ermächtigung zur Sozialgestaltung sehen. Das Adjektiv „sozial“ in Art. 20 Abs. 1 und Art. 28 Abs. 1 GG ist mehr als nur schmückendes Beiwerk. Das kommt darin zum Ausdruck, daß die soziale Rechtsstaatlichkeit zu den Grundsätzen zählt, die Art. 79

---

[55] Vgl. auch Bull, S. 173.

[56] So auch Schnapp, in: v. Münch, GG, Art. 20 Rdn. 16; Bull, S. 167.

[57] Vgl. Schnapp (Fn. 56); W. Weber, Der Staat 1965, 409 (412).

[58] Vgl. Doemming/Füsslein/Matz, JöR 1, S. 195. Der Begriff „sozialer Rechtsstaat“ wurde von Hermann Heller 1930 in Auseinandersetzung mit dem liberal-bürgerlichen Rechtsstaatsbegriff und der faschistischen Diktatur geprägt (Rechtsstaat oder Diktatur?, S. 9 f.).

[59] Vgl. Abendroth, S. 139; Hartwich, Sozialstaatspostulat und gesellschaftlicher Status quo, S. 19 f.; Ramm, Der Arbeitskampf, S. 160 f.; siehe zu den verschiedenen ideengeschichtlichen Quellen Herzog, in: Maunz/Dürig/Herzog, Art. 20 Rdn. 150, 166.

[60] Siehe dazu Hartwich, S. 344, S. 361 f.

[61] Ebenso Suhr, Der Staat 1970, 67 (73).

Abs. 3 GG der Verfassungsänderung entzogen hat. Dem Sozialstaatsprinzip ist daher ein verpflichtendes Maß sozialsteuernder Aufgaben, ein Mindestgebot sozialer Gestaltung, zu entnehmen[62].

Der Sozialstaatsauftrag des Grundgesetzes ist eine Entscheidung für das der gesamten Sozialbewegung Gemeinsame, die als Gegenbewegung gegen die Folgen des kapitalistischen Wirtschaftssystems entstanden ist[63]. In Anlehnung an *Bull* kann „sozial" nur noch ein Staat genannt werden, der sich bemüht, die sich aus der kapitalistischen Wirtschaftsordnung stets neu ergebenden Ungerechtigkeiten auszugleichen[64]. In der Sozialstaatsbestimmung liegt ein Auftrag zur Verwirklichung des sozialen Fortschritts, ein Bekenntnis zur sozialen Gerechtigkeit und damit auch die Gewährleistung eines sozialen Mindeststandards für alle Bürger.

b) Die Sicherung des sozialen Mindeststandards

In der Sozialstaatsklausel finden reale Veränderungen der Gesellschaft seit der Mitte des vorigen Jahrhunderts ihren verfassungsrechtlichen Niederschlag[65]. Mit der Entstehung der kapitalistischen Gesellschaft und der fortschreitenden Arbeitsteilung verlor der einzelne weitgehend die Mittel zur Daseinssicherung. Das Elend der Arbeiterklasse war deutlicher Ausdruck dieser Entwicklung. Demgemäß ist der Sozialstaat zur Hilfe bei der Daseinsstabilisierung des einzelnen aufgerufen[66].

Dazu zählt zunächst die Abhilfe sozialer Bedürftigkeit, die Gewährleistung des persönlichen Existenzminimums, etwa durch die Leistungen des Bundessozialhilfegesetzes[67]. Das ergibt sich auch aus dem Bekenntnis des Grundgesetzes in Art. 1 Abs. 1 GG zur Menschenwürde.

[62] So auch Abendroth, 114 (131).

[63] Vgl. Dürig, JZ 1953, 193 (196); Schwerdtfeger, Unternehmerische Mitbestimmung, S. 165; Zacher, Freiheit und Gleichheit in der Wohlfahrtspflege, S. 120.

[64] Bull, S. 178; im Ergebnis ebenso BVerfGE 11, 105 (113) v. 10. 5. 1960 unter Hinweis auf Art. 151 WRV; siehe auch Badura, DÖV 1966, 624 (625), der betont, daß sich der Begriff „sozial" auf die politische, soziale und kulturelle Emanzipation der Arbeiterklasse bezieht; so auch das Verständnis von Hermann Heller, S. 9 f.

[65] Badura, DÖV 1966, S. 624; Hesse, Grundzüge, S. 85; Herzog, in: Maunz/Dürig/Herzog, Art. 20 Rdn. 155; Ridder, Die verfassungsrechtliche Stellung der Gewerkschaften, S. 9; Schwerdtfeger, S. 158.

[66] Herzog, in: Maunz/Dürig/Herzog Art. 20 Rdn. 159; v. Mangoldt/Klein, Art. 20 Anm. VII, 3; Abendroth, 114 (131); Hesse, Grundzüge, S. 86; Huber, DÖV 1956, 200 (202); Schwerdtfeger S. 158; Weisel, Diss., S. 32; siehe zur gesellschaftlichen Entwicklung auch Forsthoff, Die Daseinsvorsorge und die Kommunen, S. 4 ff.; ders., Die Verwaltung als Leistungsträger, S. 4 ff.

[67] Vgl. BSG, NJW 1958, S. 1252 v. 19. 12. 1957; Giese/Schunck, Art. 20 Anm. II, 4; Hesse, Grundzüge, S. 86; Stein, Staatsrecht, S. 194; Bachof, VVDStRL 12, 37 (42); Benda, Industrielle Herrschaft und sozialer Staat, S. 73; Dürig, JZ 1953, 193 (197 f.); Ule, Zeitschrift für Sozialreform 1962, 637 (643 f.).

Der Pflicht des Staates zur Sozialhilfe entspricht ein — allerdings subsidiärer — verfassungsrechtlicher Anspruch des Bedürftigen gegen den Staat auf Sicherung vor sozialer Not[68]. Das wird man selbst dann anerkennen müssen, wenn man im übrigen die Begründung von Leistungsansprüchen des einzelnen aus den Grundrechten in Verbindung mit dem Sozialstaatsprinzip ablehnt. Mit dem Gedanken des demokratischen und sozialen Rechtsstaats ist es nicht vereinbar, daß der einzelne, der als Wähler am demokratischen Prozeß und damit der Konstituierung der Staatlichkeit teilnimmt, von eben jenem Staat in sozialer Not allein gelassen wird[69].

In der spätkapitalistischen Industriegesellschaft mit ihren hochentwickelten Produktivkräften und der Möglichkeit, jedermann einen angemessenen Anteil an den Gütern der Gemeinschaft zu sichern, kann die sozialstaatliche Pflicht zur Daseinssicherung nicht auf die Erhaltung der physischen Existenz (Nahrung, Kleidung, Obdach) beschränkt werden. Vielmehr gehört zur Daseinssicherung ebenso die Befriedigung sozialer und kultureller Vitalbedürfnisse der Bevölkerung[70], also die Einrichtung von Sozialversicherungen, die Versorgung der Bevölkerung mit Wasser und Energie, mit Verkehrseinrichtungen, Krankenhäusern, Schulen, Kindergärten und Altenheimen, die Sorge für die Abfallbeseitigung[71] und die Pflicht, dem einzelnen eine angemessene Teilhabe am gesellschaftlichen und kulturellen Leben zu ermöglichen[72]. Der Umfang dieses sozialen Mindeststandards ist nicht für alle Zeiten bestimmt, sondern notwendig offen[73]. Er umfaßt die nach der gesellschaftlichen Entwicklung notwendigen sozialen und kulturellen Einrichtungen, die den wirtschaftlich abhängigen Menschen erst in die Lage versetzen, freier Bürger zu sein[74]. Der Sozialstaatsauftrag verpflichtet den Staat, für

---

[68] BVerwGE 1, S. 159 ff. v. 24. 6. 1954; Dürig, in: Maunz/Dürig/Herzog, Art. 1 Rdn. 43 f.; ders., JZ 1953, 193 (197 f.); v. Mangoldt/Klein, Art. 20 Anm. VII, 2 c; Stein, Staatsrecht, S. 194; Wolff, VerwR III, S. 164 f.; Benda S. 73; vorsichtig in diese Richtung BVerfGE 1, 97 (105) v. 19. 12. 1951 — Nach Erlaß des BSHG ist die Frage derzeit nicht aktuell.

[69] So BVerwGE 1, 159 (161); in diese Richtung auch Henke, VVDStRL 28, 150 (180).

[70] Vgl. Dürig, in: Maunz/Dürig/Herzog, Art. 3 Abs. I Rdn. 71 f.; Köttgen, Gemeindliche Daseinsvorsorge, S. 6; Reusch, Diss., S. 8; ähnlich Herzog, in: Maunz/Dürig/Herzog, Art. 20 Rdn. 159 f.; Fichtner, Zeitschrift für Sozialreform 1961, 321 (326); Zacher, Freiheit und Gleichheit, S. 120 f.

[71] Vgl. dazu Fröhler/Oberndorfer, Die Gemeinde im Spannungsfeld des Sozialstaats, S. 38 f. mit S. 11.

[72] So auch Ridder, Die verfassungsrechtliche Stellung der Gewerkschaften, S. 10; Schwerdtfeger, S. 161 Fn. 78; Wiegand, DVBl 1974, 657 (661 f.); ähnlich Stein, Staatsrecht, S. 194.

[73] Insofern ähnelt er dem Begriff des Existenzminimums, der auch ein relativer Begriff ist, vergleichbar dem der unpfändbaren Sachen in § 811 ZPO. Vgl. dazu Dürig, in: Maunz/Dürig/Herzog, Art. 3 Abs. I Rdn. 71.

[74] Siehe auch Fichtner, Zeitschrift für Sozialreform 1961, 321 (326).

diesen sozialen Mindeststandard zu sorgen[75]. Der Staat muß die nötigen Einrichtungen selbst zur Verfügung stellen, wenn die Privatwirtschaft dazu zu sozialen Bedingungen nicht in der Lage ist (Garantiefunktion und Selbsteintrittspflicht des Staates[76]). Für den kommunalen Bereich ist diese Pflicht in verschiedenen Gemeindeordnungen konkretisiert worden durch die Pflicht zur Errichtung öffentlicher Einrichtungen[77].

Das Gebot der Sicherung des sozialen Mindeststandards wird oft mißverständlich mit dem Begriff der „Daseinsvorsorge" gleichgesetzt[78].

Exkurs — Der Begriff der Daseinsvorsorge

Der Begriff der „Daseinsvorsorge" ist von Forsthoff 1938 in seiner Schrift „Die Verwaltung als Leistungsträger" geprägt worden und sollte die Leistungen der Verwaltung zur Daseinsstabilisierung des einzelnen, zur Befriedigung seiner „Appropriationsbedürfnisse"[79], bezeichnen[80]. Die Pflicht zur Daseinsstabilisierung nannte Forsthoff „Daseinsverantwortung"[81]. Die politische Daseinsverantwortung umfaßte:

1. die Gewährleistung des Rechts auf Arbeit und eines angemessenen Lohns
2. die Lenkung der Wirtschaftstätigkeit
3. die Darbringung lebensnotwendiger Leistungen[82].

Später ließ Forsthoff die Funktionen 1. und 2. fallen und bezeichnete als Daseinsvorsorge den Inbegriff aller Leistungen der Verwaltung an die Staatsgenossen, ohne Unterschied, ob die Leistungen lebensnotwendig sind oder nicht[83]. Alle Daseinsvorsorge sei öffentliche Verwaltung

[75] Vgl. Fröhler/Oberndorfer, S. 38 f.; auf sie nehmen Bezug Stern/Burmeister, S. 96 f.; siehe auch Fichtner (Fn. 74); Wolff, VerwR III, S. 165.

[76] Siehe dazu H. H. Klein, Die Teilnahme, S. 17; Friauf, DVBl 1971, 674 (676 f.); allgemein zur Garantenstellung des Staates Gallwas, VVDStRL 29, 211 (226 ff.), zur Selbsteintrittspflicht S. 231; zur letzteren vgl. auch Reusch, Diss., S. 16 ff.; Tiemann, BayVBl 1976, 261 (267); ähnlich, aber einschränkender Hamann, Deutsches Wirtschaftsverfassungsrecht, S. 68 f., der eine subsidiäre Verpflichtung der öffentlichen Daseinsvorsorge bei existenzwichtigen Versorgungsaufgaben annimmt. — In dieser Verpflichtung bereits eine Entscheidung für einen planwirtschaftlich-sozialistischen Staat zu sehen (so Fischerhoff, DÖV 1960, 41 [43]) ist verfehlt, da es sich um ein Mindestgebot sozialer Gestaltung handelt, das sich aus der Frontstellung der Sozialbewegung ergibt.

[77] § 10 Abs. 2 S. 1 GO BW, Art. 57 Abs. 1 BayGO, § 19 Abs. 1 HGO, § 2 Abs. 1 S. 2 NGO, § 18 Abs. 1 GO NW, § 17 Abs. 1 GO SH.

[78] Vgl. etwa BVerfGE 21, 245 (251) v. 4. 4. 1967.

[79] Ausdruck in Anlehnung an Max Weber, Wirtschaft und Gesellschaft, S. 23.

[80] Die Verwaltung als Leistungsträger, S. 6.

[81] Forsthoff (Fn. 80).

[82] Die Verwaltung als Leistungsträger, S. 7.

[83] Lehrbuch I, S. 370; Rechtsfragen der leistenden Verwaltung, S. 12.

in dem Sinne, daß im Bereich der Daseinsvorsorge unabhängig von der öffentlich-rechtlichen oder privatrechtlichen Ausgestaltung des Rechtsverhältnisses die Schutzfunktionen des öffentlichen Rechts wirksam würden[84]. Wesentliche Aufgaben der Daseinsvorsorge würden durch die Gemeinden wahrgenommen; die kommunale Selbstverwaltung finde in der angemessenen Daseinsermöglichung des Menschen geradezu ihre Rechtfertigung[85].

Gegen Forsthoffs Begriff der Daseinsvorsorge sind im Schrifttum vielfach Bedenken geäußert worden. Es handele sich nur um ein politisches Leitziel[86], allenfalls um einen soziologischen Terminus[87], nicht aber um einen Rechtsbegriff[88].

Der Kritik an Forsthoff ist zuzugestehen, daß aus dem Begriff der Daseinsvorsorge keine Rechtsfolgen, etwa die Geltung von Schutznormen des öffentlichen Rechts hergeleitet werden können. Zur Aktualisierung der Teilhaberechte des einzelnen reichen im demokratischen und sozialen Rechtsstaat die Grundrechte in Verbindung mit dem Sozialstaatsprinzip aus; dazu bedarf es nicht des Rückgriffs auf den gesetzlich nicht festgehaltenen vagen Begriff der Daseinsvorsorge, der von Forsthoff als Ersatz für fehlende Grundrechte und soziale Staatszielbestimmungen im totalen Staat konzipiert war. Insofern ist der Begriff der Daseinsvorsorge kein Rechtsbegriff.

Mit *Ossenbühl*[89] ist jedoch festzuhalten, daß es sich dennoch um einen Terminus der juristischen Begriffswelt handelt. Mit ihm werden die leistenden Tätigkeiten der Verwaltung, die diese in Vollzug der Idee der sozialen Rechtsstaatlichkeit wahrnimmt, einer verwaltungsrechtlichen Betrachtung zugänglich gemacht[90]. Forsthoff will einen Verwaltungszweck beschreiben, aber keine Pflicht zur staatlichen Tätigkeit

---

[84] Lehrbuch I, S. 370; Rechtsfragen der leistenden Verwaltung, S. 9 ff., S. 56; ebenso Badura, Das Verwaltungsmonopol, S. 187 ff.; ders., DÖV 1966, S. 624 ff.; vgl. auch Eyermann/Fröhler, VwGO, § 40 Rdn. 1 und 52, die alle Tätigkeiten auf dem Gebiet der Daseinsvorsorge dem öffentlichen Recht zurechnen wollen.

[85] Die Daseinsvorsorge und die Kommunen, S. 16, S. 24.

[86] So Fischerhoff, DÖV 1960, S. 41.

[87] Maunz, VerwArch 50 (1959), 315 (319); auf ihn Bezug nehmend Fischerhoff (Fn. 86); siehe auch Emmerich, Die kommunalen Versorgungsunternehmen, S. 55 ff.; Ossenbühl, DÖV 1971, 513 (517); Püttner, Die öffentlichen Unternehmen, S. 54 f.; Reusch, Diss., S. 10 ff.; Scholz, Das Wesen, S. 122 f.

[88] Fischerhoff (Fn. 86); Maunz (Fn. 87); Ballerstedt, in: Die Grundrechte III, 1, 1 (54 Fn. 142); Brohm, Strukturen der Wirtschaftsverwaltung, S. 163 mit Fn. 130; Ipsen, NJW 1963, 2049 (2055); Leisner, Werbefernsehen, S. 30 f.; Ossenbühl (Fn. 87).

[89] DÖV 1971, 513 (517).

[90] So Badura, DÖV 1966, 624 (628); ebenso unter Hinweis auf Badura Bull, S. 243.

statuieren[91]. Zur Begründung sozialstaatlicher Pflichten oder zur rechtlichen Legitimation einer bestimmten Verwaltungstätigkeit erweist sich der Begriff der Daseinsvorsorge als untauglich[92]. Allerdings wird er von einigen, meist mit dem Zusatz „öffentlich" versehen, so gebraucht wie hier der Begriff des sozialen Mindeststandards[93]. Damit wird aber nur zur Begriffsverwirrung beigetragen. Außerdem fehlt dann ein Terminus zur Beschreibung der verwaltungsrechtlichen Leistungsfunktionen[94]. Deshalb ist es notwendig, den Begriff der Daseinsvorsorge von der Gewährleistung des sozialen Mindeststandards deutlich zu unterscheiden. Der letzte Begriff ist wesentlich enger. Die Daseinsvorsorge erschöpft sich nicht in der Gewährleistung des sozialen Mindeststandards.

c) Sozialplanung

Das Sozialstaatsprinzip darf nicht isoliert betrachtet werden, sondern ist in Zusammenhang mit den Grundrechten zu sehen. Ohne soziale Gerechtigkeit pervertieren zahlreiche Grundrechte, etwa Art. 2 Abs. 1, 3, 12, 13 und 14 GG, leicht zum leeren Recht und zu Sicherungen der Unfreiheit und Ungleichheit[95]. Die Freiheit der Berufswahl ist für den Arbeitslosen ohne Sinn, ebenso die Garantie des Eigentums für den Habenichts oder die Unverletzlichkeit der Wohnung für den, der keine Wohnung besitzt[96]. Erst durch soziale Aktivität des Staates, durch ein System planender, fördernder und erhaltender Maßnahmen werden diese Grundrechte für die Mehrheit der Bevölkerung zu realen Freiheiten[97]. Ein Staat, der der Idee der sozialen Gerechtigkeit verpflichtet ist, bedarf eines Mindestmaßes wirtschaftlicher und sozialer Planung[98].

---

[91] Vgl. Rechtsfragen der leistenden Verwaltung, S. 12 f.

[92] So auch Badura, DÖV 1966, 624 (628, 631) und Bull, S. 243.

[93] Vgl. Hamann, Deutsches Wirtschaftsverfassungsrecht, S. 68 ff.; Rauschenbach, Wirtschaftsrecht, S. 56; in diese Richtung auch Fröhler, BayVBl 1956, 135 (139) und Schricker, Wirtschaftliche Tätigkeit der öffentlichen Hand, der von „Daseinsvorsorge im engeren Sinne" spricht (S. 44 f.).

[94] Gegen die einschränkende Interpretation des Begriffs „Daseinsvorsorge" wendet sich auch Badura, DÖV 1966, 624 (631).

[95] Vgl. Stein, Staatsrecht, S. 195; ähnlich Hesse, in: Smend-Festgabe, 71 (86 f.).

[96] Darauf weist Hesse, Grundzüge, S. 87 hin.

[97] Vgl. Hesse, Grundzüge, S. 87; ders., in: Smend-Festgabe, 71 (85 ff.); Friauf, DVBl 1971, 674 (676); Häberle, VVDStRL 30, 43 (45 Fn. 6); ders., DÖV 1972, 729 (731); Wiegand, DVBl 1974, 657 (661 f.); auch das BVerfG erkennt an, daß staatliche Leistungen Voraussetzung für die Verwirklichung von Grundrechten sein können, vgl. BVerfGE 33, 303 (332) v. 18. 7. 1972.

[98] Vgl. Badura, DÖV 1968, 446 (447); Herzog, in: Maunz/Dürig/Herzog, Art. 20 Rdn. 164; Salomon, Der soziale Rechtsstaat als Verfassungsauftrag, S. 24, S. 39; Schwerdtfeger, Unternehmerische Mitbestimmung, S. 163; Stern/Burmeister, Die kommunalen Sparkassen, S. 99; Suhr, Der Staat 1970, 67 (78), der darauf hinweist, daß soziales Ordnen gegenüber bloßem Geben und Nehmen die rechtsstaatsfreundlichere Lösung darstellt.

Gerade von den Gemeinden fordert der Sozialstaat die Sozialförderung ihrer Einwohner durch planmäßige Infrastrukturpolitik.

Die Sicherung der Grundrechte und damit eines sozialen Mindeststandards für die Bürger durch planmäßige Infrastrukturpolitik bedingt einen genügend großen Eigenverantwortungsbereich der Gemeinden. Notwendig sind eigene Einrichtungen, zumindest ergänzend neben privaten Einrichtungen[99]. Über diese Einrichtungen kann unmittelbar Einfluß auf die gemeindliche Entwicklung genommen und die dauerhafte, lückenlose und krisenfeste Versorgung mit elementaren Versorgungsgütern gewährleistet werden[100]. Wollten die Gemeinden weitgehend auf eigene Einrichtungen verzichten und sich nur auf das Verteilen von Subventionen auf Private beschränken, würden sie ihrer sozialstaatlichen Verantwortung und Garantenstellung nicht gerecht[101]. Die eigentliche verfassungsrechtliche Stellung kommunaler Einrichtungen kann allerdings nur aus einer Gesamtschau und wechselbezüglichen Interpretation des Sozialstaatsprinzips, des Gleichheitssatzes und der Selbstverwaltungsgarantie ermittelt werden[102].

d) Die Kontrolle wirtschaftlicher Macht

Ein sozialer Rechtsstaat kann sich dem Problem wirtschaftlicher Machtkonzentration nicht entziehen[103]. Es gehört zu seinen Aufgaben, diese Macht zu kontrollieren und notfalls zu beschränken[104]. Die in der Bundesrepublik herrschende ökonomische Machtkonzentration ist mit dem Gedanken des sozialen Rechtsstaats nicht vereinbar[105]. Dem Staat ist es grundsätzlich verboten, durch staatliche Maßnahmen private wirtschaftliche Monopolstellungen zu fördern. Daß die Forderung nach Monopolkontrolle vom Sozialstaatsprinzip mit umfaßt wird, zeigt ein Blick auf die verschiedenen Länderverfassungen im Vorfeld des Grund-

---

[99] Zur Bedeutung öffentlicher Einrichtungen im Sozialstaat siehe Häberle, VVDStRL 30, 43 (119); ders., DÖV 1972, 729 (730); vgl. auch Scholz, Das Wesen, S. 231; Stern/Burmeister, S. 100 ff. mit zahlreichen Nachweisen.

[100] Vgl. Stern/Burmeister, S. 101.

[101] So auch Stern/Burmeister, S. 101; Fichtner, Zeitschrift für Sozialreform 1961, 321 (338); Zacher, Freiheit und Gleichheit, S. 124 ff.; wohl auch Ule, Zeitschrift für Sozialreform 1962, 637 (657).

[102] So auch Stern/Burmeister, S. 56 ff., S. 95 ff., v. a. S. 97.

[103] Vgl. Schwerdtfeger, S. 162, S. 164 ff.; siehe auch Hermann Heller, Rechtsstaat oder Diktatur?, S. 9 ff., der den Begriff des sozialen Rechtsstaats gerade in der Auseinandersetzung mit den Machtstrukturen der bürgerlichen Gesellschaft geprägt hat. Daher ist die gegenteilige Auffassung von Forsthoff (VVDStRL 12, 8 [24 Fn. 25]) und Huber (Grundgesetz und wirtschaftliche Mitbestimmung, S. 35) nicht haltbar.

[104] Vgl. Abendroth, in: Rechtsstaatlichkeit und Sozialstaatlichkeit, 114 (138); Benda, Industrielle Herrschaft und sozialer Staat, S. 100 f.; OLG Stuttgart, BB 1973, S. 773 v. 7. 11. 1972.

[105] Ebenso Salomon, S. 39.

gesetzes[106] und die Auffassungen der im Parlamentarischen Rat vertretenen Parteien[107]. Eine Privatisierung von Gemeindeeinrichtungen, die die Gemeinde privaten Monopolen ausliefert, ist schwerlich vereinbar mit dem Gedanken des Sozialstaatsprinzips. Mindestens sind weitgehende Einwirkungsrechte der Gemeinden gegenüber den Privaten zu sichern.

e) Soziales Rückschrittsverbot

Endlich ist dem Sozialstaatsprinzip das Verbot des sozialen Rückschritts zu entnehmen[108]. Damit ist keine Garantie jeder einzelnen sozialen Einrichtung gemeint[109]. Jedoch muß der soziale Status der Betroffenen insgesamt im wesentlichen gewahrt bleiben[110]. Das ist bei einer Privatisierung von Gemeindeeinrichtungen zu berücksichtigen. Bei einzelnen historisch gewachsenen Einrichtungen kann sich das Rückschrittsverbot zu einer begrenzten Einrichtungsgarantie verdichten. So ist das überlieferte System der sozialen Sicherheit mit Sozialversicherung, Altersversorgung und Arbeitslosenunterstützung zwar nicht in allen seinen Ausprägungen, aber doch in seiner Grundstruktur institutionell gewährleistet[111].

f) Rechtsstaat und Sozialstaat

Einem so verstandenen Sozialstaatsprinzip wird von manchem das Rechtsstaatsprinzip gegenübergestellt und eine Antinomie zwischen Rechtsstaat und Sozialstaat behauptet[112]. Forsthoff sieht im Grundgesetz gar eine Option für den Rechtsstaat, die Art. 20 GG bezeuge und Art. 79 GG mit höchster Wirkung bekräftige[113].

Dagegen läßt sich schon einwenden, daß der Begriff „Rechtsstaat" als solcher in Art. 20 GG gar nicht erwähnt ist. Zudem verstößt die einseitige Hervorhebung eines Verfassungsprinzips auf Kosten eines anderen gegen den Grundsatz der Einheit der Verfassung[114]. Die Verbin-

---

[106] Siehe dazu Hartwich, Sozialstaatspostulat und gesellschaftlicher Status quo, S. 21 f., S. 27 ff.

[107] Vgl. dazu Kriele, ZRP 1974, S. 105 ff.

[108] Ebenso Ramm, Der Arbeitskampf, S. 158; Suhr, Der Staat 1970, 67 (92); Stern, Sozialstaat, in: EvStL, Sp. 2402 (2407); Knoll, AöR 79, 455 (480 f.); vorsichtig in diese Richtung dürfte BVerfGE 33, 303 (331 f.) v. 18. 7. 1972 zu verstehen sein, so Häberle, DÖV 1972, 729 (730 mit Fn. 13).

[109] Vgl. Ramm, S. 158 f.; Ridder, Die verfassungsrechtliche Stellung der Gewerkschaften, S. 7; Suhr (Fn. 108); gegen jede Einrichtungsgarantie: Isensee, Subsidiaritätsprinzip und Verfassungsrecht, S. 197 f.

[110] Ebenso Ramm, S. 159.

[111] Vgl. Hesse, Grundzüge, S. 86 f.; Stern (Fn. 108); W. Weber, Der Staat 1965, 409 (416).

[112] Forsthoff, VVDStRL 12, 8 (14 f., 19); F. Klein, ZgesStW 106, 390 (v. a. 404); W. Weber, Der Staat 1965, 409 (437 f.).

[113] Forsthoff, VVDStRL 12, 8 (14 f.).

[114] Vgl. Hesse, Grundzüge, S. 28; Herzog, in: Maunz/Dürig/Herzog, Art. 20 Rdn. 178.

dung der Begriffe „demokratisch“, „sozial“ und „Rechtsstaat“ in Art. 28 Abs. 1 GG stellt klar, daß das Grundgesetz gerade nicht den Begriff des bürgerlich-liberalen Rechtsstaats, der einseitig die formalen Elemente der Rechtsstaatlichkeit betonte und vor allem Rechtsbewahrerstaat war, aufnehmen wollte[115]. Im sozialen Rechtsstaat ist die vorgegebene Sozialordnung zur Disposition gestellt, wobei jedoch gesichert ist, daß sich die Sozialveränderung nur in rechtsstaatlichen Formen mit dem Ziel, „reale“ Freiheit für alle zu schaffen, vollzieht. Der soziale Rechtsstaat ist darauf angelegt, den materiellen Rechtsstaatsgedanken auf die Arbeits- und Güterordnung zu projizieren[116]. Es besteht das „Ideal der sozialen Demokratie in den Formen des Rechtsstaats“[117].

VI. Art. 15 GG

Eine Konkretisierung des Sozialstaatsprinzips stellt Art. 15 GG dar, indem er der Sozialreform einen verfassungsrechtlichen Weg weist. Dieser vielfach vergessenen und unterschätzten Norm kommt in der Diskussion um die Privatisierung öffentlicher Unternehmen neue aktuelle Bedeutung zu[118].

1. Art. 15 GG als Privatisierungserschwerung

Zunächst ermächtigt Art. 15 GG den Gesetzgeber zu Vergesellschaftungsmaßnahmen im dort beschriebenen Umfang. Nicht unbedeutende Stimmen im Schrifttum entnehmen der Norm zudem eine bedingte Sozialisierungspflicht[119]. Dagegen verneint die herrschende Meinung, einschließlich des Bundesverfassungsgerichts, einen solchen bedingten Sozialisierungsauftrag[120].

In Richtung auf Vergesellschaftung ist Art. 15 GG bisher nicht aktualisiert worden. Zu fragen bleibt, ob die Norm den vorhandenen öffentlichen Unternehmen einen besonderen Schutz verleiht.

---

[115] Vgl. Abendroth, Diskussionsbeitrag in: VVDStRL 12, S. 90 f. These 3; im Ergebnis ebenso Bachof, VVDStRL 12, 37 (38); Dürig, JZ 1953, S. 193; Maunz/Dürig, in: Maunz/Dürig/Herzog, Art. 79 Rdn. 49; Schnapp, in: v. Münch, GG, Art. 20 Rdn. 17; BSG, NJW 1958, S. 1252 v. 19. 12. 1957.

[116] H. Heller, Rechtsstaat oder Diktatur?, S. 11; unter Berufung auf ihn Abendroth, in: Rechtsstaatlichkeit und Sozialstaatlichkeit, 114 (127 ff.); ders., VVDStRL 12, S. 91 These 6; vgl. auch Hamann/Lenz, Einf. I D 2 B 7.

[117] BVerfGE 5, 85 (198) v. 17. 8. 1956; ebenso BVerwGE 42, 148 (157) v. 3. 5. 1973.

[118] Vgl. Ridder, in: Mück, Verfassungsrecht, 85 (179).

[119] So Brinkmann, Art. 15 Anm. I, 2 a; Hamann/Lenz, Art. 15 Anm. A 3; Ipsen, VVDStRL 10, 74 (104, 122).

[120] BVerfGE 12, 354 (363 f.) v. 17. 5. 1961; Dicke, in: v. Münch, GG, Art. 15 Rdn. 10; Giese/Schunck, Art. 15 Anm. II, 1; Kimminich, in: BK, Art. 15 Rdn. 17; Maunz, in: Maunz/Dürig/Herzog, Art. 15 Rdn. 4; Model/Müller, Art. 15 Anm. 3; Schmidt-Bleibtreu/Klein, Art. 15 Rdn. 3.

Das Bundesverfassungsgericht hat es im Volkswagenurteil abgelehnt, dem Art. 15 GG eine Privatisierungssperre für Unternehmen im Eigentum der öffentlichen Hand zu entnehmen, da das Grundgesetz keinen Auftrag zur Sozialisierung erteile[121]. Damit wird der Sinn des Art. 15 GG jedoch nicht erfaßt. Der Art. 15 GG darf nicht losgelöst von seiner Entstehung gesehen werden. Er ist eine der wesentlichen Bestimmungen, die der SPD die Zustimmung zum Grundgesetz ermöglichte[122]. Seine zentrale Bedeutung für das Programm der SPD kommt in der Rede des Abgeordneten Menzel im Parlamentarischen Rat zum Ausdruck: „Sie wissen, daß diese Forderung (nach Sozialisierung, der Verf.) ein wesentliches, vielleicht das entscheidende Ziel unseres politischen Kampfes zur Befreiung des arbeitenden Menschen von den Ungerechtigkeiten dieser Gesellschaftsordnung ist"[123]. Allerdings hat die SPD aufgrund der Kräfteverhältnisse im Parlamentarischen Rat darauf verzichtet, eine unmittelbar vollziehbare Vergesellschaftungsnorm oder ein Sozialisierungsgebot in das Grundgesetz aufzunehmen. Auch in weiten Teilen der CDU wurden Vergesellschaftungsforderungen vertreten[124]. 1948/49 konnte man von einem bestimmten Stand in Sachen Sozialisierung ausgehen[125]. Zu denken ist an die kommunalen Unternehmen, die Beteiligungen des Reiches, die hessische Sozialisierung nach Art. 41 der Landesverfassung und die Sozialisierungsbeschlüsse des nordrhein-westfälischen Landtags. Noch 1950 ist in die nordrhein-westfälische Landesverfassung ein Sozialisierungsauftrag in Form einer „Soll"-Vorschrift aufgenommen worden[126].

Aus dem Gesagten ist zu entnehmen, daß Art. 15 GG als wesentlicher Bestandteil des Verfassungskompromisses[127] von einem vorhandenen Bestand in Sachen Sozialisierung ausging, von dem aus eine weitere Entwicklung möglich sein sollte[128].

Art. 15 GG ist weiterhin in Zusammenhang mit Art. 134 und 135 GG zu sehen. Zum Reichsvermögen, das grundsätzlich Bundesvermögen werden sollte, gehörten auch die wirtschaftlichen Beteiligungen des Reiches. Art. 134 Abs. 2 GG läßt die Übertragung von Reichsvermögen

---

121 BVerfGE 12, 354 (364); dem Gericht schließen sich an: Dicke (Fn. 120); Giese/Schunck (Fn. 120); Kimminich (Fn. 120); Maunz (Fn. 120); Model/Müller (Fn. 120); Schmidt-Bleibtreu/Klein, Art. 15 Rdn. 4.

122 Vgl. v. Mangoldt (1. Aufl.), Art. 15 Anm. 2.

123 Zitiert nach Doemming/Füsslein/Matz, JöR 1, S. 159 Fn. 34.

124 Siehe das Ahlener Programm der CDU, in: Mommsen, Deutsche Parteiprogramme, S. 576 ff.

125 Vgl. dazu auch die Feststellung des Ahlener Programms der CDU, Mommsen, S. 578.

126 Art. 27 Verfassung NW.

127 v. Mangoldt (1. Aufl.), Art. 15 Anm. 2.

128 Vgl. Ridder, in: Mück, Verfassungsrecht, 85 (179).

auf die Länder zu. Art. 135 Abs. 6 GG bestimmt, daß die wirtschaftlichen Beteiligungen des Landes Preußen auf den Bund übergehen sollen. An eine Privatisierung ist offensichtlich nicht gedacht. Vielmehr gehen Art. 134 und 135 GG davon aus, daß die öffentliche Hand ihr Vermögen behalten soll. Insoweit enthalten diese Normen durchaus einen allgemeinen Gedanken.

Es soll nicht behauptet werden, daß die Verfassung ein unbedingtes Festhalten am Status quo in der öffentlichen Wirtschaft gebietet. Dem Art. 15 GG, der der Sozialreform einen verfassungsrechtlichen Weg weist, ist aber zumindest eine Privatisierungserschwerung für Unternehmen der öffentlichen Hand zu entnehmen, die der mit Art. 15 GG angestrebten Gemeinwirtschaft regelmäßig näher stehen als normale Unternehmen der Privatwirtschaft[129]. Es ist der Nachweis zu verlangen, daß aus der Privatisierung eines öffentlichen Unternehmens keine Nachteile für die Erfüllung öffentlicher Aufgaben entstehen und daß ein dringender öffentlicher Zweck die Privatisierung erfordert.

Es bleibt die Frage, ob alle öffentlichen Unternehmen von Art. 15 GG in ihrem Bestand geschützt werden.

2. Der Begriff der Produktionsmittel

In Art. 15 GG ist von „Produktionsmitteln" die Rede. Was darunter zu verstehen ist, ist umstritten. Es ist oft der Versuch unternommen worden, durch restriktive Auslegung den Wirkungsbereich des Art. 15 GG einzuengen und unter dem Begriff „Produktionsmittel" nur Betriebe zu erfassen, die Mittel und nicht Hilfsmittel zur Erzeugung von Gütern sind[130]. Begründet wird das mit der Aufzählung von Grund und Boden und Naturschätzen, die nach volkswirtschaftlichem Sprachgebrauch ebenfalls Produktionsmittel seien[131]. Für die Privatisierungsdiskussion ist wesentlich, daß nach dieser Meinung namentlich die Verkehrsbetriebe nicht von Art. 15 GG erfaßt werden.

Gegen diese Auffassung ist anzumerken, daß der Begriff „Produktionsmittel" bei der Beratung des Grundgesetzes rechtlich nicht näher geklärt worden ist. Die Begriffe „Vergesellschaftung" und „Produktionsmittel" sind der sozialistischen Terminologie entlehnt worden[132]. Hinter

---

[129] Ähnlich, z. T. weitergehend: Ridder (Fn. 128); Brinkmann, Art. 15 Anm. I, 2 a; Hamann/Lenz, Art. 15 Anm. A 3; Krüger, in: Die Grundrechte III, 1, 267 (310); Stern/Püttner, Die Gemeindewirtschaft, S. 97, die feststellen, daß nicht *jede* Privatisierung gegen das Grundgesetz verstößt.

[130] Dicke, in: v. Münch, GG, Art. 15 Rdn. 17; Huber, WirtVerwR II, S. 164 f.; Kimminich, in: BK, Art. 15 Rdn. 30 f.; Krüger, in: Die Grundrechte III, 1, 267 (305 f.); v. Mangoldt/Klein, Art. 15 Anm. V, 3; Maunz, in: Maunz/Dürig/Herzog, Art. 15 Rdn. 14.

[131] Vgl. z. B. Dicke (Fn. 130); Maunz (Fn. 131).

[132] Vgl. Henkel, DVBl 1975, S. 317; W. Weber, NJW 1950, 401 (404).

Art. 15 GG standen die sozialistischen Parteien, die in Art. 15 GG die Norm sahen, die eine Transformation der Wirtschafts- und Gesellschaftsordnung durch Sozialreform in rechtsstaatlichen Formen ermöglichen sollte. Folglich ist er auch im Sinne der sozialistischen Vorstellungen und nicht einengend auszulegen[133]. Eine wesentliche sozialistische Forderung war stets die Vergesellschaftung von Verkehrsmitteln, die schon das Erfurter Programm der SPD unter dem Begriff der Produktionsmittel aufführt[134]. Die besondere Aufzählung von Grund und Boden in Art. 15 GG soll darauf hinweisen, daß diese auch außerhalb ihrer Funktion als Produktionsmittel der Vergesellschaftung offenstehen[135].

Demnach ist festzuhalten, daß Art. 15 GG den wirtschaftlichen Unternehmen der öffentlichen Hand, soweit sie Mittel und Hilfsmittel zur Erzeugung von Gütern sind, einen gewissen Bestandsschutz vermittelt, indem er bei Privatisierungsmaßnahmen den Nachweis eines dringenden öffentlichen Zwecks und die Gewährleistung fordert, daß dadurch die Erfüllung öffentlicher Aufgaben keine Nachteile erleidet.

VII. Der Gleichheitssatz des Art. 3 GG

1. Die soziale Dimension des Gleichheitssatzes

Von besonderer Bedeutung für die Privatisierungsdiskussion ist ein neues Verständnis des Gleichheitssatzes des Art. 3 GG. Im Zeitalter der konstitutionellen Monarchie und überwiegend auch noch in der Weimarer Republik wurde der Gleichheitssatz rein formal verstanden, vornehmlich als Rechtsanwendungsgleichheit[136]. Vor dem Gesetz waren alle gleich, Arm und Reich, d. h., es war beiden gleichermaßen verboten, unter den Brücken zu nächtigen. Der Kapitalist und der Arbeiter standen sich unter dem Schutz der Vertragsfreiheit formal gleich gegenüber. Das Ergebnis eines solchen Gleichheitsverständnisses war krasse gesellschaftliche Ungleichheit. In der Weimarer Zeit kam man zunehmend zu der Erkenntnis, daß auch der Gesetzgeber an den Gleichheitssatz gebunden ist[137]. Damit mußte das rein formale Gleichheitsverständnis einen Wandel erfahren, denn gleiche Steuern für Arm und

[133] Ebenso Ridder (Fn. 128); Abraham, in BK (Erstbearbeitung), Art. 15 Anm. II, 3 c; Groß, DÖV 1975, 344 (346); Scholtissek, BB 1952, 981 (983); W. Weber (Fn. 132).

[134] Siehe in: Mommsen, Deutsche Parteiprogramme, 349 (350).

[135] So Groß, DÖV 1975, 344 (345 f.).

[136] Vgl. Anschütz, Die Verfassung des Deutschen Reiches, zu Art. 109 ff., S. 522 ff.; Thoma, in: Grundrechte und Grundpflichten der Reichsverfassung, S. 22 f.

[137] Vgl. dazu Leibholz, DVBl 1951, S. 193.

Reich vereinbaren sich nicht mit dem Gebot sozialer Gerechtigkeit. Der Gleichheitssatz wurde zum Willkürverbot weiterentwickelt, das dem Gesetzgeber verbietet, tatbestandlich Gleiches ungleich, bzw. Ungleiches gleich zu behandeln[138]. Sachfremde Differenzierungen sollen ausgeschlossen werden.

Darin erschöpft sich jedoch nicht die Bedeutung des Gleichheitssatzes. Dieser gewinnt vielmehr im Sozialstaat eine neue soziale Dimension.

In diese Richtung hat *Hesse* zu Beginn der fünfziger Jahre noch unter dem Eindruck der neuen Verfassungsschöpfungen im Bund und in den Ländern das Wesen des Gleichheitssatzes im sozialen Rechtsstaat zu bestimmen versucht[139]. Später ist der Versuch einer sozialen Interpretation des Art. 3 GG in Zusammenhang mit der Diskussion um die sozialen Grundrechte wieder aufgenommen worden[140]. Nach *Häberle* sollen alle Grundrechte über das Sozialstaatsprinzip unter einem freiheitsstiftenden „sozialen Vorbehalt" stehen[141]. Gleichheit sei im Sinne gerechter sozialer Zuordnung zu verstehen[142]. Dahinter steckt die Erkenntnis, daß Freiheit ohne soziale Gleichheit zum Privileg für wenige wird[143] und krasse soziale Ungleichheit bewirken kann.

„Die Erfüllung des Wesens der Persönlichkeit liegt in der Möglichkeit innerer und äußerer Selbstbestimmung, der Freiheit"[144]. Das Grundgesetz geht dabei nicht vom Bild des isolierten Individuums aus, sondern erkennt die Gemeinschaftsbezogenheit des einzelnen an[145]. Ausdruck dafür ist die Normierung des Sozialstaatsprinzips. Freiheit kann in der modernen Industriegesellschaft nicht mehr nur als Freiheit von staatlichen Eingriffen verstanden werden, sondern verwirklicht sich vornehmlich in der Teilhabe am demokratischen, wirtschaftlichen und sozialen Prozeß[146]. Freiheit gewinnt emanzipatorischen Charakter.

---

[138] Vgl. Maunz, Deutsches Staatsrecht, S. 138; Leibholz, DVBl 1951, 193 (195 f.); Lepsien, Diss., S. 127 ff.

[139] Hesse, AöR 77, S. 167 ff.; siehe auch Hesse, in: Smend-Festgabe, S. 71 ff.

[140] Vgl. z. B. Häberle, VVDStRL 30, S. 43 ff.; ders., DÖV 1972, S. 729 ff.; ders., in: Frowein/Meyer/Schneider, Friesenhahn-Symposion, S. 54; Friauf, DVBl 1971, 674 (v. a. 678); Reuter, DVBl 1974, 7 (12 f.); Zuleeg, in: Frowein/Meyer/Schneider, Friesenhahn-Symposion, S. 45, S. 49; vorsichtig in diese Richtung BVerfGE 33, 303 (332) v. 18. 7. 1972; Wiegand, DVBl 1974, 657 (660 f.).

[141] Häberle, VVDStRL 30, 43 (92, 110).

[142] Häberle, VVDStRL 30, 43 (110); ähnlich Ipsen, in: Die Grundrechte II, 111 (173 f.); Lepsien, Diss., S. 133; Scholler, Die Interpretation des Gleichheitssatzes, S. 15; Zacher, AöR 93, 341 (383).

[143] So auch Häberle, VVDStRL 30, 43 (96).

[144] Hesse, AöR 77, 167 (183).

[145] Vgl. BVerfGE 4, 7 (15 f.) v. 20. 7. 1954; 7, 320 (323) v. 10. 3. 1958; 8, 274 (329) v. 12. 11. 1958; 12, 45 (51) v. 20. 12. 1960; 28, 175 (189) v. 15. 4. 1970.

[146] Ähnlich Häberle, VVDStRL 30, 43 (82 f.); Hesse, AöR 77, 167 (180 f.).

Erst die Gleichheit sichert reale Freiheit für die Mehrheit der Bevölkerung. „Damit wird die Forderung der Gleichheit zum Mittel des Kampfes um die Freiheit"[147]. Sie ergibt sich nicht als Folge der Selbstregulierung der gesellschaftlichen Kräfte, sondern „bedarf leistender und leitender Staatstätigkeit"[148]. Die modernen Massen fordern vom Staat die Herstellung tatsächlicher Gleichheit[149].

Das Teilhaberecht des Art. 3 GG ist in verschiedenen Stufen zu aktualisieren. Um einen festen Kern des sozialen Mindeststandards gruppiert sich ein weiterer Kreis sozialer Teilhabe an den Gütern der Gemeinschaft.

Die Sicherung des Teilhabeanspruches der Einwohner im örtlichen Lebensbereich ist vorrangige Aufgabe der Kommunen. Diese Pflicht wird durch die Vorschriften über die Errichtung öffentlicher Einrichtungen in den Gemeindeordnungen konkretisiert[150]. Gerade durch staatliche und kommunale Einrichtungen wie Schulen, Krankenhäuser, Altenheime, Museen, Stadthallen, eigene Versorgungs- und Verkehrsbetriebe sichert der Sozialstaat Grundrechte[151]. „Öffentliche Einrichtungen sind ein Stück Grundrechtswirklichkeit im Sozialstaat"[152]. Art. 3 GG eröffnet dem einzelnen die Teilhabe an diesen Einrichtungen.

Zu bedenken ist in diesem Zusammenhang aber, daß die betreffenden Vorschriften der Gemeindeordnungen die Pflicht zur Schaffung neuer öffentlicher Einrichtungen unter den Vorbehalt der Leistungsfähigkeit gestellt haben. Grundsätzlich ist es Sache der politischen Vertretungskörperschaften zu bestimmen, welche Einrichtungen betrieben werden, und entsprechend den gemeindlichen Haushalt festzusetzen[153]. Diese Gestaltungsfreiheit wird jedoch durch die Normen der Verfassung, namentlich das Sozialstaatsprinzip und Art. 3 GG, begrenzt. Das gemeindliche Ermessen[154] reicht nur so weit, wie die Teilhabe der Einwohner gesichert ist, was nicht notwendig durch eigene Einrichtungen geschehen muß. Denkbar sind auch Einwirkungen auf Private, etwa der Abschluß eines Öffentlichkeitsvertrags. Eine Privatisierung von Gemeindeeinrichtungen, die den Teilhabeanspruch der Einwohner an diesen Einrichtungen erschwert, verstößt gegen Art. 3 GG.

---

147 Hesse, AöR 77, 167 (184).

148 Häberle, VVDStRL 30, 43 (96).

149 Hesse, AöR 77, 167 (180).

150 § 10 Abs. 2 S. 1 GO BW, Art. 57 Abs. 1 BayGO, § 19 Abs. 1 HGO, § 2 Abs. 1 S. 2 NGO, § 18 Abs. 1 GO NW, § 17 Abs. 1 GO SH.

151 Vgl. Häberle, VVDStRL 30, 43 (119); ders., DÖV 1972, 729 (730).

152 Häberle, VVDStRL 30, 43 (119); ähnlich Herbig, Die öffentlichen Einrichtungen im sozialen Rechtsstaat, S. 166.

153 Vgl. Körner, GO NW, § 18 Erl. 2; v. Loebell, GO NW, § 18 Erl. 1; Kunze/Schmid/Rehm, GO BW, § 10 Erl. II, 2 a.

154 Reusch, Diss., S. 72 spricht insoweit von „kommunalem Regierungsermessen".

2. Subjektiv-öffentliches Recht auf Teilhabe

Zu fragen bleibt, wieweit der einzelne eine Verletzung der sozialen Gleichheit geltend machen kann, ob im Art. 3 GG ein gerichtlich durchsetzbares subjektiv-öffentliches Recht auf Teilhabe gewährt. Hier ist das Problem berührt, ob die Grundrechte in Verbindung mit dem Sozialstaatsprinzip auch als Leistungsansprüche, als „soziale Grundrechte" gedeutet werden können und ob sie dem einzelnen einen durchsetzbaren Anspruch auf bestimmte staatliche Leistungen, etwa auf die Errichtung bestimmter öffentlicher Einrichtungen, vermitteln.

Zunächst ging der Streit darum, ob das Sozialstaatsprinzip in Verbindung mit Art. 1 Abs. 1 und Art. 2 Abs. 2 S. 1 GG einen — wenn auch subsidiären — Anspruch auf Sozialhilfe gewährt. Insoweit kann auf die Ausführungen zur Sicherung des sozialen Mindeststandards verwiesen werden[155].

Seit Ende der sechziger Jahre bewegte das Schrifttum die Frage, ob angesichts des zunehmenden Numerus clausus an den Universitäten, den Problemen des Umweltschutzes, der mangelnden Gesundheitsversorgung, der fehlenden sozialen Einrichtungen wie Kindergärten usw. den Grundrechten nicht Ansprüche auf entsprechende staatliche Tätigkeit entnommen werden können. Grundlegende Erörterungen zu dieser Diskussion sind den Referaten von Martens und Häberle auf der Staatsrechtslehrertagung 1971 zu entnehmen[156].

a) Die Meinung Häberles

Häberle will die „individualrechtliche und institutionelle Seite der Grundrechte" um die „leistungsstaatliche und — rechtliche" ergänzen[157]. In dem Begriff „soziale Grundrechte" sieht er einen „Offenbarungseid ‚bürgerlichen' Grundrechtsverständnisses"[158]. Er will soziale Grundrechte und Abwehrrechte in einem „differenzierten Spektrum einer Statuslehre des demokratischen und sozialen Rechtsstaats" verbinden[159].

Die leistungsstaatlichen Funktionen der Grundrechte sollen in einer differenzierten Rechtstechnik aktualisiert werden. Grundrechtliche Ansprüche unter Maßgabevorbehalt, Einrichtungsgarantien, soziale Schutz- und Verfassungsaufträge und positive Kompetenznormen kämen in Betracht[160]. Häberle fordert eine grundrechtsfördernde „Konzertierte

155 Siehe oben, 2. Teil A V 2 b.

156 VVDStRL 30, S. 7 ff. und S. 43 ff.

157 VVDStRL 30, 43 (112).

158 VVDStRL 30, 43 (90).

159 VVDStRL 30, 43 (91).

160 VVDStRL 30, 43 (91).

Aktion" zwischen Gesetzgebung, Verwaltung und Rechtsprechung[161]. Vorrangig soll es aber der Gesetzgebung gemeinsam mit der Grundrechtsdogmatik überlassen bleiben, subjektive Ansprüche justiziabel auszuformen[162]. Der Teilhabecharakter der Grundrechte soll sich auf Verfassungsebene grundsätzlich nicht zu subjektiven Ansprüchen verdichten, sondern sei in der Regel objektiver Verfassungsauftrag, der sich aus dem jeweiligen Grundrecht in Verbindung mit Art. 20 Abs. 1 und Art. 3 GG ergebe[163]. Die Gerichte könnten allenfalls Anstöße geben[164], wobei jedoch aus dem Gedanken der Grundrechtsaufgabe und der Offenheit der Verfassung heraus ausnahmsweise auch eine weitergehende Rechtsprechung denkbar sei[165]. Erst wenn der Gesetzgeber durch staatliche Leistungsgewähr grundrechtliche Freiheit und Gleichheit genügend vorkonkretisiert habe, könnten Grundrechte über die Hebelwirkung des Art. 3 GG zu Leistungsansprüchen werden[166]. Somit wird tatsächliches Handeln zum Anknüpfungspunkt für rechtliche Teilhabeansprüche[167].

b) Andere Befürworter eines subjektiven Rechts auf Teilhabe

Ähnlich wie Häberle, zum Teil einschränkender, unterscheiden viele im Schrifttum zwischen sog. originären und derivativen Teilhabeansprüchen, die nur einen gleichen Zugang zu vorhandenen öffentlichen Einrichtungen vermitteln. Nur die derivativen Ansprüche sollen über Art. 3 GG durchsetzbar sein[168]. Den Teilhabecharakter von Grundrechten hat auch das Bundesverfassungsgericht im Numerus-clausus-Urteil ausdrücklich anerkannt[169]. Es sieht in Art. 3 GG den Hebel, um allen den gleichen Zugang zu vorhandenen staatlichen Einrichtungen zu ermöglichen. Ob aus Art. 3 GG auch weitergehende Ansprüche hergeleitet werden können, wird offen gelassen[170]. Weitergehende Ansichten finden sich im Schrifttum vor allem hinsichtlich nur individualbezogener Ansprüche, etwa auf finanzielle Ausbildungsförderung und Beihilfen[171]

---

161 DÖV 1972, S. 729.

162 VVDStRL 30, 43 (91); in: Frowein/Meyer/Schneider, Friesenhahn-Symposion, S. 54.

163 VVDStRL 30, 43 (112).

164 VVDStRL 30, 43 (110); in: Frowein/Meyer/Schneider, S. 54; ähnlich, DÖV 1972, 729 (734).

165 DÖV 1972, 729 (734).

166 VVDStRL 30, 43 (112); DÖV 1972, 729 (734).

167 VVDStRL 30, 43 (97).

168 Vgl. z. B. Friauf, DVBl 1971, 674 (678 f.); Martens, VVDStRL 30, 7 (21); Wiegand, DVBl 1974, 657 (661, 663).

169 BVerfGE 33, 303 (330 f.) v. 18. 7. 1972; bestätigt in BVerfG, NJW 1974, 1127 (1128) v. 3. 4. 1974; BVerfG, NJW 1975, 1501 (1502) v. 9. 4. 1975; BVerfG, NJW 1976, S. 2339 v. 13. 10. 1976; BVerfG, NJW 1977, S. 569 f. v. 8. 2. 1977.

170 BVerfGE 33, 303 (331 f.) v. 18. 7. 1972.

171 Reuter, DVBl 1974, 7 (18).

oder auf Ermöglichung einer bestimmten ärztlichen Behandlung (z. B. Herzoperation)[172]. Am weitesten geht *Zuleeg*. Er will den Art. 3 GG als Hebel einsetzen, um z. B. die Errichtung und Unterhaltung von Kindergärten durchzusetzen[173]. Zuleeg empfiehlt eine auf Art. 3 GG gestützte Klage vor dem Verwaltungsgericht mit dem Ziel, einen Kindergartenplatz zur Verfügung gestellt zu bekommen[174]. Die Gerichte sollen Gesetzgeber und Verwaltung mit einem abgestuften Maßnahmekatalog zur Effektivierung von Grundrechten anhalten. Zuleeg spricht von der partnerschaftlichen Aufgabe der drei Gewalten zur Verwirklichung des Sozialstaatsgedankens[175].

c) Kritik an sozialer Ausdeutung der Grundrechte

Andere im Schrifttum lehnen die Erweiterung der Grundrechte um eine soziale Dimension und ihre Ausdeutung als Leistungsansprüche entschieden ab. Sie betonen die klassische Funktion der Grundrechte als Schranken für die Ausübung des Staatswillens, die von unveränderter Bedeutung sei[176]. Soziale Grundrechte könnten Leistungen nur im Rahmen der finanziellen Leistungsfähigkeit des Staates gewähren[177]. Dadurch würden die Grundrechte der unmittelbaren Vollziehbarkeit beraubt[178]. Es bestände für die Grundrechte auch in ihrer Funktion als Abwehrrechte die Gefahr des Rückfalls in bloßen Programmsatzcharakter[179]. Weiterhin wird auf den Verzicht des Parlamentarischen Rats auf soziale Grundrechte verwiesen[180], und darauf, daß mit der gerichtlichen Durchsetzung sozialer Grundrechte die Trennungslinie zwischen Rechtsprechung und Politik überschritten würde[181].

d) Entscheidung für eine differenzierte Betrachtung

Gegen eine allgemeine Umdeutung von Grundrechten in Leistungsansprüche sind in der Tat Bedenken angebracht. Zwar ist der Verzicht des Parlamentarischen Rats auf die Formulierung sozialer Grundrechte situationsbedingt zu verstehen, da man glaubte, lediglich ein Provisorium für eine Übergangszeit zu schaffen. Infolge der politischen Entwicklung hat sich jedoch das Provisorium Grundgesetz zur Vollver-

---

[172] Schwabe, NJW 1969, 2274 (2276); siehe auch Plander, NJW 1972, 1941 (1943).

[173] Zuleeg, in: Frowein/Meyer/Schneider, Friesenhahn-Symposion, S. 45.

[174] Zuleeg, in: Frowein/Meyer/Schneider, S. 49.

[175] Zuleeg, in: Frowein/Meyer/Schneider, S. 45.

[176] Vgl. H. H. Klein, Die Grundrechte im demokratischen Staat, S. 39 f.

[177] So Kimminich, JZ 1972, 696 (699).

[178] So H. H. Klein, Die Grundrechte, S. 65; Kimminich (Fn. 177).

[179] H. H. Klein, Die Grundrechte, S. 66; siehe auch v. Mutius, VerwArch 1973, 183 (192 f.).

[180] v. Mutius, VerwArch 1973, 183 (185).

[181] Friesenhahn, 50. DJT II, G 21, G 36.

fassung gefestigt, womit der Verzicht auf soziale Grundrechte weitgehend obsolet geworden sein dürfte. Es stellt sich aber bei der Ausdehnung der Freiheitsrechte in Leistungsansprüche das Problem der Grenzziehung. Hier wirkt sich das Fehlen festumrissener sozialer Grundrechte aus. So könnte allzuviel politisch Wünschens- und Erstrebenswertes in grundrechtliche Ansprüche umgemünzt werden[182].

Soziale Grundrechte stehen zwangsläufig unter dem Vorbehalt des finanziell Möglichen. Wenn sich soziale Grundrechte textlich nicht deutlich von den klassischen Freiheitsrechten abheben, besteht die Gefahr, daß der Vorbehalt der Leistungsfähigkeit auch zu neuem Schrankendenken im Bereich der Grundrechte als Abwehrrechte führt.

Dennoch ist festzuhalten, daß auch die Grundrechte als Abwehrrechte zu ihrer Effektivierung für die breite Mehrheit der Bevölkerung bestands- und entstehenssichernder Maßnahmen bedürfen. Daher ist das Sozialstaatsprinzip normiert worden, das dem Staat ein Mindestgebot sozialer Gestaltung auferlegt, zu dem auch die Sozialplanung zwecks Effektivierung der Grundrechte gehört. Das Sozialstaatsprinzip gewährt jedoch nur ausnahmsweise in Verbindung mit Art. 1 Abs. 1 GG ein subjektiv-öffentliches Recht zur Sicherung des Existenzminimums, so einen subsidiären Anspruch auf Sozialhilfe. Ebenso ist ein subjektiver Anspruch des einzelnen gegen die Gemeinde auf Sicherung der Wasserversorgung denkbar, da ein Mindestmaß an hygienischer Versorgung zum absoluten Lebensmindeststandard zu zählen ist[183]. Ob weitergehende Ansprüche aus den Grundrechten hergeleitet werden können, ist jedoch sehr fraglich.

Besser als die allgemeine Erweiterung von Grundrechten in Leistungsansprüche erscheint es, den Art. 3 GG zur Effektivierung von Teilhaberechten einzusetzen. Der Gleichheitssatz des Art. 3 GG ist zusammen mit dem Recht auf freie Entfaltung der Persönlichkeit in Art. 2 Abs. 1 GG das Basisgrundrecht schlechthin. Art. 3 GG hält im sozialen Rechtsstaat den Teilhabegedanken grundsätzlich fest. Er ist sowohl objektiver Verfassungsauftrag als auch subjektives Teilhaberecht[184]. Materiell-rechtlich haben beide die gleichen Grenzen. Funktionell-rechtlich reicht das subjektive Recht weniger weit als der Verfassungsauftrag[185]. Hier ist zwischen originären und derivativen Teilhaberechten zu unterscheiden.

---

182 Siehe dazu auch Friesenhahn, G 32; Wiegand, DVBl 1974, 657 (662).

183 Vgl. dazu Dürig, in: Maunz/Dürig/Herzog, Art. 3 Abs. I, Rdn. 79; H. H. Klein, Die Teilnahme, S. 18.

184 So auch Häberle, DÖV 1972, 729 (734); Hamann/Lenz, Art. 3 Anm. A 2; ähnlich Friauf, DVBl 1971, 674 (678); die objektiven Momente der Grundrechte betont auch Scheuner, Diskussionsbeitrag in: VVDStRL 30, S. 143.

185 Vgl. Häberle, DÖV 1972, 729 (734).

aa) Originäre Teilhabe

Im Bereich der originären Teilhabe ist es im wesentlichen Aufgabe des Gesetzgebers und der Exekutive, die Teilhaberechte des einzelnen zu konkretisieren. Bei der rechtlichen Durchsetzung solcher Ansprüche müßte ein Gericht zwangsläufig die Grenze der Gewaltenteilung überschreiten und Grundrechtspolitik betreiben. Es würde mit seiner Entscheidung in das Haushaltsrecht der politischen Vertretungskörperschaften eingreifen und Gefahr laufen, neue Ungleichheit, neue Privilegien zu schaffen. Wie soll rechtlich eine politische Kollision gelöst werden, etwa bei der Frage, ob ein Kindergarten gebaut werden soll oder eine weiterführende Schule? Daher kann Art. 3 GG keinen subjektiven Anspruch auf Errichtung einer ganz bestimmten öffentlichen Einrichtung vermitteln.

bb) Derivative Teilhabe

Ist dagegen eine öffentliche Einrichtung bereits vorhanden, so gewährt Art. 3 GG als derivatives Teilhaberecht dem einzelnen einen Anspruch auf gleichen Zugang zu der Einrichtung.

cc) Beeinträchtigung eines konkretisierten Teilhaberechts durch Privatisierung

Einen Sonderfall bildet die Auflösung bzw. Privatisierung einer bestehenden öffentlichen Einrichtung. Dieser Fall liegt in der Mitte zwischen originärem und derivativem Teilhaberecht. Auch hier stellt sich das Problem, möglicherweise durch eine gerichtliche Entscheidung in einen politischen Prozeß, in eine politische Prioritätensetzung, einzugreifen. Auf der anderen Seite ist das Teilhaberecht für den einzelnen schon soweit konkretisiert, daß sich eine Erschwerung der Teilhabe als verfassungsrechtlich unzumutbarer Rechtsverlust darstellen kann. Dabei kann an Überlegungen angeknüpft werden, die *Bogs* zum Bestandsschutz für sozialrechtliche Begünstigungen angestellt hat[186]. Ihm geht es um die Erarbeitung erster Konturen eines bloßen Verfassungsgebots zur sach- und lageangemessenen Schonung der einmal von der Sozialgesetzgebung geweckten Versorgungs- und Vorsorgeerwartungen. Bogs betont, daß vieles dafür spricht, den allgemeinen Gleichheitssatz als subjektives Recht des soziale Teilhabe fordernden Bürgers auf Achtung eines Kernbereichs des ihn zunächst nur objektiv begünstigenden Vertrauensschutzgebotes zu aktualisieren[187].

Diese Gedanken sind über das Sozialrecht hinaus zu einem allgemeinen sozialstaatlichen Vertrauens- und Bestandsschutz gerade auch für Einrichtungen der kommunalen Daseinsvorsorge weiterzuentwik-

---

186 Bogs, RdA 1973, S. 26 ff.
187 Bogs, RdA 1973, 26 (33).

keln. Daher kann bei der Privatisierung einer kommunalen Einrichtung im Einzelfall ein subjektiver Anspruch mit Hilfe des Art. 3 GG vorsichtig aktualisiert werden.

Grundsätzlich ist auch hier allein kein durchsetzbares subjektiv-öffentliches Recht anzuerkennen. Es ist hier Aufgabe der Kommunalaufsicht für die Beachtung der verfassungsrechtlichen Grenzen, namentlich für die Erhaltung der sozialen Teilhabe der breiten Mehrheit zu sorgen. Der einzelne bleibt darauf verwiesen, sich an die Kommunalaufsicht zu wenden, um deren Einschreiten zu veranlassen.

Ein subjektiv-öffentliches Teilhaberecht ist aber denkbar in Verbindung mit weiteren Momenten, etwa wenn eine Beeinträchtigung der Grundrechte aus Art. 1, 4 oder 6 GG droht. Es ist ein Unterschied, ob die Privatisierung einer gemeindlichen Einrichtung die personale Existenz des Bürgers berührt oder nur seine Stellung als Sachnutzer von Dienstleistungseinrichtungen[188]. Bei der Inanspruchnahme bloßer Sachleistungen (z. B. Post, Energieversorgung, Verkehrseinrichtungen) ist der Bürger vornehmlich in seinen vermögenswerten Interessen betroffen. Bei Sozialeinrichtungen wie Schulen, Kindergärten oder Altenheimen ist der von einer Privatisierungsmaßnahme Betroffene in seiner personalen Existenz berührt, die er in diese Einrichtungen integriert. Hier ist eine intensivere Bindung der öffentlichen Hand anzuerkennen. Je intensiver die personale Beziehung des Bürgers zu einer öffentlichen Einrichtung ist, desto größer ist die Grundrechtsverantwortung der öffentlichen Hand[189].

Das zusätzliche personale Moment kann das Teilhaberecht zu einem subjektiven Anspruch verdichten. In diesem Fall kommt eine auf Art. 1, 4 oder 6 GG in Verbindung mit Art. 3 GG gestützte Klage in Betracht. Begründet kann eine solche Klage in eng begrenzten Ausnahmefällen sein, etwa eine Klage auf Beibehaltung eines kommunalen Kindergartens, wenn bei einer Privatisierung ein konkretisiertes Teilhaberecht nicht anderweitig ausreichend gesichert ist, etwa durch Öffentlichkeitsvertrag der Gemeinde mit einem Privaten. Auf Einzelheiten auch zur Klageart wird später bei der Untersuchung einzelner Privatisierungsobjekte noch einzugehen sein.

Festzuhalten bleibt, daß Art. 3 GG dem einzelnen einen Anspruch auf Teilhabe an den Gütern der Gemeinschaft vermittelt. Dieser Anspruch ist für den einzelnen rechtlich durchsetzbar als Anspruch auf gleichen Zugang zu bestehenden Einrichtungen. In Verbindung mit weiteren personalen Momenten kann Art. 3 GG ebenfalls einen Anspruch

[188] Vgl. dazu Tiemann, BayVBl 1976, 261 (265 f.); allgemein zu einem solchen typologisch orientierten Ansatz: Tiemann, BayVBl 1974, S. 57 ff.

[189] Siehe dazu Tiemann, BayVBl 1976, 261 (265 f.).

auf Beibehaltung bestimmter öffentlicher Einrichtungen, zumindest auf Erhalt des Teilhaberechts, gewähren.

VIII. Die Garantie der kommunalen Selbstverwaltung

Art. 28 Abs. 2 S. 1 GG gewährleistet den Gemeinden das Recht, alle Angelegenheiten der örtlichen Gemeinschaft im Rahmen der Gesetze in eigener Verantwortung zu regeln. Die Formulierung des Art. 28 Abs. 2 S. 2 GG mit dem Wörtchen „auch" stellt klar, daß damit die Garantie des Rechts auf Selbstverwaltung gemeint ist[190].

Im Gegensatz zur Weimarer Reichsverfassung steht die Garantie der kommunalen Selbstverwaltung nicht im Grundrechtsteil des Grundgesetzes, sondern im Abschnitt „Der Bund und die Länder". Damit wird deutlich, daß Art. 28 Abs. 2 GG kein Grundrecht der einzelnen Gemeinde darstellt[191]. Es soll nicht der individuelle Bestand einer bestimmten Gemeinde garantiert werden. Vielmehr gewährleistet die Norm die kommunale Selbstverwaltung als Einrichtung. Nach nahezu einhelliger Meinung handelt es sich um eine institutionelle Garantie[192].

Um die verfassungsrechtlichen Grenzen der Privatisierung kommunaler Aufgaben zu bestimmen, muß gefragt werden, ob und gegebenenfalls wie weit die Garantie der Einrichtung „kommunale Selbstverwaltung" in Art. 28 Abs. 2 GG Privatisierungsbestrebungen beschränkt. Dabei sind zunächst die Auswirkungen der Selbstverwaltungsgarantie auf die Privatisierung gemeindlicher Aufgaben und Einrichtungen durch Gesetze von Bund oder Ländern zu klären. Weiterhin bleibt zu fragen, ob die Rechtsinstitutsgarantie auch Privatisierungsbeschlüsse der Gemeinden selbst berührt.

Bevor der Wirkungsbereich der Selbstverwaltungsgarantie näher untersucht wird, ist es notwendig, die inhaltliche Bedeutung des Selbstverwaltungsrechts zu ermitteln.

---

[190] Vgl. v. Mangoldt/Klein, Art. 28 Anm. IV, 1; Kimminich, Verfassungsrechtliche Probleme, S. 11.

[191] Ebenso BGH, DÖV 1975, S. 316 v. 31. 10. 1974; BVerwGE 2, 329 (332) v. 18. 11. 1955; Maunz, in: Maunz/Dürig/Herzog, Art. 28 Rdn. 28; Roters, in: v. Münch, GG, Art. 28 Rdn. 33; Stern, in: BK, Art. 28 Rdn. 68 ff. mit weiteren Hinweisen; Hesse, Grundzüge des Verfassungsrechts, S. 190; a. A. Geiger, in: Laforet-Festschrift, 251 (261 mit Fn. 27).

[192] So BGH (Fn. 191); BVerwG (Fn. 191) Emmerich, Die kommunalen Versorgungsunternehmen, S. 12; Forsthoff, Lehrbuch I, S. 529; Köttgen, Die Gemeinde und der Bundesgesetzgeber, S. 44; Lerche, Verfassungsfragen um Sozialhilfe und Jugendwohlfahrt, S. 94; Macher, Der Grundsatz des gemeindefreundlichen Verhaltens, S. 60 mit weiteren Hinweisen in Fn. 24; Maunz, in: Maunz/Dürig/Herzog, Art. 28 Rdn. 24; Stern/Püttner, Die Gemeindewirtschaft, S. 142; Ule, Zeitschrift für Sozialreform 1962, 701 (704).

1. Die inhaltliche Bedeutung der Selbstverwaltungsgarantie

a) Der Gesetzesvorbehalt in Art. 28 Abs. 2 GG

Art. 28 Abs. 2 GG erkennt die gemeindliche Allzuständigkeit (Universalität) für den Bereich der örtlichen Gemeinschaft an. Den Gemeinden wird das Recht zur umfassenden Sorge für die Wohlfahrt ihrer Einwohner, für die Förderung ihrer Kultur-, Sozial- und Wirtschaftsinteressen zugestanden[193]. Dieses Recht wird jedoch nicht vorbehaltlos gewährt, sondern nur im Rahmen der Gesetze. Fraglich ist, ob sich dieser Gesetzesvorbehalt auf die eigenverantwortliche Regelung der örtlichen Angelegenheiten bezieht oder ob auch der Umfang der Selbstverwaltungsaufgaben durch Gesetz geregelt werden darf.

Einige beziehen den Gesetzesvorbehalt nur auf die Eigenverantwortlichkeit der Gemeinden. Die örtlichen Angelegenheiten seien den Gemeinden substraktionslos garantiert[194]. Begründet wird dies mit der sprachlichen Fassung des Art. 28 Abs. 2 S. 1 GG.

Eine solche Auffassung wird jedoch dem dynamischen Charakter der kommunalen Selbstverwaltung nicht gerecht. Es lassen sich vielerorts Wanderungsprozesse feststellen, in denen örtliche zu überörtlichen Angelegenheiten werden[195]. Im Bereich der Bauleitplanung orientieren sich die Gemeinden an überörtlichen Entwicklungsplänen und müssen sich mit den Nachbargemeinden abstimmen, der öffentliche Personennahverkehr macht seit längerem nicht mehr an Gemeindegrenzen halt, auch bei der Energie- und Wasserversorgung sowie der Abfallbeseitigung sind Entörtlichungsprozesse zu vermerken[196]. An die Stelle früherer Alleinverantwortlichkeit zur Regelung bestimmter Angelegenheiten tritt verstärkt die Erbringung von Teilleistungen innerhalb eines kooperativen Verbundsystems[197].

Dieser Entwicklungsprozeß darf der Regelung durch den Gesetzgeber nicht verschlossen sein. Die Gewährleistung der gemeindlichen Selbstverwaltung stellt keine Status-quo-Garantie dar[198]. Daher ist an-

---

[193] Siehe oben, 1. Teil A I 1.

[194] Ipsen, DÖV 1955, 225 (227); Neuhoff, DÖV 1952, 259 (260); W. Weber, Staats- und Selbstverwaltung, S. 49.

[195] So auch Neuhoff, DÖV 1952, 259 (263); W. Weber, Staats- und Selbstverwaltung, S. 51. Beide ziehen jedoch daraus nicht die Konsequenz, daß auch der Umfang der örtlichen Angelegenheiten der gesetzlichen Regelung offensteht. Vgl. im übrigen Roters, in: v. Münch, GG, Art. 28 Rdn. 43; Stern, in: BK, Art. 28 Rdn. 87; E. Becker, in: Die Grundrechte IV, 2, 673 (716).

[196] Vgl. Roters, in: v. Münch, GG, Art. 28 Rdn. 43 mit weiteren Hinweisen.

[197] So Roters, in: v. Münch, GG, Art. 28 Rdn. 48; ähnlich Pappermann, JuS 1973, 689 (690 f.); ders., DÖV 1975, 181 (187); Scheuner, AfK 1973, 1 (12, 42); Wagener, in: Verselbständigung von Verwaltungsträgern, 31 (48).

[198] Vgl. Roters, in: v. Münch, GG, Art. 28 Rdn. 41; Hamann/Lenz, Art. 28 Anm. B 6 a; Lerche, Verfassungsfragen, S. 99; Stern/Püttner, S. 150; Stern,

zuerkennen, daß sich der Gesetzesvorbehalt in Art. 28 Abs. 2 S. 1 GG auch auf den Umfang der örtlichen Angelegenheiten bezieht[199], wobei jedoch die Einrichtung der kommunalen Selbstverwaltung als solche auch den einschränkenden Gesetzen ihre Grenzen setzt[200].

Die Einrichtungsgarantie des Art. 28 Abs. 2 GG verbietet dem Staat, Regelungen zu treffen, die unmittelbar oder mittelbar, für sich allein oder in Verbindung mit weiteren Maßnahmen die Institution der kommunalen Selbstverwaltung in Frage stellen[201]. Überwiegend wird formuliert, daß der „Wesensgehalt"[202] der kommunalen Selbstverwaltung nicht angetastet werden darf[203].

Rechtlich wird dies unterschiedlich begründet. Manche leiten die Unantastbarkeit des Wesensgehalts der gemeindlichen Selbstverwaltung unmittelbar aus Art. 19 Abs. 2 GG her. Diese Norm sei nicht nur auf Grundrechte, sondern auch auf institutionelle Garantien unmittelbar anwendbar[204]. Andere wollen den Art. 19 Abs. 2 GG nicht unmittelbar, jedoch analog auf die Selbstverwaltungsgarantie anwenden[205]. Nach einer dritten Meinung soll sich der Wesensgehaltsschutz aus dem Begriff der institutionellen Garantie selbst ergeben[206]. Entscheidend ist, daß alle Meinungen im Ergebnis übereinstimmen.

b) Der Wesensgehalt der kommunalen Selbstverwaltung

Wie der Wesensgehalt der kommunalen Selbstverwaltung zu bestimmen ist, ist umstritten. Es sind dazu verschiedene Methoden entwickelt worden, wobei die Grenzen zwischen ihnen oft fließend sind.

AfK 1964, 81 (94); BVerfGE 23, 353 (365) v. 21. 5. 1968; 26, 228 (237 f.) v. 24. 6. 1969.

199 So die h. M., vgl. StGH BW, DÖV 1975, 58 (60) v. 15. 6. 1974; E. Becker, in: Die Grundrechte IV, 2, 673 (716); Gönnenwein, Gemeinderecht, S. 52 f.; Hamann/Lenz, Art. 28 Anm. B 7; Pagenkopf, Komunalrecht I, S. 66; Roters, in: v. Münch, GG, Art. 28 Rdn. 37; Stern, in: BK, Art. 28 Rdn. 114.

200 Vgl. Maunz, in: Maunz/Dürig/Herzog, Art. 28 Rdn. 32.

201 So Macher, S. 61.

202 Teilweise werden auch Ausdrücke gebraucht wie Wesensbestand, Funktionskern, Wesenskern. Vgl. dazu E. Becker, in: Die Grundrechte IV, 2, 673 (710); Lerche, Verfassungsfragen, S. 105.

203 BVerfGE 1, 167 v. 20. 3. 1952; E. Becker, in: Die Grundrechte, IV, 2, 673 (710, 714, 721); Emmerich, Die kommunalen Versorgungsunternehmen, S. 16 f.; Hamann/Lenz, Art. 28 Anm. B 7; Lerche, Verfassungsfragen, S. 100; Macher, S. 61; Stern, in: BK, Art. 28 Rdn. 120; Ule, Zeitschrift für Sozialreform 1962, 701 (711).

204 Hettlage, AfK 1964, 1 (11); Ipsen, DÖV 1955, 225 (229); v. Mangoldt/Klein, Art. 19 Anm. V, 2 d und Art. 28 Anm. IV, 1 d; weitere Hinweise bei Macher, S. 61 Fn. 28.

205 Hohrmann, Bundesgesetzliche Organisation, S. 150; Seele, Diss., S. 156; wohl auch Maunz, in: Maunz/Dürig/Herzog, Art. 28 Rdn. 32; ders., Urteilsanmerkung, in: VerwRspr 1952, S. 210.

206 E. Becker, in: Die Grundrechte IV, 2, 673 (721); Köttgen, Gemeinde und Bundesgesetzgeber, S. 44; Stern, in: BK, Art. 28 Rdn. 120; Ule, Zeitschrift für Sozialreform 1962, 701 (704).

aa) Substraktionsmethode

Eine Auffassung, die früher vom Bundesverwaltungsgericht in ständiger Rechtsprechung vertreten wurde, stellt darauf ab, was nach einem Eingriff in die örtlichen Angelegenheiten von der Selbstverwaltung noch übrig bleibt[207]. Die Masse der Aufgaben, die ihrem Wesen nach Angelegenheiten der örtlichen Gemeinschaft seien, müsse den Gemeinden verbleiben[208].

bb) Zweckbestimmungsmethode

Die Vertreter der Zweckbestimmungsmethode sehen im Eingriff selbst den entscheidenden Gesichtspunkt. Es komme auf den Zweck der Beschränkung an, wobei Einschränkungen des Selbstverwaltungsrechts nur aus Gründen des übergeordneten Gemeinwohls zulässig seien[209]. Allerdings könne eine Häufung an sich zulässiger Einschränkungen ingesamt eine Verletzung des Selbstverwaltungsrechts bewirken[210].

cc) Substanztheorie

Die Substanztheorie betont, daß die Garantie der kommunalen Selbstverwaltung in Art. 28 Abs. 2 GG den bestehenden Zustand der Gemeinden zwar nicht in seinen Einzelheiten, jedoch in seinen Grundzügen, in seiner Substanz schütze[211]. Dieser Kern der Selbstverwaltung soll unter Berücksichtigung der geschichtlichen Entwicklung und der verschiedenen historischen Erscheinungsformen der Selbstverwaltung bestimmt werden[212].

---

207 BVerwGE 6, 19 (25) v. 22. 11. 1957 mit weiteren Rechtsprechungshinweisen; 6, 342 (345) v. 20. 5. 1958; ebenso Gönnenwein, S. 29; der StGH BW (DÖV 1975, 58 [60] v. 15. 6. 1974) berücksichtigt sowohl Gesichtspunkte der Substraktionsmethode als auch der Methode, die nach den Essentialia der Selbstverwaltung fragt.

208 BVerwGE 6, 19 (25) v. 22. 11. 1957.

209 VerfGH NW OVGE 9, 74 (83) v. 21. 8. 1954; 11, 149 (152 f.) v. 7. 7. 1956; 28, 291 (292) v. 4. 8. 1972 mit weiteren Hinweisen auf die Rechtsprechung des VerfGH.

210 VerfGH NW OVGE 11, 149 (153).

211 So Maunz, Deutsches Staatsrecht, S. 107.

212 BVerfG in ständiger Rechtsprechung, z. B. BVerfGE 1, 167 (178) v. 20. 3. 1952; 7, 358 (364) v. 29. 4. 1958; 8, 332 (360) v. 2. 12. 1958; 11, 266 (274) v. 12. 7. 1960; 23, 353 (365) v. 21. 5. 1968; 26, 228 (238) v. 24. 6. 1969; 38, 258 (278 f.) v. 10. 12. 1974; ebenso Hamann/Lenz, Art. 28 Anm. B 6 a und 7; Maunz, in: Maunz/Dürig/Herzog, Art. 28 Rdn. 30. Zwar berücksichtigen auch das BVerwG (vgl. z. B. BVerwGE 6, 19 [25] v. 22. 11. 1957; 6, 339 [345] v. 20. 5. 1958; DÖV 1964, 347 [349] v. 13. 3. 1964) und der VerfGH NW (vgl. OVGE 11, 149 [150] v. 7. 7. 1956) historische Gesichtspunkte, sie stellen jedoch entscheidend auf die Quantität der verbliebenen Selbstverwaltungsaufgaben bzw. den Zweck der Beschränkung ab.

dd) Die Frage nach den „essentialia" der Selbstverwaltung

Die Vertreter dieser Methode versuchen, das typische Erscheinungsbild der kommunalen Selbstverwaltung zu ermitteln. Im Anschluß an Huber[213] hat *Stern* den Wesensgehalt definiert als „das Essentiale, das man aus einer Institution nicht entfernen kann, ohne deren Struktur und Typus zu verändern"[214]. Zum Wesensgehalt der kommunalen Selbstverwaltung gehören somit alle Angelegenheiten, die den Typus der heutigen Gemeinde prägen. Diese typusbestimmenden Angelegenheiten sollen nicht nur aus der historischen Entwicklung, sondern auch unter Berücksichtigung der heutigen Tendenzen, des aktuellen Leitbilds der gemeindlichen Selbstverwaltung, ermittelt werden[215].

Gegen die Substraktionsmethode ist vorzubringen, daß rein quantitatives Denken das Wesen der Selbstverwaltung nicht ermitteln kann. Das Wesen einer Einrichtung muß aus sich heraus bestimmt werden[216]. Zudem ist zu bedenken, daß vielfach bei einzelnen Eingriffen zunächst quantitativ genügend Selbstverwaltungsangelegenheiten übrig bleiben, die Selbstverwaltung jedoch langsam von innen ausgehöhlt wird[217]. Auch qualitative Gesichtspunkte müssen Berücksichtigung finden. Daher ist die Substraktionsmethode abzulehnen. Ebensowenig ist ein effektiver Schutz der Selbstverwaltung gewährleistet, wenn man auf den Zweck der Beschränkung abstellt[218]. Bei Eingriffen werden stets Gründe des Gemeinwohls geltend gemacht.

Bei ausschließlich historischer Betrachtung läuft man Gefahr, nicht mehr zeitgemäßes festzuschreiben und die dynamische Entwicklung der kommunalen Selbstverwaltung zu übersehen.

So erscheint am ehesten die Frage nach den typischen Gemeindeangelegenheiten geeignet, den Wesensgehalt der örtlichen Selbstverwaltug zu ermitteln. Es darf aber nicht verkannt werden, daß auch diese Methode kritische Punkte aufweist.

---

213 Huber, DÖV 1956, 135 (142), der dort versucht, den Wesengehalt im Sinne des Art. 19 Abs. 2 GG zu bestimmen.

214 Stern, AfK 1964, 81 (87); ders., in: BK, Art. 28 Rdn. 123; ders., Die verfassungsrechtliche Position der kommunalen Gebietskörperschaften, S. 35; ähnlich Lerche, Verfassungsfragen, S. 105 f. mit weiteren Hinweisen; Scholz, Das Wesen, S. 55.

215 Stern, in: BK, Art. 28 Rdn. 124; Stern/Püttner, S. 150 f.

216 So Stern, in: BK, Art. 28 Rdn. 122; gegen quantitatives Denken auch Lerche, Verfassungsfragen, S. 100; Köttgen, Die Gemeinde und der Bundesgesetzgeber, S. 45.

217 So auch VerfGH NW OVGE 11, 149 (153) v. 7. 7. 1956.

218 Vgl. dazu auch Macher, S. 64.

ee) Funktionales Selbstverwaltungsverständnis

Bei einer Analyse der Entwicklung der kommunalen Selbstverwaltung ist immer mehr eine Einordnung in gesamtstaatliche Planungsprozesse festzustellen. Die private Kapitalverwertung ist ohne staatliche Globalsteuerung nicht mehr aufrechtzuerhalten. Von daher erklärt sich, daß der Staat versucht, die Gemeinden in seine Konjunkturpolitik, Struktursteuerung und Infrastrukturpolitik einzubinden[219]. So werden die Gemeinden mit der Verpflichtung auf die Ziele des gesamtwirtschaftlichen Gleichgewichts (§ 16 i. V. m. § 1 StabG), mit den Vorschriften über die Kreditlimitierung (Art. 109 Abs. 4 GG, §§ 19 ff. StabG) und ihrer Abhängigkeit von staatlichen Finanzzuweisungen konjunktur- und finanzpolitisch gleichgeschaltet[220].

Angesichts dieser Entwicklung wird die herkömmliche Abgrenzung von örtlichen und überörtlichen Angelegenheiten und des gemeindlichen Eigenverantwortungsbereichs neuerdings in Zweifel gezogen[221]. Denjenigen, die nach den typischen Gemeindeangelegenheiten fragen, um den Wesensgehalt der gemeindlichen Selbstverwaltung zu ermitteln, wird vorgeworfen, daß sie diese Einbindung nicht genügend berücksichtigten und daher zu einer philosophischen Überhöhung des kommunalen Autonomiestrebens neigten[222].

Die kommunale Ebene sei heute vorrangig als Funktion im Rahmen eines arbeitsteilig organisierten Staates zu begreifen (sog. funktionales Selbstverwaltungsverständnis)[223]. Selbstverwaltung soll nicht mehr nur als isolierte Wahrnehmung eines Bündels von Sachaufgaben verstanden werden, sondern als „kommunale Teilleistung“ im Rahmen eines kooperativen Verbundes[224]. Selbstverwaltung wird also vielfach zum Recht auf Mitgestaltung und Mitwirkung[225]. Die Selbstverwaltungsgarantie soll durch Verfahren effektiviert werden, die die spezielle Leistungsfähigkeit der kommunalen Ebene zur Geltung kommen lassen[226].

---

[219] Vgl. dazu Roth, Kommunalpolitik für wen?, S. 10; Pappermann, DVBl 1972, 643 (645).

[220] Vgl. auch Roters, in: v. Münch, GG, Art. 28 Rdn. 47.

[221] Vgl. Roters, in: v. Münch, GG, Art. 28 Rdn. 43 ff.; Pappermann, DÖV 1975, 181 (186 ff.); ders., SKV 1976, 2 (3 ff.); Scheuner, AfK 1973, 1 (v. a. 23 ff.).

[222] Vgl. Roters, in: v. Münch, GG, Art. 28 Rdn. 56.

[223] So Roters, in: v. Münch, GG, Art. 28 Rdn. 53.

[224] Roters, in: v. Münch, GG, Art. 28 Rdn. 48; ähnlich Pappermann, JuS 1973, 689 (690 f.); ders., DÖV 1975, 181 (187); ders., SKV 1976, 2 (4); Scheuner, AfK 1973, 1 (12, 42).

[225] Vgl. Scheuner, AfK 1973, 1 (24); Roters, in: v. Münch, GG, Art. 28 Rdn. 49; Pappermann, JuS 1973, 689 (691); ders., DÖV 1975, 181 (187 f.) mit weiteren Hinweisen; ders., SKV 1976, 2 (4); in diese Richtung auch BVerwG, DÖV 1969, 428 (429) v. 14. 2. 1969; BVerwG, DVBl 1973, 448 (449) v. 21. 2. 1973.

[226] So der Vorschlag von Roters, in: v. Münch, GG, Art. 28 Rdn. 58.

ff) Eigene Stellungnahme

Für eine funktionale Bestimmung der Rolle der kommunalen Selbstverwaltung im demokratischen Staat sprechen in der Tat gute Gründe. Funktionales Selbstverwaltungsverständnis und die Frage nach den typischen Selbstverwaltungsangelegenheiten zur Bestimmung des Selbstverwaltungskerns müssen jedoch nicht notwendig im Gegensatz zueinander stehen. Im Verbundsystem sozialstaatlicher Aufgabenerfüllung ist den Gemeinden als ursprünglichsten demokratischen und sozialen Gemeinwesen eine eigenständige Funktion zuzuweisen. Dies ergibt sich schon daraus, daß auf gemeindlicher Ebene am ehesten Mitwirkungsrechte der Bürger an der Entwicklung des Gemeinwesens bestehen.

Der Begriff „örtlich" darf nicht nur rein geographisch verstanden werden[227]. Unter „örtlichen Angelegenheiten" sind die gemeinsamen Angelegenheiten der Bürger zu verstehen, die sich aus dem Beieinanderwohnen ergeben und die am bürgernahesten von den Gemeinden als ursprünglichsten Gemeinwesen unter bürgerschaftlicher Kontrolle erledigt werden können. Der Wohnsitz des einzelnen ist nach wie vor der gemeinsame Bezugspunkt für die Ordnung und Gestaltung des Raumes, für die Versorgung des einzelnen mit Wasser und Energie, mit Verkehrs-, Sozial- und Kultureinrichtungen, für die Schaffung von Arbeitsplätzen[228].

Die Blickrichtung von *Roters*, der die Selbstverwaltung nur durch Mitwirkungsverfahren im Aufgabenverbund effektivieren will, ist zu eng und wird dem spezifischen Charakter der örtlichen Selbstverwaltung nicht gerecht. Auch die Methode, die nach den „essentialia" der kommunalen Selbstverwaltung fragt, ist in der Lage, Wanderungsprozesse zu berücksichtigen. Hier kann sich aufgrund der tatsächlichen Entwicklung ein ursprüngliches Autonomierecht in ein Mitwirkungsrecht wandeln. Es gibt aber ebenso genügend Aufgabenbereiche, in denen den Gemeinden noch Raum für weitgehend eigenständige Entscheidungen verblieben ist, die den Typus der heutigen Gemeinden entscheidend mitprägen. Diesen Autonomieraum zu erhalten und auszubauen und gleichzeitig Mitwirkungsrechte bei Entörtlichungsprozessen aufgrund tatsächlicher Entwicklung zu sichern und so eine politische Gleichschaltung durch Bund und Länder zu verhindern, ist der eigentliche Sinn der Selbstverwaltungsgarantie[229]. Nur bei einem solchen Verständnis des Art. 28 Abs. 2 GG kann das bürgerschaftliche Engagement und damit langfristig die Institution der kommunalen Selbstverwaltung gesichert werden. Von daher ist es sinnvoll, nach

---

[227] Vgl. Ullrich, SKV 1976, S. 734.
[228] Siehe auch Ullrich, SKV 1976, 130 (131 f.); S. 734.
[229] Vgl. auch Scheuner, AfK 1973, 1 (24).

den „essentialia" der Selbstverwaltung zu fragen, diese unter Berücksichtigung der historischen Entwicklung und der aktuellen Tendenzen zu ermitteln, und so den Wesensgehalt der kommunalen Selbstverwaltung zu bestimmen.

2. Die Reichweite der Selbstverwaltungsgarantie

Nachdem geklärt ist, wie der Wesensgehalt der Selbstverwaltung zu ermitteln ist, stellt sich die Frage nach der Reichweite der Selbstverwaltungsgarantie. Zunächst ist zu klären, ob der Schutz, den Art. 28 Abs. 2 GG den Gemeinden vermittelt, nur zum Tragen kommt, wenn eine Aufgabe zugunsten eines Landes oder des Bundes „entkommunalisiert" wird, oder ob er auch dann wirkt, wenn durch Gesetz eine Aufgabe von den Gemeinden auf Private übertragen werden soll. Später ist zu prüfen, ob Art. 28 Abs. 2 GG auch Wirkung auf Privatisierungsbeschlüsse der Gemeinden selbst äußert.

a) Privatisierung durch Gesetz

Es wird die Auffassung vertreten, daß die Selbstverwaltungsgarantie des Art. 28 Abs. 2 GG nur bei Aufgabenverlagerungen von den Gemeinden auf den Bund oder ein Land, also bei Verstaatlichungsgesetzen, zur Geltung kommt. Gegenüber Privatisierungsgesetzen könne Art. 28 Abs. 2 GG nicht geltend gemacht werden, da die Selbstverwaltungsgarantie in ein allgemeines Subsidiaritätsprinzip eingefügt sei, und gegenüber der Gemeinde die Privaten Vorrang genießen würden[230].

Demgegenüber haben die kommunalen Spitzenverbände in ihren Stellungnahmen zu den Verfassungsbeschwerden mehrerer Städte gegen das Bundessozialhilfegesetz und das Jugendwohlfahrtsgesetz betont, eine Einschränkung der kommunalen Selbstverwaltung sei überhaupt nur zugunsten von Bund und Ländern zulässig. Dafür spreche die Einordnung der Selbstverwaltungsgarantie in den Abschnitt „Der Bund und die Länder". Gegenüber Privaten vermittele der Art. 28 Abs. 2 GG absoluten Schutz[231].

Beide Auffassungen begegnen Bedenken. Gegen den Versuch, den Selbstverwaltungsschutz des Art. 28 Abs. 2 GG allein auf Zentralisierungsgesetze zugunsten des Bundes oder eines Landes zu beschränken,

[230] Dürig, in: Maunz/Dürig/Herzog, Art. 19 Abs. III Rdn. 47; ders., BayVBl 1959, 201 (203); Peters, AfK 1967, 5 (18); Desch, Diss., S. 205 ff.; siehe auch Isensee, Subsidiaritätsprinzip und Verfassungsrecht, S. 248 mit Fn. 102 mit zahlreichen Nachweisen; im Ergebnis ebenso Ule, Zeitschrift für Sozialreform 1962, 701 (713), allerdings mit der Begründung, es sei Sache des Gesetzgebers, allgemein den sachlichen Umfang der öffentlichen Aufgaben zu bestimmen.

[231] NDV 1963, 114 (117 f.) und 118 (124).

ist anzumerken, daß so ein wirksamer Selbstverwaltungsschutz nicht gewährleistet werden kann. Die Einrichtung der kommunalen Selbstverwaltung kann ebenso ausgehöhlt werden, wenn Aufgaben, die zum Wesensgehalt gehören, den Gemeinden durch Privatisierungsgesetze entzogen werden. Dadurch kann die eigenverantwortliche gemeinwohlbezogene Bestimmung der Gemeindeentwicklung durch die Bürgerschaft und ihre gewählten Vertreter, die der kommunalen Selbstverwaltung ihre innere Rechtfertigung gibt, beeinträchtigt werden. Die Rechtsinstitution „kommunale Selbstverwaltung" kann nur dann gesichert werden, wenn ihr Wesensgehalt verfassungsrechtlichen Schutz sowohl gegen Verstaatlichungs- als auch gegen Privatisierungsgesetze erhält. Wenn es dem Staat schon verwehrt ist, den Wesensgehalt der Selbstverwaltung zu beeinträchtigen, indem er bisher von den Gemeinden wahrgenommene typische Selbstverwaltungsaufgaben an sich zieht, so muß es ihm erst recht verwehrt sein, die Selbstverwaltung zugunsten Dritter einzuschränken[232].

Die Auffassung, daß Art. 28 Abs. 2 GG nur Einschränkungen zugunsten von Bund und Ländern zulasse, dagegen nicht zugunsten von Privaten, geht jedoch zu weit. Art. 28 Abs. 2 GG schützt die kommunale Selbstverwaltung in ihrem Wesensgehalt. Dieser Wesensgehalt kann nur einheitlich bestimmt werden. Es spricht nichts dafür, daß Art. 28 Abs. 2 GG den Gemeinden absoluten Schutz gegenüber Privaten vermitteln wollte. Die grundsätzliche Abgrenzung von privater und öffentlicher Sphäre ergibt sich aus anderen Grundgesetzbestimmungen, so aus den Grundrechten und dem Sozialstaatsprinzip.

Die Kompetenzregelungen für Bund und Länder befinden sich in den Art. 70 ff. GG. In ihrem Kompetenzbereich können beide Gesetze erlassen; hinsichtlich der kommunalen Selbstverwaltung finden sie, gleichgültig ob sie diese zu eigenen Gunsten oder zugunsten Dritter beschneiden, in der Unantastbarkeit des Wesensgehalts ihre Grenze[233]. Gesetze, die typusbestimmende Selbstverwaltungsangelegenheiten auf den Bund oder die Länder übertragen oder privatisieren, sind verfassungswidrig.

b) Privatisierungsbeschlüsse der Gemeinde

Für die Problemstellung dieser Arbeit ist wesentlich die Frage, ob die Selbstverwaltungsgarantie des Art. 28 Abs. 2 GG auch Wirkungen auf Privatisierungen durch Gemeinderatsbeschlüsse äußert.

Zunächst ist festzuhalten, daß den Gemeinden im Bereich der freiwilligen Selbstverwaltungsangelegenheiten — nur auf die kommt es

[232] Ebenso BayVerfGH VGHE (n. F.) 13, 153 (161 f.) v. 18. 11. 1960; Emmelius, Diss., S. 132, S. 136; Lerche, Verfassungsfragen, S. 112.

[233] Vgl. auch Lerche, Verfassungsfragen, S. 108 f.

in diesem Zusammenhang an[234] — ein Eigeninitiativrecht und weitgehende Gestaltungsfreiheit zusteht[235]. Dazu zählt auch die Entscheidung, ob die Gemeinde eine bestimmte Einrichtung weiterhin als eigene betreiben oder ob sie diese Einrichtung privatisieren will[236]. Dieses gemeindliche Ermessen wird jedoch eingeschränkt durch wesentliche Verfassungsbestimmungen[237], z. B. durch das Sozialstaatsprinzip, den Gleichheitssatz des Art. 3 GG und das Bekenntnis zur Menschenwürde in Art. 1 GG, ebenso durch die Konkretisierungen dieser Verfassungsnormen in den Gemeindeordnungen durch die Vorschriften über die Pflicht zur Schaffung öffentlicher Einrichtungen. Damit wird der Unterschied zwischen kommunalen Pflichtaufgaben und sog. freiwilligen Selbstverwaltungsaufgaben weitgehend obsolet[238]. Im Bereich der kommunalen Daseinsvorsorge gibt es praktisch nur noch zwei unterschiedliche Kategorien von Pflichtaufgaben[239].

Zusätzlich wird die gemeindliche Entscheidungsfreiheit begrenzt durch die Garantie der kommunalen Selbstverwaltung in Art. 28 Abs. 2 GG. Im Recht auf Selbstverwaltung steckt auch ein Moment der Pflichtigkeit[240]. Ausgangspunkt dieser Feststellung ist die Überlegung, daß Art. 28 Abs. 2 GG gerade kein Grundrecht der Gemeinde ist, das diese nach Belieben ausüben kann oder nicht. Vielmehr soll durch Art. 28 Abs. 2 GG die Einrichtung der kommunalen Selbstverwaltung als solche erhalten werden. Die Institution „kommunale Selbstverwaltung" kann aber nicht nur durch staatliche Maßnahmen, etwa durch Privatisierungsgesetze, ausgehöhlt werden, sondern ebenso durch die Gemeinden selbst. Die Selbstverwaltung verändert ihr Wesen, wenn sich die Gemeinden wesensmäßiger, typusbestimmender Angelegenheiten entledigen[241]. Daraus folgt, daß es auch den Gemeinden selbst verwehrt ist, die Selbstverwaltung auszuhöhlen.

---

[234] Wenn die Gemeinde zur Errichtung bestimmter Einrichtungen gesetzlich verpflichtet ist, kann sie dazu notfalls mit aufsichtsbehördlichen Mitteln gezwungen werden, vgl. Körner, GO NW, § 18 Erl. 2; Kottenberg/Rehn, GO NW, § 18 Erl. I, 2; v. Loebell, GO NW, § 18 Erl. 1; Kunze/Schmid/Rehm, GO BW, § 10 Erl. II, 2 b.

[235] Vgl. Kottenberg/Rehn, GO NW, § 2 Erl. I, 3; v. Loebell, GO NW, § 2 Erl. 4 f.

[236] Körner, GO NW, § 18 Erl. 2; v. Loebell, GO NW, § 18 Erl. 1; Kunze/Schmid/Rehm, GO BW, § 10 Erl. II, 2 a; Zeiß, DÖV 1958, 201 (203); siehe auch BayVGH, BayVBl 1955, S. 59 v. 21. 6. 1954.

[237] Vgl. Reusch, Diss., S. 40 f.

[238] So auch E. Becker, in: Die Grundrechte IV, 2, 673 (717); Herbig, Die öffentlichen Einrichtungen im sozialen Rechtsstaat, S. 182; Stern, in: BK, Art. 28 Rdn. 92; Stern/Püttner, Die Gemeindewirtschaft, S. 153 f.

[239] Vgl. auch Fröhler/Oberndorfer, Die Gemeinde im Spannungsfeld des Sozialstaats, S. 28 f.

[240] So auch Stern, in: BK, Art. 28 Rdn. 92; Stern/Püttner, S. 153 f.

[241] Stern/Püttner, S. 153 f.

Tieferer Sinn der Selbstverwaltungsgarantie ist es, die Eigeninitiative und das Interesse an der Erledigung eigener Angelegenheiten bei den Organen der Gemeinde zu erhalten[242]. Wesentlicher Bestandteil der kommunalen Praxis ist die Schaffung und der Betrieb eigener Einrichtungen. Die schöpferische Initiative in diesem Bereich im Vergleich mit anderen Gemeinden ist eine der Triebfedern der kommunalen Selbstverwaltung. Die Inanspruchnahme fremder Einrichtungen läßt diese Kräfte verkümmern[243].

Zudem sind eigene Gemeindeeinrichtungen Voraussetzung für eine am Sozialstaatsprinzip orientierte Gemeindepolitik. Sie können planmäßig zur Gemeindeentwicklung eingesetzt werden; zu denken ist hier an gemeindeeigene Versorgungs- und Verkehrsbetriebe. Eigene soziale Einrichtungen ermöglichen eine vorausschauende Sozialpolitik. In ihnen kann die öffentliche Hand ihre gesellschaftspolitischen Vorstellungen und Konzepte, die sich im demokratischen Willensbildungsprozeß geformt haben, verwirklichen und so den gesellschaftlichen Fortschritt in Konkurrenz mit Einrichtungen Privater fördern. Es ist geradezu der historische Verdienst der Gemeinden, Vorreiter des sozialen Fortschritts gewesen zu sein und Daseinsvorsorgeeinrichtungen für ihre Einwohner geschaffen zu haben, vom Elektrizitätswerk bis zum Jugendheim. Öffentliche Einrichtungen stellen sich als ein Stück Grundrechtswirklichkeit im Sozialstaat dar[244]. Ohne eigene Einrichtungen können die Gemeinden ihre sozialstaatliche Verpflichtung zu planmäßiger gemeindlicher Infrastrukturpolitik nicht erfüllen.

Aus diesen Gründen gebietet das Pflichtigkeitsmoment der Selbstverwaltungsgarantie den Gemeinden, sich einen ausreichenden Eigenverantwortungsbereich zur Bestimmung der Gemeindeentwicklung zu erhalten[245]. Sie haben sich einen dirigierenden Einfluß auf die Gemeindeentwicklungsplanung und die Sozial-, Kultur- und Wirtschaftsförderung der Gemeindeeinwohner zu bewahren. Das bedingt die Vorhaltung eines genügenden Anteils eigener Einrichtungen. Nur so können die Gemeinden auch dem Grundsatz der „Einheit der örtlichen Verwaltung", der sich aus der Formulierung „alle Angelegenheiten der örtlichen Gemeinschaft" ergibt[246], gerecht werden.

Die Pflicht zur Erhaltung der Selbstverwaltung führt somit zu einer Ermessensbindung bei Privatisierungsbeschlüssen. Privatisierungen sind nur partiell zulässig[247].

---

[242] Vgl. die Stellungnahme der kommunalen Spitzenverbände, NDV 1963, 114 (117) und 118 (123).

[243] Kommunale Spitzenverbände (Fn. 242).

[244] Vgl. Häberle, VVDStRL 30, 43 (119); Herbig, S. 166.

[245] So auch Ossenbühl, VVDStRL 29, 137 (174 mit Fn. 166).

[246] Vgl. dazu Stern, in: BK, Art. 28 Rdn. 93; Gönnenwein, Gemeinderecht, S. 36.

[247] Ebenso Ossenbühl (Fn. 245).

3. Kommunale Daseinsvorsorge als Teil des Wesenskerns der Selbstverwaltung

Die kommunale Selbstverwaltung ist wesentlich bestimmt durch den Zweck der örtlichen Daseinsvorsorge. Dabei nimmt die kommunale Wirtschaftsbetätigung einen entscheidenden Platz ein. Zu fragen ist, wieweit die Daseinsvorsorge, namentlich die wirtschaftliche Betätigung der Gemeinden, vom Schutz des Art. 28 Abs. 2 GG umfaßt ist.

Wenn man die historische Entwicklung der deutschen Gemeinden betrachtet[248], dann fällt auf, daß das wirtschaftliche Veranstaltungswesen, besonders die gemeindeeigenen Verkehrs- und Versorgungsbetriebe, die kommunale Selbstverwaltung vor allem in den Städten maßgeblich geprägt hat. Auch heute besitzen die wirtschaftlichen Unternehmen innerhalb der gemeindlichen Selbstverwaltung einen festen Platz. Ohne eigene wirtschaftliche Betätigung hätte sich die gemeindliche Selbstverwaltung in Deutschland wesentlich anders entwickelt[249]. Daher bezieht die Selbstverwaltungsgarantie des Art. 28 Abs. 2 GG grundsätzlich auch die kommunale Wirtschaftsbetätigung mit ein, jedenfalls soweit sie der Erfüllung öffentlicher Zwecke dient und nicht rein erwerbswirtschaftliche Zwecke verfolgt[250].

Aus der wirtschaftspolitischen Neutralität des Grundgesetzes ist nichts Gegenteiliges zu entnehmen[251]. Ihr entspricht keine soziale Neutralität. Das Sozialstaatsprinzip verlangt die Wahrnehmung der Garantiefunktion notfalls durch eigene Einrichtungen der öffentlichen Hand, wozu auch wirtschaftliche Unternehmen zählen. Zudem ist bereits festgestellt, daß Art. 15 GG den öffentlichen Unternehmen einen gewissen Bestandsschutz vermittelt.

Art. 28 Abs. 2 GG begründet allerdings kein Ausschließlichkeitsrecht für die gemeindliche wirtschaftliche Betätigung[252], sichert den Gemein-

---

248 Siehe hierzu Stern/Püttner, S. 11 ff.; Stern, Die verfassungsrechtliche Position der kommunalen Gebietskörperschaften, S. 36 f.

249 Vgl. Stern (Fn. 248).

250 Ebenso E. Becker, in: Die Grundrechte IV, 2, 673 (721); Fick, Kommunalwirtschaft 1976, 37 (38); Gönnenwein, S. 55; F. Mayer, Allg. VerwR, S. 127; Merk, Gemeindliche Daseinsvorsorge in neuerer Sicht, S. 11; Scholz, DÖV 1976, 441 (442); Stern, in: BK, Art. 28 Rdn. 163; Stern/Püttner, S. 160 f. mit weiteren Hinweisen; Wolff/Bachof, VerwR II, S. 205 ff.; Zeiß, in: HKWP III, 611 (618); im Ergebnis auch BayVerfGH VGHE (n. F.) 10 II, S. 113 ff. v. 23. 12. 1957, allerdings mit der verfehlten Begründung, die Unternehmen der kommunalen Daseinsvorsorge seien keine wirtschaftlichen Unternehmen. Damit will der BayVerfGH zu einer verfassungskonformen Auslegung des Art. 75 Abs. 1 und 2 (a. F.) BayGO kommen. A. A.: Emmerich, Die kommunalen Versorgungsunternehmen, S. 21 f., S. 25 f.; ders., Das Wirtschaftsrecht, S. 100; Fischerhoff, DÖV 1957, 305 (314); ders., DÖV 1960, 41 (44).

251 So aber Emmerich, Die kommunalen Versorgungsunternehmen, S. 21 f.

252 So auch Kimminich, Verfassungsrechtliche Fragen, S. 26.

den jedoch ein Spontaneitätsrecht und schützt bestehende Unternehmen auf wirtschaftlichen Sektoren, die den Typus der Gemeinde entscheidend prägen[253]. Wieso gemeindliche Selbstverwaltung und wirtschaftliche Betätigung sich ausschließen sollen[254], und daher die letztere nicht dem Schutz des Art. 28 Abs. 2 GG unterliegen soll[255], ist nicht einzusehen. Wirtschaftliche Betätigung zur Erfüllung öffentlicher Zwecke ist essentieller Bestandteil der Selbstverwaltung. Darauf weist schon die Integration der kommunalen Verkehrs- und Versorgungsunternehmen in die gemeindliche Entwicklungsplanung hin.

Der Rahmen für die wirtschaftliche Betätigung der Gemeinden ist aus einer interpretatorischen Gesamtschau mit den sonstigen Vorschriften der Verfassung zu ermitteln[256]. Ob ein Subsidiaritätsprinzip anzuerkennen ist, das die wirtschaftliche Betätigungsfreiheit der Gemeinden begrenzt, ist gesondert zu untersuchen. Ein solches wäre wiederum im Lichte der Selbstverwaltungsgarantie zu interpretieren, die den nach historischer Entwicklung und aktuellen Tendenzen typusbestimmenden Gemeindeunternehmen besonderen Schutz verleiht.

Dem Art. 28 Abs. 2 GG kann allerdings kein genereller Schutz für alle Unternehmenszweige der kommunalen Wirtschaft oder gar für die gemeindliche Daseinsvorsorge als solche entnommen werden[257]. Dazu bestehen zwischen den einzelnen Unternehmen und den einzelnen Einrichtungen der gemeindlichen Daseinsvorsorge zu viele Unterschiede hinsichtlich der Entwicklung und Tendenzen. Daher ist für die einzelnen Gemeindeeinrichtungen gesondert zu prüfen, wieweit sie den Wesensgehalt der gemeindlichen Selbstverwaltung prägen[258]. Dabei ist zu beachten, daß der Betrieb eigener Gemeindeeinrichtungen auch dann zu den örtlichen Angelegenheiten gehört, wenn Nachbargemeinden davon ebenfalls profitieren, sofern nur der unmittelbare Bezug zu den örtlichen Instanzen gewahrt bleibt[259]. Es können durchaus Differenzierungen zwischen Gemeindegruppen (Städte, Landgemeinden, Hafenstädte, Kurorte usw.) vorgenommen werden[260]. Auch Einrichtungen, die nur einen bestimmten Gemeindetypus prägen, etwa Kureinrichtungen, können zum Wesensgehalt der Selbstverwaltung gehören[261].

---

253 Vgl. Stern, AfK 1964, 81 (90, 93).

254 So Emmerich, Die kommunalen Versorgungsunternehmen, S. 7 in Anlehnung an Fischerhoff, DÖV 1957, 305 (314) und DÖV 1960, 41 (44).

255 Sie oben Fn. 250 unter a. A.

256 Siehe auch Stern/Burmeister, Die kommunalen Sparkassen, S. 97.

257 So aber der BayVerfGH (Fn. 250); F. Mayer, Allg. VerwR, S. 127; Merk, S. 11.

258 Vgl. Stern/Püttner, S. 162; Kimminich, Verfassungsrechtliche Fragen, S. 22 f.

259 So Stern, in: BK, Art. 28 Rdn. 90; Scheuner, AfK 1973, 1 (24).

260 Stern/Püttner, S. 156.

261 Stern/Püttner, S. 155.

Es ist daher für die Frage der Vereinbarkeit einer Privatisierung mit Art. 28 Abs. 2 GG notwendig, die betreffende Gemeindeeinrichtung auf ihre Bedeutung für die kommunale Selbstverwaltung zu untersuchen.

B. Grenzen öffentlicher Betätigung – Das Subsidiaritätsprinzip

I. Allgemeines verfassungsrechtliches Subsidiaritätsprinzip

Nachdem bisher vorrangig untersucht worden ist, welche gebotene Tätigkeit der öffentlichen Hand sich aus den Bestimmungen des Grundgesetzes ergibt, soll nun nach den Grenzen öffentlicher Betätigung gefragt werden. Gegen eine weitgehende eigene Betätigung der öffentlichen Hand im sozialen und wirtschaftlichen Bereich wird das sog. Subsidiaritätsprinzip angeführt.

Die Formulierung des Subsidiaritätsprinzips stammt aus der Enzyklika „Quadragesimo anno" von Papst Pius XI aus dem Jahre 1931 und betont den Vorrang des Einzelmenschen vor der Gesellschaft und der kleineren gesellschaftlichen Einheit vor der weiteren und übergeordneten Gemeinschaft[262]. Daraus wird der Vorrang der Gesellschaft vor dem Staat konstruiert, der gegenüber den gesellschaftlichen Kräften nur subsidiär tätig werden dürfe[263]. Die Gesellschaft zeichne sich durch die größere Nähe zur Einzelperson aus.

Diese Auffassung interpretiert das Sozialstaatsprinzip restriktiv, indem sie vorrangig die gesellschaftlichen Kräfte zur Sozialgestaltung für zuständig erklärt und dem Staat das Recht zur Daseinsvorsorge erst zuerkennt, wenn alle anderen Instanzen versagt haben[264].

1. Die rechtliche Begründung des Subsidiaritätsprinzips

Die verfassungsrechtliche Geltung des Subsidiaritätsprinzips wird unterschiedlich begründet. So wird im Subsidiaritätsprinzip ein vor-

---

262 Quadragesimo anno Nr. 79, siehe in: Grundlach, Die sozialen Rundschreiben Leos XIII. und Pius XI., S. 113; darauf nimmt wörtlich Bezug die Enzyklika „Mater et magistra" Nr. 53, siehe in: Welty, Die Sozialenzyklika Papst Johannes' XXIII., S. 113.

263 Vgl. Dürig, JZ 1953, 193 (198); Kalkbrenner, in: Küchenhoff-Festschrift, 515 (524); Küchenhoff, NJW 1968, 433 (435); Maunz, Deutsches Staatsrecht, S. 70 f.; Rüthers, JuS 1970, 607 (608 f.); Wolff, VerwR III, S. 167.

264 Isensee, Subsidiaritätsprinzip und Verfassungsrecht, S. 272, S. 276, S. 280; Menger, DVBl 1960, 297 (299); Wolff/Bachof, VerwR I, S. 14 f.; Wolff, VerwR III, S. 168; Depenbrock, Die Stellung der Kommunen in der Versorgungswirtschaft, S. 73.

staatlicher überpositiver Rechtssatz[265], „ein allgemeines sozialphilosophisches Prinzip mit Rechtscharakter“[266] gesehen. Ausgangspunkt und Grundlage des Subsidiaritätsprinzips seien die „natürliche Lebensordnung und die Natur des Menschen als eines auf Selbstentfaltung, Selbstbetätigung und möglichst weitgehende Selbststeuerung angelegten Lebewesens“[267]. Nach dem Menschenbild des freiheitlich-demokratischen Kulturkreises sei dieses Recht des Menschen auf „Entfaltung und Selbstverwirklichung in Freiheit“ ein vorstaatliches Naturrecht, das allem positiven Recht vorgehe. Aus ihm sei das Subsidiaritätsprinzip unmittelbar abzuleiten[268], wobei nach einer Auffassung das Subsidiaritätsprinzip allein aufgrund seines Charakters als vorstaatliches Naturrecht unabhängig von seiner konkreten verfassungsrechtlichen Ausprägung jedem positiven Rechtssatz, auch Verfassungsnormen, vorgehen soll[269].

Teilweise wird auch das Bekenntnis des Grundgesetzes zur Menschenwürde, das betont personalistisch ausgedeutet wird, als Geltungsgrund des Subsidiaritätsprinzips genannt[270].

Weiterhin wird behauptet, das Subsidiaritätsprinzip habe mit der Regelung des Bund-Länder-Verhältnisses im Grundgesetz Eingang und Ausdruck in der Verfassung gefunden[271]. Dabei wird besonders auf den Vorrang der Länderexekutive bei Ausführung von Gesetzen in den Art. 83 - 85 GG und die Abgrenzung der Gesetzgebungskompetenzen hingewiesen. Art. 72 Abs.2 GG, auf den auch die Art. 75 und 105 GG verwiesen, enthalte sogar eine ausführliche Gestaltung von Subsidiaritätsvoraussetzungen[272]. Hinter dem förderalistischen Aufbau stehe der Gedanke, daß jeweils die dem Menschen am nächsten stehende Gemeinschaft die Zuständigkeitsvermutung für sich haben solle; erst wenn ihre

---

265 Kalkbrenner, S. 527; Küchenhoff, Staatsverfassung und Subsidiarität, S. 77 f.

266 Süsterhenn, in: Nawiasky-Festschrift, 141 (149).

267 Kalkbrenner, S. 524 f.; Küchenhoff, RdA 1960, 202 (210).

268 Kalkbrenner, S. 527.

269 So Kalkbrenner, S. 527 f.; so wohl auch Süsterhenn (Fn. 266). Oft wird jedoch nicht deutlich unterschieden, ob das Subsidiaritätsprinzip als Naturrecht nur in seiner im Grundgesetz konkretisierten Form gelten soll oder als überpositives Recht an sich, vgl. dazu Isensee, S. 221 Fn. 4 mit Nachweisen.

270 So Peters, AfK 1967, 5 (10, 13); Wertenbruch, Grundgesetz und Menschenwürde, S. 202.

271 Kalkbrenner, S. 529; Kipp, DÖV 1956, 555 (561); Küchenhoff, RdA 1959, 201 (202); ders., RdA 1960, 202 (210 Fn. 51); ders., NJW 1968, 433 (435); Maunz, Deutsches Staatsrecht, S. 70 f.; Wolff, VerwR III, S. 168; Wertenbruch, Grundgesetz und Menschenwürde, S. 54 f.; Menger, Der Begriff des sozialen Rechtsstaats, S. 28: Begrenzte Anerkennung des Subsidiaritätsprinzips.

272 Kipp. DÖV 1956, 555 (561); Küchenhoff, RdA 1959, 201 (202).

Mittel nicht ausreichten, dürfe die höhere Gemeinschaft tätig werden[273]. Daher wird auch die Garantie der kommunalen Selbstverwaltung in Art. 28 Abs. 2 GG als Ausfluß des Subsidiaritätsgedankens angesehen[274].

Das Subsidiaritätsprinzip soll auch in zahlreichen Grundrechten seinen Niederschlag gefunden haben. So sei die Subsidiarität staatlicher Einflußnahme und Tätigkeit festgelegt in Art. 2 Abs. 1 (hinsichtlich der dem einzelnen garantierten freien Entfaltung der Persönlichkeit), in Art. 6 Abs. 1, 2 und 3 (im Verhältnis zu Ehe und Familie vor allem betreffs Kindererziehung), in Art. 9 Abs. 1 und 3 (Sicherung der Rechte der privaten Vereine und Gesellschaften, besonders der wirtschaftlichen Vereinigungen, gegenüber dem Staat) und in Art. 19 Abs. 3 GG (bezüglich der juristischen Personen)[275].

Viele entnehmen die verfassungsrechtliche Anerkennung des Subsidiaritätsprinzips jedoch nicht einzelnen, bestimmten Normen, sondern der Gesamtschau der hier aufgeführten Verfassungsbestimmungen, also den genannten Grundrechten, den Vorschriften über das Bund-Länder-Verhältnis und der Garantie der kommunalen Selbstverwaltung in Art. 28 Abs. 2 GG[276]. Daneben wird auch das Rechtsstaatsprinzip als Geltungsgrund genannt[277].

Aus dem Subsidiaritätsprinzip wird eine Beschränkung der gemeindlichen Daseinsvorsorge zum Nutzen der Gemeindeeinwohner entnommen. Die Gemeinden dürften gegenüber den Privaten nur hilfsweise tätig werden[278]. Daher halten die Anhänger des Subsidiaritätsprinzips die Privatisierung gemeindlicher Aufgaben nicht nur grundsätzlich

---

[273] Küchenhoff, RdA 1960, 202 (210); Wertenbruch, Grundgesetz und Menschenwürde, S. 54 f.

[274] Küchenhoff, RdA 1959, 201 (202): geradezu als Anwendungsfall des Subsidiaritätsprinzips; E. Becker, in: Die Grundrechte IV, 2, 673 (732); Kalkbrenner, S. 529; Keßler, DVBl 1953, 1 (3); Maunz, Deutsches Staatsrecht, S. 70 f.; ders., in: Maunz/Dürig/Herzog, Art. 28 Rdn. 1; Menger, Der Begriff des sozialen Rechtsstaats, S. 28; Wolff, VerwR III, S. 168; weitere Hinweise bei Isensee, S. 240 Fn. 76.

[275] Kalkbrenner, S. 529; Küchenhoff, NJW 1968, 433 (435); Maunz, Deutsches Staatsrecht, S. 70 f.; Wolff, VerwR III, S. 168; Dürig, JZ 1953, 193 (198).

[276] Vgl. Kalkbrenner, S. 529; Maunz, Deutsches Staatsrecht, S. 70 f.: das Subsidiaritätsprinzip liege den betreffenden Vorschriften mittelbar zugrunde; Dürig, JZ 1953, 193 (198); ders., in: Maunz/Dürig/Herzog, Art. 1 Rdn. 54; Menger, Der Begriff des sozialen Rechtsstaats, S. 27 f.: begrenzte Anerkennung des Subsidiaritätsprinzips. Demgegenüber sieht Isensee im Grundgesetz kein durchgängiges innergesellschaftliches Subsidiaritätsprinzip (S. 264). Das Grundgesetz sei jedoch dem Subsidiaritätsprinzip gegenüber offen (S. 258). Dieses diene vor allem der Konkretisierung von Grundrechten, namentlich des Art. 2 Abs. 1 (S. 291), um „offene Flanken" gegenüber der Staatlichkeit abzudecken (S. 292). Es entfalte seine normative Kraft besonders in dem Verbot, von einem Gegenprinzip auszugehen (S. 280).

[277] Wolff, VerwR III, S. 167 f.

[278] Isensee, S. 272, S. 276, S. 280; Wolff/Bachof, VerwR I, S. 14 f.; Wolff, VerwR III, S. 167 f.; Depenbrock, S. 73 f.

für zulässig; es wird sogar aus dem Vorrang für die Privatheit eine Rechtspflicht zur Privatisierung öffentlicher Aufgaben gefolgert, wenn private gesellschaftliche Kräfte, einschließlich privater Unternehmen, bereit und in der Lage sind, diese Aufgaben zu übernehmen[279].

Was die wirtschaftliche Betätigung der öffentlichen Hand betrifft, sei das Subsidiaritätsprinzip für den Bereich der Gemeinden vorbildlich in § 67 DGO festgelegt[280]. Danach dürften die Gemeinden wirtschaftliche Unternehmen nur errichten, wenn „der öffentliche Zweck das Unternehmen rechtfertigt und dieser Zweck nicht besser und wirtschaftlicher durch einen anderen erfüllt wird oder werden kann". Wirtschaftliche Tätigkeit zur Verbesserung der Finanzkraft der öffentlichen Hand sei kein legitimer öffentlicher Zweck[281]. Der § 67 DGO sei für die wirtschaftliche Betätigung der öffentlichen Hand über den Gemeindebereich hinaus verallgemeinerungsfähig[282].

Das könne man den Grundrechten aus Art. 2 Abs. 1, Art. 12 Abs. 1 und Art. 14 GG entnehmen. Eine mehr als subsidiäre Betätigung der öffentlichen Hand, die zu Vermögenseinbußen Privater führe, stelle eine rechtswidrige Enteignung dar[283]. Sie verletze zudem die Freiheit der Berufsausübung für die gegenwärtigen Privatunternehmer und die Freiheit der Berufswahl für diejenigen, die erst in Zukunft den betreffenden Beruf ergreifen wollten[284]. Die im Rahmen der allgemeinen Handlungsfreiheit gem. Art. 2 Abs.1 GG geschützte Wettbewerbsfreiheit sei in ihrem Wesensgehalt verletzt, wenn die öffentliche Hand nach Belieben mit eigenen wirtschaftlichen Unternehmen, die dank der ungleich größeren Kapitalkraft des Staates stets im Vorteil wären, in Konkurrenz zur Privatwirtschaft treten würden[285]. Aus Art. 15 GG sei nichts Gegenteiliges zu entnehmen. Die Ausdehnung des öffentlichen Wirtschaftssektors durch Teilnahme der öffentlichen Hand am wirtschaftlichen Wettbewerb sei gegenüber einer Ausweitung durch Vergesellschaftung nicht ein minus, sondern ein aliud[286].

---

[279] Depenbrock, S. 83; Ipsen, NJW 1963, 2102 (2108) für die wirtschaftliche Betätigung der öffentlichen Hand; vorsichtig in diese Richtung: Nipperdey, Soziale Marktwirtschaft und Grundgesetz, S. 27; Dürig, in: Maunz/Dürig/Herzog, Art. 2 Abs. I Rdn. 52; Bedenken gegen ein Privatisierungsgebot äußert Isensee, S. 289.

[280] Dürig, in: Maunz/Dürig/Herzog, Art. 2 Abs. I Rdn. 52, Art. 19 Abs. III Rdn. 48; ders., JZ 1953, 193 (198); Ipsen, NJW 1963, 2102 (2107); Nipperdey, S. 26 mit Fn. 56.

[281] Dürig, in: Maunz/Dürig/Herzog, Art. 2 Abs. I Rdn. 52; Ipsen, NJW 1963, 2102 (2107); Nipperdey, S. 26.

[282] Siehe die Nachweise in Fn. 280.

[283] So Isensee, S. 288 f.

[284] Isensee, S. 288, S. 291; Hoffmann, DVBl 1964, S. 457.

[285] So Dürig (Fn. 281); Ipsen (Fn. 281); siehe auch Isensee, S. 287, S. 291; Nipperdey, S. 19 f.

[286] So Dürig (Fn. 281); vgl. auch Nipperdey, S. 26 f.

2. Die Rechtsprechungsmeinung

Die Rechtsprechung ist zur Geltung des Subsidiaritätsprinzips geteilter Meinung. Der Verfassungsgerichtshof von Rheinland-Pfalz hat angenommen, daß das Subsidiaritätsprinzip dem Grundgesetz zugrunde liegt[287]. Das Bundesverfassungsgericht hat die Geltung des Subsidiaritätsprinzips offen gelassen[288], das Bundesverwaltungsgericht hat sie abgelehnt[289].

3. Kritik der rechtlichen Begründung des Subsidiaritätsprinzips

Gegen die verfassungsrechtliche Geltung des Subsidiaritätsprinzips sind in der Tat einige Zweifel angebracht. So ist etwa der Versuch, das Subsidiaritätsprinzip im Verfassungskonvent von Herrenchiemsee durchzusetzen, gescheitert[290]. Als Naturrechtssatz kann das Subsidiaritätsprinzip keine unmittelbare Geltung beanspruchen. Zwar bekennt sich das Grundgesetz in Art. 1 Abs. 2 GG zu überpositiven Menschenrechten; die Naturrechtslehren sind jedoch, sobald der Boden fundamentaler Rechtssätze verlassen wird, zu unterschiedlich, als daß sie als Maßstab juristischer Beurteilung herangezogen werden können. Für die rechtliche Prüfung kommt als Maßstab nur das Grundgesetz selbst mit seinen konkretisierten Menschenrechten in Betracht[291].

Das Bund-Länder-Verhältnis kann nicht als Grundlage für die allgemeine Geltung des Subsidiaritätsprinzips angesehen werden. Der bundesstaatliche Aufbau des Grundgesetzes ist nicht der Ausfluß einer abstrakten Idee, sondern Ergebnis einer ganz bestimmten historischen Entwicklung[292]. So ist der deutsche Staat erst als Zusammenschluß souveräner Einzelstaaten entstanden; die bundesstaatliche Konstruktion des Grundgesetzes ist nicht unmaßgeblich beeinflußt vom Willen der Besatzungsmächte.

Auch die Garantie der kommunalen Selbstverwaltung in Art. 28 Abs. 2 GG ist kaum geeignet, die verfassungsrechtliche Geltung des Subsidiaritätsprinzips zu begründen[293]. Der Vorbehalt des Gesetzes

---

287 DVBl 1958, 359 (360) v. 18. 11. 1957.

288 BVerfGE 10, 59 (83) v. 29. 7. 1959; siehe auch BVerfGE 22, 180 v. 18. 7. 1967.

289 BVerwGE 23, 304 (306 f.) v. 25. 2. 1966; 39, 329 (338) v. 22. 2. 1972.

290 Vgl. Herzog, Der Staat 1963, 399 (412); Isensee, S. 143 f.; Lerche, JurA 1970, 821 (842 f.); Maunz, Deutsches Staatsrecht, S. 70; Zacher, Freiheit und Gleichheit, S. 81.

291 Vgl. BVerfGE 10, 59 (81) v. 29. 7. 1959; ähnlich Glaser, Diss., S. 71 ff., S. 86; im Ergebnis wohl auch Isensee, S. 221.

292 Ebenso Isensee, S. 239; Glaser, Diss., S. 101 f.

293 So auch Bull, Die Staatsaufgaben nach dem Grundgesetz, S. 197; Emmelius, Diss., S. 111; Glaser, Diss., S. 94 ff.; Hamann/Lenz, Einf. I D 7 4; Herzog (Fn. 290); Isensee, S. 241 ff.; Scholz, Das Wesen, S. 46; vorsichtiger: Stern, BK, Art. 28 Rdn. 2.

spricht dagegen, daß der Verfassungsgeber von der Vorstellung echter (naturbedingter) Nachrangigkeit von Bund und Ländern bezüglich der örtlichen Angelegenheiten ausgegangen ist. Vielmehr ging es darum, eine geschichtlich gewachsene Institution rechtlich abzusichern[294].

Mit den als Ausprägung des Subsidiaritätsprinzips bezeichneten Grundrechten wollte der Verfassungsgeber nur Detailregelungen schaffen[295]. Der Art. 6 GG soll der Familie besonderen Schutz gegenüber Eingriffen von außen vermitteln[296]. Die Vereinigungsfreiheit nach Art. 9 Abs. 1 GG und die Grundrechtsgarantie für juristische Personen gem. Art. 19 Abs. 3 GG sollen den privaten Zusammenschlüssen von Personen besonderen grundrechtlichen Schutz gewähren. Den frei gebildeten privaten Vereinigungen ist es überlassen, nach eigenem Gutdünken gemeinsame Zwecke zu verfolgen und ihre Rechte auch gegen den Staat durchzusetzen[297]. Damit soll nicht ausgeschlossen werden, daß die Menschen Gemeinschaftszwecke auch in solchen Institutionen verwirklichen, die juristisch zur Staatsorganisation gehören[298]. Eine Ausnahme bildet Art. 9 Abs. 3 GG, der die Tarifautonomie staatlicher Regelung entzieht[299]. Auf Art. 2 Abs. 1 GG wird später noch zurückzukommen sein.

Wollte man das Subsidiaritätsprinzip aus dem Bekenntnis des Grundgesetzes zur Menschenwürde herleiten, würde Art. 1 Abs. 1 GG a priori mit einem bestimmten ideologischen Gehalt gefüllt[300]. Das Grundgesetz ist jedoch als Kompromiß verschiedener weltanschaulicher Auffassungen entstanden[301]. Es läßt sich daher nicht einseitig auf die katholische Soziallehre zurückführen[302]. Mit den wirtschafts- und gesellschaftspolitischen Anschauungen von SPD und KPD im Parlamentarischen Rat ist die Anerkennung eines allgemeinen Subsidiaritätsprinzips schwerlich zu vereinbaren. Es ist deshalb davon auszugehen, daß das Grundgesetz ideologisch neutral ist[303]. Es sind nur „Konturen grundgesetzlicher Grundentscheidungen" zu erkennen[304], so in den individuellen Ausgrenzungen bestimmter Grundrechte.

---

[294] Stern (Fn. 293); Glaser, Diss., S. 96.

[295] Vgl. BVerwGE 23, 304 (306 f.) v. 25. 2. 1966; Scholz, Das Wesen, S. 47; Zacher, Freiheit und Gleichheit, S. 81.

[296] Vgl. Bull, S. 199.

[297] Vgl. dazu Bull, S. 201.

[298] So auch Bull, S. 201.

[299] Ebenso Bull, S. 202.

[300] Vgl. Isensee, S. 222.

[301] Vgl. Herzog, Der Staat 1963, 399 (415).

[302] So auch Herzog (Fn. 301); Lerche, JurA 1970, 821 (842 f.); ders., Verfassungsfragen, S. 26 f.

[303] Lerche, JurA 1970, 821 (842 f.); ders., Verfassungsfragen, S. 26 f.; Scholz, Das Wesen, S. 48.

[304] Lerche, Verfassungsfragen, S. 29.

Zudem ist ein subsidiäres Denken mit der tatsächlichen Entwicklung der spätkapitalistischen Industriegesellschaft nicht zu vereinbaren. Spätestens mit der Weltwirtschaftskrise um 1930 wurde deutlich, daß ohne staatliche Globalsteuerung von Wirtschaft und Gesellschaft weder die private Kapitalverwertung aufrechtzuerhalten ist noch die gesellschaftlichen Bedürfnisse zu befriedigen sind. Damit ist eine Beschränkung der öffentlichen Hand darauf, notdürftig hinter den Folgen freier Unternehmerwirtschaft hinterherzureparieren, nicht zu vereinbaren[305].

Es bedarf staatlicher Sozialgestaltung, einschließlich vorausschauender Sozialplanung, um für die Mehrheit der Bevölkerung reale Freiheit zu sichern. Freiheit kann in der Industriegesellschaft nicht mehr nur als Freiheit vom Staat verstanden werden, sondern verwirklicht sich ebenso in der Teilhabe am demokratischen, wirtschaftlichen und sozialen Prozeß. Wieso auch soll Art. 2 Abs. 1 GG nur die Unternehmerfreiheit schützen und nicht etwa die Selbstbestimmung der Arbeitnehmer?

Die Berufung auf das Subsidiaritätsprinzip dient oft weniger der Freiheit des einzelnen, die aktiver Gesellschaftspolitik des Staates als genossenschaftlicher Organisation seiner Bürger bedarf, als der Durchsetzung berufsständischer und verbandlicher, vor allem kirchlicher, Interessen im Gewande juristischer Argumentation[306].

Das Sozialstaatsprinzip in Verbindung mit Art. 3 GG verrechtlicht die Entwicklung des modernen Staates. Eine Umkehrung dieser Entwicklung durch ein striktes Subsidiaritätsprinzip bedeutet einen tendenziellen Verstoß gegen das Sozialstaatsprinzip.

II. Die wirtschaftliche Betätigung der öffentlichen Hand

Das Subsidiaritätsprinzip ist verschiedentlich gesetzlich festgeschrieben worden, so für die wirtschaftliche Betätigung der Gemeinden in den meisten Nachfolgebestimmungen des § 67 DGO mit unterschiedlicher Intensität[307]. Diese Vorschriften gelten vom Wortlaut her für die Neuerrichtung und wesentliche Erweiterung kommunaler Unternehmen. Fraglich ist, ob ihnen mittelbar auch ein Privatisierungsgebot für bestehende Unternehmen entnommen werden kann.

---

[305] Siehe hierzu auch Ellwein, Regierung als politische Führung, S. 80 f.; Fröhler/Oberndorfer, Die Gemeinde im Spannungsfeld des Sozialstaats, S. 42.

[306] So auch Rendtorff, Der Staat 1962, 405 (429 f.); Herzog, Der Staat 1963, S. 399; ähnlich Badura, Das Verwaltungsmonopol, S. 305.

[307] Vgl. § 89 Abs. 1 BayGO, § 108 Abs. 1 NGO, § 88 Abs. 1 GO NW, § 85 Abs. 1 GO Rh.-Pf., § 106 Abs. 1 KomSelbstVerwG Saar; lediglich auf die Erfüllung eines öffentlichen Zwecks und die eigene Leistungsfähigkeit stellen ab: § 106 Abs. 1 GO BW, § 121 Abs. 1 HGO und § 101 Abs. 1 GO SH.

Dazu sind einige allgemeine Bemerkungen über die Zulässigkeit wirtschaftlicher Betätigung der öffentlichen Hand zu machen. Die Absicherung der Finanzmonopole in Art. 105 Abs. 1, 106 Abs. 1 und 108 Abs. 1 S. 1 GG, die Vorschriften über den Übergang von Reichsvermögen und wirtschaftlichen Beteiligungen des ehemaligen Landes Preußen in Art. 134 und 135 GG und die Sozialisierungsermächtigung des Art. 15 GG zeigen, daß das Grundgesetz von der Zulässigkeit der wirtschaftlichen Betätigung der öffentlichen Hand ausgeht[308]. Gerade in Art. 134 und 135 GG ist von Privatisierung nicht die Rede. Art. 15 GG vermittelt sogar den gemeindlichen Versorgungs- und Verkehrsunternehmen einen gewissen Bestandsschutz[309]. Art. 28 Abs. 2 GG schützt die kommunalen Unternehmen, die nach historischer Entwicklung und heutigen Tendenzen das Bild der deutschen Gemeinde maßgeblich prägen.

Öffentliche Unternehmen, auch rein erwerbswirtschaftliche, nehmen ebenso wie private Unternehmen legitime Funktionen im Wirtschaftsbereich wahr. Sie sind mindestens potentiell nutzbar zu öffentlichen Zwecken, etwa zum Aufbau neuer Industrien, zur Infrastrukturplanung, zur Konjunkturpolitik, zur Arbeitsplatzbeschaffung, zum Aufbau von Gegenmachtpositionen gegenüber privaten Großkonzernen.

In einer Wettbewerbswirtschaft kann es kein verfassungsmäßiges Recht des Unternehmers auf risikofreie Betätigung und Beibehaltung seiner wirtschaftlichen Stellung geben[310]. Daher kann den Art. 2 Abs. 1, 12 Abs. 1 und 14 GG kein Schutz vor Konkurrenz der öffentlichen Hand entnommen werden[311]. Auf Bedenken könnte nur ein gezielter Verdrängungswettbewerb der öffentlichen Hand stoßen, bei dem unter Verstoß gegen Art. 3 GG den eigenen Unternehmen steuerliche Vorteile eingeräumt und Subventionen zugestanden werden[312]. Für eine derartige Sozialveränderung ist der Weg des Art. 15 GG vorgesehen.

Da ein allgemeines Subsidiaritätsprinzip für die wirtschaftliche Betätigung der öffentlichen Hand nicht gilt[313], kann dem § 67 DGO und

---

[308] Ebenso Bull, S. 276 ff.; Herzog, Der Staat 1963, 399 (415); Püttner, Die öffentlichen Unternehmen, S. 170 f.; siehe zu dem Problem auch H. H. Klein, Die Teilnahme, S. 146 ff.

[309] Siehe oben 2. Teil A VI.

[310] Vgl. BVerwGE 39, 329 (336 f.) v. 22. 2. 1972; Bull, S. 202 ff.

[311] BVerwG (Fn. 310); Bull, S. 204 ff. (v. a. S. 209); Herzog (Fn. 308); Püttner (Fn. 308); Thiele, Wirtschaftsverfassungsrecht, S. 162.

[312] Vgl. Rüfner, Formen öffentlicher Verwaltung, S. 213; Emmerich, Das Wirtschaftsrecht, S. 119 mit weiteren Nachweisen; ähnlich Püttner, Die öffentlichen Unternehmen, S. 158, S. 171; vgl. auch Thiele, S. 164.

[313] BVerwGE 39, 329 (338); Emmerich, Das Wirtschaftsrecht, S. 108 f.; Herzog (Fn. 308); H. H. Klein, Die Teilnahme, S. 164; Leisner, Werbefernsehen, S. 169 ff., S. 177; Rüfner, S. 212 f.; Thiele, S. 164.

seinen Nachfolgebestimmungen nicht ein mittelbarer Anruf zum Abbau bestehender kommunaler Unternehmen unterschoben werden. Daher betont auch der Runderlaß des Innenministers von Nordrhein-Westfalen vom 23. 6. 1953 zu § 69 GO NW (jetzt § 88 GO NW)[314], daß es selbstverständlich nicht der Sinn der betreffenden Vorschrift sei, die wirtschaftliche Betätigung der Gemeinden in dem Bereich einzuengen, in dem sie allgemeine Anerkennung gefunden habe. Anderenfalls wäre auch ein Verstoß gegen Art. 28 Abs. 2 und Art. 15 GG möglich.

Die Neuerrichtung und teilweise auch die Erweiterung wirtschaftlicher Unternehmen der Gemeinden sind allerdings Bedingungen unterworfen.

Als „wirtschaftliche Unternehmen" sind die Gemeindeeinrichtungen zu verstehen, die auch von einem Privatunternehmer mit der Absicht, Gewinne zu erzielen, betrieben werden können[315]. Hierunter fallen auch Regiebetriebe ohne rechtliche Selbständigkeit. Nicht dazu gehören Einrichtungen, die rein kulturellen und sozialen Zwecken dienen, also „Einrichtungen des Unterrichts-, Erziehungs- und Bildungswesens, der körperlichen Ertüchtigung, der Kranken-, Gesundheits- und Wohlfahrtspflege und öffentliche Einrichtungen ähnlicher Art", sowie „Unternehmen, zu denen die Gemeinde gesetzlich verpflichtet ist"[316].

Die Errichtung und Erweiterung kommunaler wirtschaftlicher Unternehmen ist an einen öffentlichen Zweck gebunden. Die Ausfüllung dieses Begriffs ist weitgehend der Gemeinde überlassen[317]. Mögliche öffentliche Zwecke sind beispielsweise Monopolkontrolle, Einbindung der kommunalen Unternehmen in die Stadtentwicklungsplanung, preisgünstige Versorgung der Bevölkerung mit Gas, Strom und Wasser[318].

III. Der außerwirtschaftliche Bereich der Daseinsvorsorge

Im außerwirtschaftlichen Bereich der Daseinsvorsorge ist in § 5 Abs. 3 JWG und § 10 Abs. 4 BSHG das Subsidiaritätsprinzip für die Jugend- und Sozialhilfe gesetzlich festgelegt. Im Schulwesen garantiert Art. 7 Abs. 4 GG die Einrichtung von Privatschulen. Auch im Bereich des kul-

314 Zitiert bei Kottenberg/Rehn, GO NW, § 88.

315 Vgl. BVerwGE 39, 329 (333) v. 22. 2. 1972; Kottenberg/Rehn, GO NW, § 88 Erl. I.

316 Vgl. § 88 Abs. 2 GO NW; ähnlich § 102 Abs. 3 GO BW, § 121 Abs. 2 HGO, § 108 Abs. 3 NGO, § 85 Abs. 2 GO Rh.-Pf., § 106 Abs. 2 KomSelbstVerwG Saar, § 101 Abs. 2 GO SH.

317 BVerwGE 39, 329 (333 f.).

318 Siehe zu möglichen öffentlichen Zwecken Püttner, Das Recht der kommunalen Energieversorgung, S. 36 ff.; Stern/Püttner, Die Gemeindewirtschaft, S. 64.

turellen Lebens bedarf es zur Sicherung der kulturellen Vielfalt der Förderung privater Initiativen[319].

Die Subsidiaritätsregeln in § 5 Abs. 3 JWG und § 10 Abs. 4 BSHG waren zu Beginn der sechziger Jahre Anlaß zu einer heftigen verfassungsrechtlichen Kontroverse. Anläßlich einer Verfassungsbeschwerde mehrerer Städte hat das Bundesverfassungsgericht die betreffenden Normen für verfassungsgemäß erklärt[320]. Damit sind jedoch nicht alle Zweifelsfragen ausgeräumt. Es stellt sich vor allem die Frage, ob diese Subsidiaritätsregelungen nicht im Einzelfall mit den Grundrechten aus Art. 2, 4 und 6 GG kollidieren können. Eine solche Kollision erscheint auch möglich, wenn gemeindliche Einrichtungen auf dem Gebiet des Schul-, Sozial- und Jugendwesens privatisiert werden durch Übertragung auf weltanschaulich gebundene Träger.

Der Art. 4 Abs. 1 GG schützt sowohl die Freiheit, „zu glauben oder nicht zu glauben, was man will" (Glaubens- und Gewissensfreiheit) als auch „die Freiheit, diesem Glauben oder Unglauben nach außen Ausdruck zu verleihen"[321]. Die Bekenntnisfreiheit ist vor allem auch eine Freiheit der weltanschaulichen Minderheit[322]. Diese Freiheit ist beeinträchtigt, wenn ein Bürger zur Sicherung seines sozialen Mindeststandards gezwungen wird, Einrichtungen weltanschaulicher Träger, namentlich der Kirchen, in Anspruch zu nehmen, die er ablehnt[323]. Ein solcher Zwang kann nicht nur unmittelbar, etwa durch Gesetz, ausgeübt werden, sondern auch mittelbar durch mehr faktische Maßnahmen, in dem sich der Staat zur Schaffung eigener weltanschaulich neutraler Einrichtungen zurückhält und stattdessen weltanschaulich gebundene Einrichtungen mit öffentlichen Mitteln fördert[324].

Das bedeutet nun nicht, daß der Staat verpflichtet ist, selbst Einrichtungen ganz bestimmter religiöser oder weltanschaulicher Prägung zu schaffen[325]. Insoweit bleibt der einzelne auf private Einrichtungen verwiesen. Der Staat kann aber weltanschaulich neutrale Einrichtungen zur Verfügung stellen.

Art. 6 Abs. 2 GG gewährleistet den Eltern „das Recht zur Erziehung ihrer Kinder in jeder, also auch in weltanschaulich-religiöser Hinsicht"[326].

---

[319] Siehe dazu Bull, S. 209 f.

[320] BVerfGE 22, 180 v. 18. 7. 1967.

[321] BVerwGE 7, 189 (194) v. 1. 8. 1958; vgl. auch Giese/Schunck, Art. 4 Anm. I; Hamann/Lenz, Art. 4 Anm. B 1; Herzog, in: Maunz/Dürig/Herzog, Art. 4 Rdn. 54 ff.; Lerche, Verfassungsfragen, S. 131.

[322] So Zacher, Freiheit und Gleichheit, S. 86; BVerfG, NJW 1976, 947 (948) v. 17. 12. 1975.

[323] Ebenso Lerche (Fn. 321); Ule, Zeitschrift für Sozialreform 1962, 637 (663).

[324] Siehe dazu auch Lerche (Fn. 321).

[325] Vgl. BVerfG, NJW 1976, S. 947 v. 17. 12. 1975.

[326] BVerfG (Fn. 325).

Dieses Recht ist verletzt, wenn der Staat die Eltern gegen ihren Willen wenn auch nur mittelbar zwingt, ihre Kinder bestimmten weltanschaulich geprägten Einrichtungen der Jugendpflege anzuvertrauen[327].

Weiterhin ist es mit dem Selbstbestimmungsrecht aus Art. 2 Abs. 1 GG nicht vereinbar, wenn der einzelne zum bloßen Objekt staatlicher Wohlfahrt herabgewürdigt wird, indem man ihm die Benutzung einer Einrichtung eines Trägers aufdrängt, dessen Weltanschauung von ihm abgelehnt wird.

Aus diesen Gründen sind verfassungsrechtliche Bedenken gegen die Subsidiaritätsregelungen des § 5 Abs. 3 JWG und § 10 Abs. 4 BSHG geäußert worden[328]. Diese Vorschriften lassen sich jedoch verfassungskonform auslegen. Ausgangspunkt sind die Normen, die bestimmen, daß den Wünschen der Personensorgeberechtigten bzw. der Anspruchsteller entsprochen werden soll (§ 3 Abs. 2 JWG und § 3 Abs. 2 BSHG). Daher verpflichtet § 5 Abs. 3 S. 3 JWG die öffentliche Jugendhilfe, bei Bedarf eigene Einrichtungen zu schaffen. Ebenso ist § 93 Abs. 1 S. 2 BSHG auszulegen. Wenn eine hinreichende Zahl von Anspruchstellern die bestehenden Einrichtungen freier Träger ablehnt, sind diese nicht geeignet und ausreichend zur Gewährung der Sozialhilfe[329].

Daher sind die Kommunen im Rahmen ihrer Leistungsfähigkeit verpflichtet, bei Bedarf gegenüber weltanschaulich gebundenen Sozial- und Jugendeinrichtungen eigene weltanschaulich neutrale Einrichtungen zu schaffen[330]. Diese Pflicht, wenigstens ergänzend eigene Einrichtungen zur Verfügung zu stellen, bildet auch die Grenze für die Privatisierung von Gemeindeeinrichtungen, auch über den Bereich der Jugend- und Sozialhilfe hinaus. Nur ein dringend öffentlicher Zweck, der auch finanziell begründet sein kann, an den aber strenge Anforderungen zu stellen sind, kann eine Privatisierung darüber hinaus zulassen. Dabei besteht jedoch die gemeindliche Pflicht, durch einen Öffentlichkeitsvertrag den Zugang für jedermann und die Beachtung der notwendigen weltanschaulichen Toleranz zu sichern. Näheres wird bei der Untersuchung der Privatisierung einzelner Gemeindeeinrichtungen zu sagen sein.

---

[327] Vgl. auch Zacher, Freiheit und Gleichheit, S. 98 f.

[328] So Lerche, Verfassungsfragen, S. 132 f.; Zacher, Freiheit und Gleichheit, S. 92, S. 98 f.; Fichtner, Zeitschrift für Sozialreform 1961, S. 321 ff.

[329] So auch Ule, Zeitschrift für Sozialreform 1962, 637 (662 ff.); Gottschick, Das Bundessozialhilfegesetz, § 93 Anm. 4; ähnlich Keese/Kursawe/Burucker, Sozialhilferecht, § 93 Anm. 2; vgl. auch Jans/Happe, JWG, § 5 Erl. 16, zu § 5 Abs. 3 S. 2 JWG.

[330] Gottschick, Das Bundessozialhilfegesetz, § 93 Anm. 3 b; Fichtner, Zeitschrift für Sozialreform 1961, 321 (339).

3. TEIL

Die rechtlichen, politischen und sozialen Folgen der Privatisierung

Nachdem geklärt ist, inwieweit die Verfassung den Umfang der gemeindlichen Tätigkeit und Verantwortung bestimmt, sind die rechtlichen, politischen und sozialen Folgen von Privatisierungen zu untersuchen und mit den verfassungsrechtlichen Geboten in Beziehung zu setzen.

A. Rechtliche Folgen einer Privatisierung

I. Verlust an Grundrechtsschutz

Es stellt sich die Frage, ob mit einer Privatisierung kommunaler Aufgaben ein Verlust an Grundrechtsschutz für den Bürger verbunden ist. Es geht vor allem um das Recht auf gleiche Teilhabe an und Zugang zu der angebotenen Leistung, also um die Anwendung des Gleichheitssatzes des Art. 3 GG.

1. Geltungsbereich der Grundrechte für die Tätigkeit der öffentlichen Verwaltung

Sofern eine Stelle der Verwaltung in öffentlich-rechtlichen Formen dem Bürger gegenübertritt, ist sie unstrittig gem. Art. 1 Abs. 3 GG an die Grundrechte gebunden. Die Verwaltung bedient sich jedoch zur Erfüllung ihrer Aufgaben auch privatrechtlicher Gestaltungsmittel. Gerade im Bereich der Leistungsverwaltung werden Beziehungen zu Benutzern von Gemeindeeinrichtungen oft privatrechtlich geregelt oder die Einrichtung wird von vornherein privatrechtlich organisiert. Hier ist umstritten, wieweit die Verwaltung die Grundrechte, namentlich den Gleichheitssatz des Art. 3 GG, zu beachten hat. Davon hängt die Frage des Grundrechtsverlustes bei Privatisierungen entscheidend ab.

Zunächst ist festzuhalten, daß die gleiche Teilhabe der Bürger an den staatlichen Leistungsveranstaltungen durch zahlreiche Spezialnormen des öffentlichen und privaten Rechts gesichert ist[1]. Nach den Gemeindeordnungen der Länder haben die Einwohner einen Anspruch auf die Benutzung der öffentlichen Einrichtungen einer Gemeinde[2]. Damit werden die meisten Gemeindeeinrichtungen erfaßt. Für die kommunalen Versorgungs- und Verkehrsbetriebe, für die bestritten ist, ob sie auch in privatrechtlicher Form eine öffentliche Einrichtung darstellen[3], gelten zusätzlich § 6 EnWG bzw. § 22 PBefG. Weiterhin ist hinzuweisen auf §§ 138, 826 BGB, §§ 22 ff. GWB, auf § 28 Abs. 2 SchulVG NW, nicht zuletzt auf Art. 85, 86 EWGV und Art. 4 b EGKSV. Zumindest soweit es sich um nationale Rechtsvorschriften handelt, ist in ihrem Geltungsbereich die Frage nach der unmittelbaren Grundrechtsbindung der öffentlichen Hand sekundär[4]. Diese Spezialnormen beanspruchen Anwendungsvorrang[5].

Soweit die Normen auch gegenüber der Privatwirtschaft gelten, ist ein Rechtsverlust infolge von Privatisierungen in ihrem Geltungsbereich nicht zu befürchten. Es handelt sich aber nur um einfach-gesetzliche Regelungen, die geändert werden können. Daneben ist die Frage des Grundrechtsschutzes wesentlich auch über das Gebot der Gleichbehandlung hinaus. Hinzuweisen ist auf Art. 4, 5 und 6 GG.

a) Das Problem der Drittwirkung

Sollte sich der Geltungsbereich der Grundrechte nicht auf das Verhältnis des Bürgers zum Staat beschränken, sondern auch die Rechtsverhältnisse der Bürger untereinander betreffen, wäre eine Bindung der Verwaltung in allen ihren Tätigkeitsformen zu bejahen. Dann würde sich allerdings auch das Problem des Rechtsverlusts bei einer Privatisierung gemeindlicher Einrichtungen nicht stellen.

Für eine unmittelbare Drittwirkung der Grundrechte hat sich *Nipperdey* ausgesprochen[6]. Zahlreiche Grundrechte seien nicht nur Abwehrrechte gegen den Staat, sondern ebenso Ordnungssätze und Grundsatznormen für die gesamte Rechtsordnung. Sie würden daher auch den Privatrechtsverkehr unmittelbar binden. Das sei zwar nur in Art. 9 Abs. 3 S. 2 GG ausdrücklich gesagt, gelte aber in erheblichem Maße

---

[1] Vgl. Ossenbühl, DÖV 1971, 513 (521).

[2] § 10 Abs. 2 S. 2 GO BW, Art. 21 Abs. 1 S. 1 BayGO, § 15 Abs. 1 Verfassung Bremerhaven, § 20 Abs. 1 HGO, § 22 Abs. 1 NGO, § 18 Abs. 2 GO NW, § 14 Abs. 2 GO Rh.-Pf., § 19 Abs. 1 KomSelbstVerwG Saar, § 18 Abs. 1 S. 1 GO SH.

[3] Siehe oben 1. Teil A I 3.

[4] Vgl. auch Ossenbühl, DÖV 1971, 513 (521).

[5] Ossenbühl (Fn. 4).

[6] Enneccerus/Nipperdey, AT I, S. 91 ff.

auch für andere Grundrechtsbestimmungen[7]. Der Auffassung Nipperdeys hat sich das Bundesarbeitsgericht angeschlossen[8].

Etwas differenzierter wird die Drittwirkung von *Leisner* bejaht[9]. Er nimmt eine uneingeschränkte Geltung der Grundrechte im vertraglichen Bereich nur soweit an, wie eine dem öffentlich-rechtlichen Überordnungsverhältnis entsprechende unentrinnbare Situation gegeben ist, etwa bei privaten Machtverhältnissen[10].

Die Lehre von der unmittelbaren Drittwirkung der Grundrechte wird heute überwiegend abgelehnt[11]. Anders als im Verhältnis des Bürgers zum Staat könnten sich im Privatrechtsverkehr alle Beteiligten mit Ausnahme der öffentlichen Hand auf Grundrechte berufen. Somit könne der grundrechtliche Schutz einer Partei eine Beeinträchtigung der anderen Partei in ihrer grundrechtlichen Freiheit bedeuten[12].

Die herrschende Meinung erkennt nur eine mittelbare Drittwirkung der Grundrechte an. Als Normen einer objektiven Wertordnung entfalteten sie ihre Wirkung im Privatrecht über dessen wertausfüllungsfähigen und -bedürftigen Begriffe und Generalklauseln[13].

Eine Sonderposition vertritt *Schwabe*[14]. Grundlage aller Drittwirkungslehren sei die Ausrichtung an dem Dualismus öffentliches — privates Recht. Das sei jedoch verfehlt. Es gebe nur eine einzige Grundrechtsgeltung im öffentlichen und privaten Recht. Gem. Art. 1 Abs. 3 GG wirkten die Grundrechte gegenüber jeglicher Erscheinungsform der Rechtsmacht des Staates[15]. Das Ausmaß der Geltung der Grundrechte

---

[7] Enneccerus/Nipperdey, AT, S. 93.

[8] BAGE 1, 185 (191 ff.) v. 3. 12. 1954; 4, 240 (242 f.) v. 23. 3. 1957; 4, 274 (276 ff.) v. 10. 5. 1957; 13, 168 (174 ff.) v. 29. 6. 1962; BAG, NJW 1973, S. 77 f. v. 28. 9. 1972.

[9] Grundrechte und Privatrecht.

[10] Leisner, Grundrechte und Privatrecht, S. 206 f., S. 378 ff.; ähnlich auch Ballerstedt, in: Die Grundrechte III, 1, 1 (56 ff.), der eine analoge Anwendung von Grundrechten gegenüber privater Macht vertritt, was er der aus dem Sozialstaatsgedanken entwickelten Sozialpflichtigkeit der Bürger entnimmt.

[11] BVerfGE 7, 198 (204) v. 15. 1. 1958; 30, 173 (199) v. 24. 2. 1971; Dürig, in: Maunz/Dürig/Herzog, Art. 1 Abs. III Rdn. 128 ff.; Emmerich, Das Wirtschaftsrecht, S. 125 ff.; Gubelt, in: v. Münch, GG, Art. 3 Rdn. 2; Hamann, in: Hamann/Lenz, Art. 1 Anm. A 1 b, Art. 2 Anm. A 4, Vorbem. Grundrechte, Anm. 4 (anders dagegen Lenz, in: Hamann/Lenz, Art. 3 Anm. A 4); Herdemerten, in: v. Münch, GG, Art. 1 Rdn. 40; Löw, DÖV 1957, 879 (880); v. Mangoldt/Klein, Vorbem. Grundrechte, Anm. A II, 4; Maunz, Deutsches Staatsrecht, S. 110 f.; Niemöhlmann, in: v. Münch, GG, Art. 2 Rdn. 14; differenzierter Hesse, Grundzüge, S. 148 ff.

[12] Vgl. Hesse, Grundzüge, S. 149; Dürig, in: Maunz/Dürig/Herzog, Art. 1 Abs. III Rdn. 130; Löw (Fn. 11); Maunz (Fn. 11).

[13] BVerfGE 7, 198 (205); Dürig, in: Maunz/Dürig/Herzog, Art. 1 Abs. III Rdn. 132; Gubelt (Fn. 11); Maunz (Fn. 11); Niemöhlmann (Fn. 11); weitere Hinweise bei Emmerich, Das Wirtschaftsrecht, S. 127.

[14] Die sog. Drittwirkung der Grundrechte.

[15] Schwabe, Die sog. Drittwirkung, S. 26 ff., S. 154 f.

im Zivilrecht sei einer Güter- und Interessenabwägung in Verbindung mit dem Grundsatz der Erforderlichkeit zu entnehmen[16].

Wenn die rechtlichen Folgen der Privatisierung kommunaler Aufgaben untersucht werden, so darf zunächst die Rechtspraxis nicht außer acht gelassen werden. Daher ist insoweit die herrschende Meinung zu bedenken, die eine unmittelbare Drittwirkung der Grundrechte ablehnt.

Unabhängig davon ist festzustellen, daß die Grundrechte als subjektiv-öffentliche Rechte an die öffentliche Gewalt gerichtet sind. Bei unmittelbarer Privatrechtsgeltung kann es zu Grundrechtskollisionen kommen, für deren Auflösung keine verfassungsrechtlichen Institute bereitstehen. Die Vertragsfreiheit als Ausfluß der allgemeinen Handlungsfreiheit des Art. 2 Abs. 1 GG kollidiert mit dem Gleichbehandlungsgebot aus Art. 3 GG. Wäre jedermann zur Gleichbehandlung aller seiner Mitbürger verpflichtet, so müßte ein Kaufmann mit jedem Kunden zu gleichen Bedingungen abschließen. Von einer Entscheidung über das Ob und Wie der vertraglichen Bedingungen könnte keine Rede sein. Das wäre das Ende jeden Wettbewerbs und jeder Privatautonomie[17].

Es soll nicht verkannt werden, daß in weiten Bereichen des Privatrechtsverkehrs die Privatautonomie eine Fiktion ist. Hier gibt es kein gegenseitiges Aushandeln der Vertragsbedingungen, sondern ein einseitiges Diktat des wirtschaftlich Mächtigen[18]. Gerade hier bieten sich die Generalklauseln des Zivilrechts an, um den privaten Mächten Grenzen zu setzen. Die Kriterien der privaten Macht allein oder der Unentrinnbarkeit sind zu unbestimmt, um klare Abgrenzungskriterien für die Privatrechtsgeltung der Grundrechte zu bieten[19]. Auch der Sondermeinung Schwabes ist vorzuwerfen, daß sie zu Rechtsunsicherheit führt. Niemand weiß genau, ob bei dem von ihm getätigten Rechtsgeschäft die Grundrechte nun gelten oder nicht. Daher ist eine unmittelbare Grundrechtsgeltung im Privatrecht abzulehnen. Die Lehre von der mittelbaren Drittwirkung erscheint am besten geeignet, die Wertvorstellungen des Grundgesetzes auch im Privatrechtsverkehr zur Geltung zu bringen und dem einzelnen Schutz vor rechtswidriger Ausübung wirtschaftlicher und sozialer Macht zu vermitteln.

Somit ist mit einem Verlust an Grundrechtsschutz für die Bürger zu rechnen, wenn Einrichtungen der öffentlichen Hand privatisiert werden, die einer Grundrechtsbindung unterlagen. Wie weit dieser Verlust reicht, hängt von der Frage ab, ob wenigstens die öffentliche

---

[16] Schwabe, Die sog. Drittwirkung, S. 157.

[17] Vgl. Emmerich, Das Wirtschaftsrecht, S. 130; Dürig, in: Maunz/Dürig/Herzog, Art. 1 Abs. III Rdn. 129; siehe auch Hesse, Grundzüge, S. 149 f.

[18] So auch Emmerich, Das Wirtschaftsrecht, S. 131.

[19] So schon Emmerich, Das Wirtschaftsrecht, S. 126.

Hand bei jeglicher privatrechtlicher Betätigung an die Grundrechte gebunden ist.

b) Die Fiskalgeltung der Grundrechte — Verwaltungsprivatrecht

Die generelle Grundrechtsbindung der öffentlichen Hand wird vielfach vertreten[20]. Dabei wird die Identität von Staat und Fiskus betont[21]. Fiskus sei nur der Name für den privatrechtlich handelnden Staat. Dieser habe keine „Privatangelegenheiten“ und keine Persönlichkeit, die er im Sinne des Art. 2 Abs. 1 GG frei entfalten könne[22]. Er könne daher keine Privatautonomie beanspruchen[23]. Dafür gebe die Verfassung nichts her[24]. Der Staat könne nur grundrechtsgebunden handeln, was sich aus Art. 1 Abs. 3 GG unmittelbar ergebe[25]. Ansonsten würde das Privatrecht das „Mittel zur Aushöhlung der Verfassung“[26]. Eine solche generelle „Flucht aus dem Verfassungsrecht“ sei unzulässig[27]. Zudem sei auch bei rein erwerbswirtschaftlicher Betätigung und beim Abschluß fiskalischer Hilfsgeschäfte die Möglichkeit des Staates zu bedenken, dadurch sozial- und wirtschaftslenkend einzugreifen[28].

Zeidler will die generelle Grundrechtsbindung der öffentlichen Hand durch die verfassungsrechtliche Erlaubnis mildern, im bestimmten Rahmen nach Strukturprinzipien der freien Wirtschaft zu verfahren[29].

Gegen eine durchgängige Fiskalgeltung der Grundrechte, namentlich auch für die öffentlichen Unternehmen der Daseinsvorsorge, hat sich *Emmerich* ausgesprochen. Die Vorschriften des GWB, vor allem das Diskriminierungsverbot gem. § 26 Abs. 2 GWB, das auch für Versorgungs- und Verkehrsunternehmen gelte, reichten aus; eine zusätzliche Bindung an den verfassungsrechtlichen Gleichheitssatz sei entbehrlich[30].

---

[20] Vgl. Giese/Schunck, Art. 1 Anm. II, 6; Hamann/Lenz, Vorbem. Grundrechte, Anm. 3, Art. 20 Anm. B 9 a; Herdemerten, in: v. Münch, GG, Art. 1 Rdn. 39; Schnapp, in: v. Münch, GG, Art. 20 Rdn. 40; Hesse, Grundzüge, S. 146 f.; Löw, DÖV 1957, 879 (880 f.); Mallmann, VVDStRL 19, 165 (201 f., 207 These 10); Zeidler, VVDStRL 19, 208 (220 f., 225 ff., 241).

[21] So Mallmann, VVDStRL 19, 165 (196 f.).

[22] Mallmann (Fn. 21).

[23] So Zeidler, VVDStRL 19, 208 (229); Mallmann (Fn. 21); Hesse, Grundzüge, S. 147.

[24] Zeidler, VVDStRL 19, 208 (220); siehe auch Hesse, Grundzüge, S. 146 f.; Schnapp (Fn. 20).

[25] Zeidler, VVDStRL 19, 208 (225 ff.); Mallmann, VVDStRL 19, 165 (194 ff.); Hesse, Grundzüge, S. 147.

[26] Zeidler, VVDStRL 19, 208 (230).

[27] Zeidler (Fn. 26).

[28] Vgl. Herdemerten (Fn. 20).

[29] Zeidler, VVDStRL 19, 208 (233); im Ergebnis ähnlich Hesse, Grundzüge, S. 146.

[30] Emmerich, Das Wirtschaftsrecht, S. 132 ff.; ders., Die kommunalen Versorgungsunternehmen, S. 44 f.; ders., JuS 1970, 332 (337 f.).

Entgegen der Meinung von Emmerich erfassen die spezialgesetzlichen Bestimmungen nur einen Teilbereich der möglichen Grundrechtsgeltung bei fiskalischer Betätigung der öffentlichen Hand[31]. So reicht das Diskriminierungsverbot des § 26 Abs. 2 GWB weniger weit als das Recht auf gleiche Teilhabe an Leistungen der öffentlichen Hand aus Art. 3 GG. Auch auf Art. 4, 5 und 6 GG ist hinzuweisen. Daher ist die Gefahr einer Flucht der öffentlichen Hand ins Privatrecht nicht von der Hand zu weisen, wenn sie dadurch ihre öffentlich-rechtlichen Bindungen abstreifen kann. Durch unmittelbare Bindung an die Grundrechte auch bei privatrechtlicher Betätigung der öffentlichen Hand kann dieser Gefahr begegnet werden.

Es ist aber auch zu bedenken, daß eine generelle Bindung der öffentlichen Hand bei fiskalischer Betätigung zu einer weitgehenden Einengung der Handlungsfreiheit im Privatrechtsverkehr führen kann[32]. Wenn die öffentliche Hand fiskalische Hilfsgeschäfte tätigt, um ihren Verwaltungsbedarf zu decken, oder in Konkurrenz mit Privaten wie ein Privater am Wirtschaftsverkehr teilnimmt, nimmt sie regelmäßig ihre spezifische Machtüberlegenheit gegenüber den Privaten nicht in Anspruch[33]. Hier werden grundsätzlich auch keine unmittelbaren Verwaltungszwecke verwirklicht. Bei solcher Art von Teilnahme am Privatrechtsverkehr muß der öffentlichen Hand die Dispositionsfreiheit belassen bleiben. Diese Betätigung wird vom Begriff der vollziehenden Gewalt in Art. 1 Abs. 3 GG nicht umfaßt[34].

Eine Bindung der öffentlichen Hand an die Grundrechte ist aber dann zu bejahen, wenn die öffentliche Hand in Formen des Privatrechts unmittelbar materiell-öffentliche Verwaltung betreibt (sog. Verwaltungsprivatrecht)[35] oder wenn sie gegenüber dem Bürger unabhängig von der Verfolgung öffentlicher Zwecke eine dem öffentlich-rechtlichen Überordnungsverhältnis ähnliche Machtstellung einnimmt[36]. Das ist der Fall, wenn die öffentliche Hand eine rechtliche oder fak-

---

31 Vgl. Rüfner, Formen öffentlicher Verwaltung, S. 367 f.

32 Vgl. H. H. Klein, Die Teilnahme, S. 166; Wertenbruch, JuS 1961, 105 (108 f.); siehe auch Ossenbühl, DÖV 1971, 513 (520).

33 Vgl. H. H. Klein, Die Teilnahme, S. 227.

34 Schmidt-Bleibtreu/Klein, Art. 19 Rdn. 24.

35 BGHZ 29, 76 (80) v. 10. 12. 1958; 33, 230 (233) v. 26. 10. 1960; 36, 91 v. 26. 10. 1961; 52, 325 (328 f.) v. 23. 9. 1969; BGH, NJW 1976, S. 709 v. 26. 11. 1975; OVG Münster, DVBl 1959, 103 v. 14. 5. 1958; Bender, Staatshaftungsrecht, S. 153 Rdn. 405; Hesse, AöR 77, S. 167; H. H. Klein, Die Teilnahme, S. 23 ff.; Krüger, DVBl 1955, 380 (384); Kruschke, DÖV 1971, 694 (695); Lepsien, Diss., S. 129; Ossenbühl, DÖV 1971, 513 (520); Schmidt-Bleibtreu/Klein, Vorbem. vor Art. 1 Rdn. 9, Art. 19 Rdn. 24; Siebert, in: Niedermeyer- Festschrift, 215 (240); Soergel/Siebert/Glaser, § 839 Rdn. 28 f., Rdn. 89; Wertenbruch, JuS 1961, 105 (109 f.); Wolff/Bachof, VerwR I, S. 108 f.

36 Siehe dazu Bachof, Diskussionsbeitrag in: VVDStRL 19, S. 259 f.

tische Monopolstellung innehat[37], wenn sie z. B. als Anbieter oder Nachfrager wirtschaftlicher Produkte den Markt beherrscht[38]. Dann kann sie sich der Grundrechtsbindung nicht entziehen.

Um den Geltungsbereich des Verwaltungsprivatrechts deutlich von der sonstigen privatrechtlichen Betätigung der öffentlichen Hand abzugrenzen, soll der Begriffsbestimmung von *Wolff/Bachof*[39] gefolgt werden. Danach ist die öffentliche Hand auch bei privatrechtlicher Betätigung dann an die Grundrechte gebunden, wenn sie einen durch öffentlich-rechtliche Aufgabenbestimmung festgelegten öffentlichen Zweck verfolgt. Die öffentlich-rechtliche Aufgabenbestimmung kann durch Rechtssatz (z. B. § 18 GO NW), Verwaltungsakt oder aufgrund der Bereitstellung von Mitteln zu besonderen öffentlichen Zwecken erfolgen[40].

aa) Privatrechtlich organisierte Unternehmen der öffentlichen Hand

Fraglich ist, ob Verwaltungsprivatrecht auch für die Rechtsverhältnisse privatrechtlich organisierter Unternehmen gilt, durch die ein Träger öffentlicher Verwaltung unmittelbar öffentliche Zwecke verfolgt.

Püttner geht von der rechtlichen Selbständigkeit dieser Unternehmen aus und lehnt eine Grundrechtsverpflichtung der Unternehmen als solche ab[41]. Grundrechtsgebunden sei vielmehr die öffentliche Körperschaft in ihrer Rolle als Gesellschafter. Sie unterliege einer „Pflicht zur Einwirkung" auf ihr gehörende Gesellschaften, um grundrechtskonformes Verhalten der Gesellschaften im Verhältnis zum Bürger durchzusetzen[42].

Zumindest für die Eigengesellschaften, die unmittelbar in die institutionalisierte Staatlichkeit integriert sind (z. B. durch die Vorschriften des Kommunalrechts) erscheint eine nur mittelbare Bindung an die Grundrechte über die Gesellschafterstellung der öffentlichen Hand nicht gerechtfertigt. Solche Gesellschaften sind als mit ihrem Gesellschafter identisch zu behandeln[43]. Sie sind ebenso grundrechtsverpflichtet wie das Muttergemeinwesen selbst bei unmittelbarer Verfolgung öffentlicher Zwecke in Privatrechtsformen[44]. Nur so kann einer „Flucht aus dem Verfassungsrecht" bei Erfüllung öffentlicher Aufgaben wirksam begegnet werden.

---

[37] So auch Bachof, VVDStRL 12, 37 (63 f.).

[38] Vgl. H. H. Klein, Die Teilnahme, S. 24.

[39] VerwR I, S. 108.

[40] Vgl. Wolff, VerwR I, 7. Aufl., S. 99.

[41] Die öffentlichen Unternehmen, S. 153, S. 318, S. 352.

[42] Püttner (Fn. 41); näheres zur Einwirkungspflicht in: DVBl 1975, S. 353 ff.

[43] So Rüfner, S. 416.

[44] Vgl. BGHZ 52, 325 (328 f.) v. 23. 9. 1969; Kruschke, DÖV 1971, 694 (695); Rüfner, S. 416 f.; Wolff/Bachof, VerwR I, S. 109.

Demnach unterliegen die gemeindlichen Eigengesellschaften der Grundrechtsbindung, soweit sie bewußt im Rahmen der gemeindlichen Allzuständigkeit für den örtlichen Wirkungsbereich zur Förderung des Wohls der Einwohner eingesetzt werden.

bb) Gemischt-wirtschaftliche Unternehmen

Strittige Fragen bestehen auch hinsichtlich der Grundrechtsverpflichtung gemischt-wirtschaftlicher Unternehmen, durch die die öffentliche Hand öffentliche Zwecke zu verwirklichen sucht. Dieses Problem war Gegenstand einer heftigen Diskussion auf der Staatsrechtslehrertagung 1960[45]. Dort hat *Zeidler* vorgeschlagen, eine Grundrechtsbindung anzunehmen, wenn sich die kapitalmäßige Majorität bei der öffentlichen Hand befände[46].

Dagegen ist jedoch einzuwenden, daß die öffentliche Hand bei gemischt-wirtschaftlichen Unternehmen nur mittelbar und in Zusammenarbeit mit privaten Kapitaleignern versuchen kann, ihren öffentlichen Zwecken gerecht zu werden. Diese Unternehmen sind nicht im gleichen Maße wie die Eigengesellschaften dem öffentlichen Interesse gewidmet. Die Gewinnerzielungsabsicht steht im Vordergrund[47]. Zudem sind die Machtverhältnisse in diesen Gesellschaften schwer für Außenstehende zu erkennen. Daher ist eine unmittelbare Grundrechtsbindung der gemischt-wirtschaftlichen Unternehmen abzulehnen[48]. Grundrechtsgebunden sind nur die kommunalen und staatlichen Anteilseigner. Sie unterliegen einer besonderen Einwirkungspflicht gegenüber den Unternehmen. Soweit ihr Einfluß reicht, haben sie grundrechtskonformes Verhalten sicherzustellen[49].

Somit kann zusammengefaßt werden: Die öffentliche Hand ist auch bei Betätigung in Privatrechtsformen einschließlich des Einsatzes von Eigengesellschaften an die Grundrechte gebunden, wenn sie einen durch öffentlich-rechtliche Aufgabenbestimmung festgelegten Zweck verfolgt oder eine Monopolstellung als Anbieter oder Nachfrager wirtschaftlicher Leistungen innehat. Bei gemischt-wirtschaftlichen Unternehmen besteht für die öffentliche Hand eine besondere Einwir-

---

[45] VVDStRL 19, S. 250 ff.

[46] VVDStRL 19, S. 253; H. H. Klein will im Bereich der Daseinsvorsorge eine Grundrechtsbindung gemischt-wirtschaftlicher Unternehmen annehmen, wenn die Gemeinde einen beherrschenden Einfluß auf die Geschäftsführung ausübt (Die Teilnahme, S. 93 f.); ähnlich Wolff/Bachof, VerwR I, S. 109.

[47] Vgl. Rüfner, S. 418.

[48] Ebenso Rüfner, S. 418; Bettermann und Dürig, VVDStRL 19, S. 250 ff.; Emmerich, Das Wirtschaftsrecht, S. 125; ders., JuS 1970, 332 (334); Püttner, Die öffentlichen Unternehmen, S. 152 ff., S. 318, S. 352; Schaumann, JuS 1961, 110 (115).

[49] Vgl. Rüfner, S. 418.

kungspflicht. Demnach droht dem Bürger ein Verlust von Grundrechtsschutz jedenfalls dann, wenn derlei Verwaltungsagenden privatisiert werden, indem sie einem Privaten zu eigener Entscheidung und Verantwortung übertragen werden.

2. Besondere Privatisierungsformen

Ob ein Grundrechtsverlust auch eintritt, wenn die Übertragung kommunaler Aufgaben im Wege der Konzessionsvergabe erfolgt oder wenn kommunale Aufgaben lediglich zur technischen Durchführung auf Private übertragen werden, ist gesondert zu untersuchen.

a) Übertragung kommunaler Aufgaben lediglich zur privaten Durchführung

Sollten Private, denen öffentliche Aufgaben nur zur technischen Durchführung übertragen sind, grundrechtsverpflichtet sein, wäre ein Verlust an Grundrechtsschutz für den Bürger bei dieser Form der Privatisierung nicht zu befürchten.

Die Ansichten über die Grundrechtsbindung solcher privater Verwaltungshelfer sind geteilt. Manche sehen den privaten Verwaltungshelfer in die Staatsorganisation integriert. Er verkörpere dadurch selbst ein Stück Staat und sei auch den staatlichen Pflichten unterworfen[50]. Andere wollen eine Grundrechtsbindung Privater nur annehmen, wenn ihnen spezifisch öffentlich-rechtliche Befugnisse übertragen sind[51]. So sei der private Müllabfuhrunternehmer schon deshalb nicht in die Verwaltung integriert, weil die Gemeinde nicht Herr des Unternehmens sei, so beispielsweise die Betriebseinstellung nicht verhindern könne[52].

Der Einsatz nicht beliehener Privater lediglich zur technischen Durchführung öffentlicher Aufgaben bei bestehender öffentlicher Verantwortung beruht auf privatrechtlichem Vertrag. Der Private übernimmt die Durchführung zu eigenem Vorteil und ist nicht vorrangig auf öffentliche Zwecke orientiert. Daher ist er nicht so in die Verwaltung eingebunden, daß er als „vollziehende Gewalt" im Sinne des Art. 1 Abs. 3 GG charakterisiert werden kann. Er ist folglich nicht grundrechtsverpflichtet. Grundrechtsgebunden ist die öffentliche Hand im Rahmen ihrer Verantwortung für die Erfüllung der betreffenden Aufgabe.

---

[50] So Ossenbühl, VVDStRL 29, 137 (192 f.); Wolff/Bachof, VerwR I, S. 109 für das Beispiel der Müllabfuhr durch private Unternehmer mit Benutzungszwang.

[51] Gallwas, VVDStRL 29, 211 (216 f.).

[52] So H. H. Klein, Die Teilnahme, S. 93.

b) Übertragung kommunaler Aufgaben im Wege der Konzessionsvergabe

Dem Bürger droht kein Verlust an Grundrechtsschutz, wenn der Private, dem eine Konzession zur Aufnahme eines bestimmten Straßenbahn-, O-Bus- oder Kraftfahrzeuglinienverkehrs oder zur Versorgung eines bestimmten Gebietes mit Energie erteilt wird, ein beliehener Unternehmer ist. Der Beliehene ist als Glied oder Organ öffentlicher Verwaltung an die Grundrechte gebunden[53].

Huber sieht in den Konzessionen der privaten Energieversorgungsunternehmen und der Klein- und Straßenbahnen einschließlich ihrer Wegeprivilegien Fälle einer Beleihung[54]. Unter Beleihung versteht Huber die Übertragung bestimmter Aufgaben und Befugnisse der öffentlichen Verwaltung auf Private in Zusammenhang mit deren unternehmerischer Wirtschaftstätigkeit[55]. Als Unterfall der Beleihung erscheint ihm die Konzession, die eine öffentlich-rechtliche Befugnis darstelle, eine wirtschaftliche Tätigkeit auszuüben, für die die öffentliche Hand ein Verleihungsrecht besitze[56].

Zunächst ist zu Hubers Auffassung anzumerken, daß sie auf der Aufgabentheorie zum Begriff der Beleihung beruht. Diese Theorie ist oben abgelehnt worden. Mit der Rechtsstellungstheorie wurde als Beliehener der angesehen, dem öffentlich-rechtliche Befugnisse übertragen sind[57]. Mit der Konzessionierung werden keine solchen Befugnisse übertragen. Darin liegt nur die Erlaubnis, eine bestimmte Tätigkeit vorzunehmen, für die sich der Staat ein Verleihungsrecht vorbehalten hat[58].

Für den Bereich der Energieversorgungsunternehmen liegt zudem noch nicht einmal eine solche Konzession vor. Vielmehr stellt die „Konzessionierung" eines privaten Energieversorgungsunternehmens nur eine privatrechtliche Gestattung zur ausschließlichen Benutzung der gemeindeeigenen Verkehrsräume zur Verlegung und zum Betreiben von Versorgungsleitungen dar[59]. Diese Gestattung ist allein im

---

[53] Vgl. Dürig, in: Maunz/Dürig/Herzog, Art. 1 Abs. III Rdn. 107; Wolff/Bachof, VerwR II, S. 455.

[54] Huber, WirtVerwR I, S. 535; ebenso F. Mayer, Allg. VerwR, S. 51 mit Fn. 171.

[55] Huber, WirtVerwR I, S. 533.

[56] Huber, WirtVerwR I, S. 548.

[57] Siehe oben 1. Teil C I 3, 5.

[58] Vgl. Wolff/Bachof, VerwR II, S. 454.

[59] Depenbrock, Die Stellung der Kommunen in der Versorgungswirtschaft, S. 59; Evers, Das Recht der Energieversorgung, S. 145; Ludwig/Cordt/Stech, Recht der Elektrizitäts-, Gas- und Wasserversorgung, S. 6; Maunz, VerwArch 50, 315 (335 ff.); Schricker, Wirtschaftliche Tätigkeit der öffentlichen Hand, S. 41; Steinbeißer, in: Kommunale Versorgungsunternehmen, 26 (27).

privaten Wegeeigentum der Gemeinden begründet[60]. Sie kann nicht in eine Betriebskonzession umgedeutet werden[61].

Daraus folgt, daß die privaten Energieversorgungs- und Verkehrsunternehmen keine Beliehene sind[62]. Werden ihnen Aufgaben übertragen, die bisher von kommunalen Unternehmen wahrgenommen wurden, droht dem Bürger ein Verlust von Grundrechtsschutz. Demnach kann festgehalten werden, daß den Bürger bei einer Privatisierung kommunaler Aufgaben ein weitgehender Grundrechtsverlust trifft.

II. Haftungsverluste

Die Übertragung öffentlicher Aufgaben auf Private führt oft zu haftungsrechtlichen Nachteilen für den Bürger. Bei Wahrnehmung öffentlicher Aufgaben mit öffentlich-rechtlichen Mitteln haftet der Staat für Fehlverhalten seiner Dienstkräfte nach Amtshaftungsgrundsätzen gem. § 839 BGB, Art. 34 GG, aus enteignungsgleichem Eingriff, aus Aufopferung und auf Folgenbeseitigung. Eine Exkulpationsmöglichkeit entsprechend § 831 Abs. 1 S. 2 BGB besteht nicht; oft wird für alle Vermögensschäden gehaftet[63]. Der Bürger hat einen potenten Haftungsschuldner.

Das Amtshaftungsrecht ist grundsätzlich nicht abdingbar. Die herrschende Meinung gesteht nur dem Gesetzgeber das Recht zu, innerhalb gewisser Grenzen ausnahmsweise die Staatshaftung zu beschränken. Den Kommunen wird die Kompetenz zum Ausschluß oder zur Beschränkung der Staatshaftung abgesprochen[64]. Diese liege außerhalb des kommunalen Satzungsrechts, das sich nur auf Angelegenheiten der örtlichen Gemeinschaft beziehe, zu denen die Regelung des Staatshaftungsrechts nicht zähle[65]. Danach dürfen die Gemeinden weder die Staatshaftung noch die Verantwortlichkeit des Amtswalters selbst gem. § 839 BGB beschränken[66].

---

60 Maunz, VerwArch 50, 315 (333 f.); Steinbeißer (Fn. 59).

61 So auch Depenbrock, S. 58 f.; Fischerhoff, DÖV 1957, 305 (310); Maunz, VerwArch 50, 315 (331).

62 Ebenso Maunz, VerwArch 50, 315 (330 f.); Mennacher, Diss., S. 150; Schricker, S. 41; Soergel/Siebert/Glaser, § 839 Rdn. 76, Rdn. 107; Wolff/Bachof, (Fn. 58).

63 Vgl. auch Deutscher Städtetag, Privatisierung öffentlicher Aufgaben, S. 18.

64 Vgl. BGH, NJW 1973, 1741 (1743) v. 17. 5. 1973; Frotscher, Die Ausgestaltung kommunaler Nutzungsverhältnisse, S. 30; Püttner, Die öffentlichen Unternehmen, S. 346 ff.; Schneider, NJW 1962, 705 (709 f.); Soergel/Siebert/Glaser, § 839 Rdn. 108; Tiemann, BayVBl 1974, 57 (59) mit weiteren Nachweisen.

65 BGH (Fn. 64); Schneider (Fn. 64); Tiemann (Fn. 64).

66 Tiemann (Fn. 64).

Im Verhältnis zu Privaten ist der Bürger auf verschuldensabhängige Ansprüche aus Vertrag und Delikt beschränkt. Die Haftung kann durch Allgemeine Geschäftsbedingungen wesentlich eingeschränkt werden. Ansprüche aus Delikt gegen den privaten Unternehmer stoßen wegen § 831 Abs. 1 S. 2 BGB oft ins Leere.

Zu prüfen bleibt, wieweit dem Bürger haftungsrechtliche Nachteile entstehen, wenn der Staat in Privatrechtsformen tätig wird oder wenn er mit öffentlich-rechtlichen Befugnissen Beliehene einsetzt oder sich Privater lediglich zur technischen Durchführung öffentlicher Aufgaben bedient.

1. Staatliche Betätigung in privatrechtlichen Formen

Die herrschende Meinung lehnt eine Anwendung der Amtshaftungsgrundsätze auf die Betätigung des Staates in privatrechtlichen Formen ab, auch wenn sie der Erfüllung öffentlicher Aufgaben dient[67]. Amtshaftungsansprüche könnten allenfalls von Verstößen gegen die das verwaltungsprivatrechtliche Handeln überlagernde verfassungsrechtliche Gebundenheit ausgelöst werden[68]. Bei Einsatz privatrechtlicher Gesellschaften scheide eine Staatshaftung nach Art. 34 GG aus[69]. Art. 34 GG, der von „Ausübung eines öffentlichen Amtes" spreche, bedeute gegenüber Art. 131 WRV, in dem von „Ausübung öffentlicher Gewalt" die Rede sei, keine sachliche Änderung[70]. Im Rahmen der Privatrechtstätigkeit hafte der Staat für Verschulden seiner verfassungsmäßigen Organe gem. §§ 31, 89 BGB, für seine sonstigen Bediensteten im Rahmen von Vertragsverhältnissen gem. § 278 BGB und bei deliktischem Verhalten nach §§ 823, 831 BGB[71].

Nach der herrschenden Meinung entstehen dem Bürger bei einer Privatisierung öffentlicher Aufgaben, die auch von der öffentlichen Hand in Privatrechtsformen erfüllt wurden, keine haftungsrechtlichen Nachteile, wenn man davon absieht, daß er einen potenten Haftungsschuldner verliert. Im Einzelfall kann sich die Abgrenzung zwischen privatrechtlicher und öffentlich-rechtlicher Tätigkeit recht schwierig gestalten. Es sei nur auf die berühmten Dienstfahrtfälle hingewiesen.

---

[67] BAG, NJW 1964, S. 75 v. 23. 8. 1963; BGH, NJW 1973, S. 1650 f. v. 24. 5. 1973 mit weiteren Rechtsprechungshinweisen; Bender, Staatshaftungsrecht, S. 151 Rdn. 400, Rdn. 403; Hurst, in: HKWP II, 833 (853); F. Mayer, Allg. VerwR, S. 144 f., S. 147; Palandt/Thomas, § 839 Anm. 2 A c cc; Soergel/Siebert/Glaser, § 839 Rdn. 27; Siebert, in: Niedermeyer-Festschrift, 215 (243); Staudinger/Schäfer, § 839 Rdn. 29, Rdn. 73; Wittern, Grundriß, S. 201.

[68] Soergel/Siebert/Glaser, § 839 Rdn. 29; ähnlich Dagtoglou, in: BK, Art. 34 Rdn. 88.

[69] Dagtoglou, in: BK, Art. 34 Rdn. 91; Palandt/Thomas, § 839 Anm. 2 A c cc; Soergel/Siebert/Glaser, § 839 Rdn. 107.

[70] So Dagtoglou, in: BK, Art. 34 Rdn. 86; Siebert (Fn. 67).

[71] Vgl. Bender, S. 151 f. Rdn. 401 f.; Hurst (Fn. 67); F. Mayer, Allg. VerwR, S. 148; Soergel/Siebert/Glaser, § 839 Rdn. 51; Wittern, Grundriß, S. 201.

Eine Mindermeinung will die Staatshaftungsgrundsätze nicht nur bei Ausübung hoheitlicher Tätigkeit in öffentlich-rechtlichen Formen, sondern auch dort, wo hoheitliche Aufgaben zulässigerweise in privatrechtlicher Gestaltung wahrgenommen werden, anwenden[72]. Diese Ausdehnung der Staatshaftung sei in der gegenüber Art. 131 WRV weiteren Fassung des Art. 34 GG begründet[73]. Nach dieser Meinung würde eine Privatisierung kommunaler Aufgaben weitgehende haftungsrechtliche Nachteile für den Bürger bewirken, und zwar auch dann, wenn die betreffende Aufgabe durch die öffentliche Hand selbst privatrechtlich erledigt worden ist.

Bei der Untersuchung haftungsrechtlicher Nachteile der Privatisierung kommunaler Aufgaben soll der Stand der Reformbemühungen zum Staatshaftungsrecht nicht außer acht gelassen werden. Die Reformvorschläge wollen an der herkömmlichen Unterscheidung zwischen öffentlich-rechtlicher und privatrechtlicher Betätigung festhalten und die Staatshaftung auf die rechtswidrige Ausübung öffentlicher Gewalt beschränken[74]. Die Haftung bei der Teilnahme am Privatrechtsverkehr soll sich nach den geltenden zivilrechtlichen Vorschriften bestimmen[75]. Privatrechtliches und hoheitliches Handeln unterschieden sich wesensmäßig; die Teilnahme der öffentlichen Hand am Privatrechtsverkehr setze gerade voraus, daß sie kein Sonderrecht für sich in Anspruch nehme[76]. Ihr Verhalten sei von vergleichbaren Betätigungen Privater nicht zu unterscheiden[77]. Um den Schwierigkeiten bestimmter Abgrenzungsfälle zwischen öffentlich-rechtlicher und privatrechtlicher Betätigung zu entgehen, enthält § 18 Abs. 2 des Referentenentwurfs zur Reform des Staatshaftungsrechts eine Aufzählung von Tätigkeiten, bei denen sich die Haftung ausschließlich nach Privatrecht bestimmen soll. Für die Privatisierungsdiskussion ist wichtig, daß in § 18 Abs. 2 die Beförderung von Personen und Gütern durch Verkehrsbetriebe, die Heilbehandlung und die Versorgung mit Wasser und Energie aufgeführt sind[78].

---

[72] Giese/Schunck, Art. 34 Anm. 3; Maunz, in: Maunz/Dürig/Herzog, Art. 34 Rdn. 17; ebenso wohl der III. Zivilsenat des BGH, zitiert in BGHZ 34, 99 (101) v. 19. 12. 1960; vgl. auch Ossenbühl, Staatshaftungsrecht, S. 18, der den Begriff des öffentlichen Amtes funktionell und nicht nach der Rechtsform des Handelns bestimmen will; Rüfner, Formen öffentlicher Verwaltung, S. 385, stellt den Ausschluß der Amtshaftung für das Verwaltungsprivatrecht in Frage.

[73] Giese/Schunck (Fn. 72).

[74] Vgl. § 1 Referentenentwurf zur Reform des Staatshaftungsrechts (RE).

[75] Vgl. § 18 RE, § 17 Kommissionsbericht zur Reform der Staatshaftung (KE). Nach § 18 Abs. 4 RE soll allerdings § 831 Abs. 1 S. 2 BGB keine Anwendung finden.

[76] RE, S. 82.

[77] RE, S. 123; KE, S. 56 f.

[78] So auch schon § 17 KE.

Es bleibt festzuhalten, daß nach herrschender Meinung einschließlich der geltenden Rechtsprechung und den Vorschlägen zur Reform des Staatshaftungsrechts den Bürger haftungsrechtliche Nachteile bei einer Privatisierung öffentlicher Aufgaben im wesentlichen treffen, wenn die betreffende Aufgabe seitens der öffentlichen Hand öffentlich-rechtlich in Ausübung öffentlicher Gewalt erfüllt wurde.

2. Übertragung öffentlicher Aufgaben auf Beliehene

Private, denen öffentlich-rechtliche Befugnisse verliehen sind, sind durch die Beleihung in den staatlichen Hoheitsbereich eingegliedert[79]. Soweit der Beliehene oder einer seiner Angestellten öffentliche Gewalt ausübt, ist er Beamter im haftungsrechtlichen Sinn[80]. Bei Pflichtverletzungen in der öffentlich-rechtlichen Sphäre gelten daher die Amtshaftungsgrundsätze[81]. Für den Beliehenen haftet nach § 839 BGB, Art. 34 GG die öffentliche Körperschaft, die ihn beliehen hat[82]. Daher braucht der Bürger haftungsrechtliche Nachteile nicht zu befürchten, wenn öffentliche Aufgaben auf Beliehene übertragen werden.

3. Übertragung öffentlicher Aufgaben auf Private lediglich zur technischen Durchführung

Fraglich ist, ob Amtshaftungsgrundsätze gelten, wenn sich die öffentliche Hand nur zur technischen Durchführung öffentlicher Aufgaben, wobei die Entscheidung bei der öffentlichen Hand verbleibt, Privater bedient, die nicht Beliehene sind. Dies ist wesentlich, wenn die öffentliche Hand einen privaten Unternehmer zur Durchführung einer mit Anschluß- und Benutzungszwang belegten Verrichtung (Beispiel: private Müllabfuhr) einsetzt.

Für eine Anwendung des Staatshaftungsrechts auf solche private Verwaltungshilfe treten Ossenbühl und Tiemann ein, die ohne besondere Ausgrenzung der Beleihung eine derartige Verwaltungshilfe Privater den Amtshaftungsgrundsätzen unterstellen wollen[83]. Dagegen hat sich Dagtoglou ausgesprochen, der nur eine Haftung des Privaten nach § 823 BGB annimmt. Eine daneben bestehende Haftung des Staates entfalle wegen § 839 Abs. 1 S. 2 BGB[84].

---

79 Vgl. Soergel/Siebert/Glaser, § 839 Rdn. 74.

80 Wolff/Bachof, VerwR II, S. 457.

81 Bender, S. 163 Rdn. 427; Soergel/Siebert/Glaser (Fn. 79); Wolff/Bachof (Fn. 80); Ossenbühl, VVDStRL 29, 137 (196 ff.) allgemein für private Verwaltungshelfer; ebenso Tiemann, BayVBl 1976, 261 (267); Huber, WirtVerwR I, S. 546.

82 Bender (Fn. 81); Wolff/Bachof (Fn. 80).

83 Ossenbühl (Fn. 81); Tiemann (Fn. 81).

84 Dagtoglou, in: BK, Art. 34 Rdn. 97; ebenso OLG Nürnberg, JZ 1967, 61 (62) v. 30. 3. 1966; a. A. Medicus, JZ 1967, 63 (64) Anm. zu OLG Nürnberg.

Sachgerecht erscheint es, zu unterscheiden, wie stark der Private in den staatlichen Hoheitsbereich eingebunden ist. Eine Anwendung der Staatshaftung liegt dann nahe, wenn der Private unselbständig nach Anweisung und im Auftrag eines Hoheitsträgers im Namen des Staates tätig wird (z. B. Schüler während vorübergehender Abwesenheit des Lehrers)[85]. Handelt der Private jedoch selbständig, wesentlich auch zum eigenen Vorteil, wenn auch im Auftrag des Staates, ohne daß ihm hoheitliche Befugnisse übertragen sind, dann greift die Amtshaftung nicht ein.

Danach scheidet für einen privaten Müllabfuhrunternehmer die Amtshaftung auch bei bestehendem Anschluß- und Benutzungszwang aus[86]. Ihm sind keine hoheitsrechtlichen Befugnisse übertragen. Er regelt im Rahmen seines Auftrags die technische Durchführung der Müllabfuhr im wesentlichen selbständig.

Kommt durch die Tätigkeit des Privaten ein Benutzungspflichtiger zu Schaden, so haftet der private Unternehmer dem Geschädigten aus unerlaubter Handlung nach §§ 823, 831 BGB. Das ist nicht unbedenklich, da zwischen Benutzungspflichtigem und Unternehmer keine vertraglichen Beziehungen bestehen und ein Anspruch aus §831 BGB wegen der Exkulpationsmöglichkeit des § 831 Abs. 1 S. 2 BGB vielfach nicht erfolgversprechend ist.

Eine solche Haftungsverkürzung für den Bürger infolge einer Privatisierung wäre unbillig. Es geht nicht an, die Vorteile einer öffentlichrechtlichen Gestaltung zu nutzen und die Nachteile auf den Bürger abzuschieben. Daher ist eine Rechtspflicht der Gemeinde anzunehmen, den Privaten, den sie zur Durchführung einer mit Anschluß- und Benutzungszwang belegten Verrichtung einsetzt, zur Abgeltung entstehender Schäden vertraglich zu verpflichten (Vertrag zugunsten Dritter)[87]. Versäumt die Gemeinde diese Rechtspflicht, dann ist ein Organisationsmangel gegeben, für den die Gemeinde nach § 839 BGB, Art. 34 GG einzustehen hat[88].

III. Der Benutzungsanspruch der Gemeindeeinwohner

Die Gemeindeordnungen der Länder geben den Einwohnern ein Recht auf Benutzung der öffentlichen Einrichtungen, die eine Gemeinde für die wirtschaftliche, soziale und kulturelle Betreuung ihrer Ein-

[85] Vgl. Zuleeg, DÖV 1970, 627 (630 f.).

[86] Ebenso Forsthoff, Lehrbuch I, S. 544.

[87] So Forsthoff (Fn. 86).

[88] Forsthoff (Fn. 86).

wohner geschaffen hat[89]. Dieser Anspruch droht bei einer Privatisierung einer gemeindlichen öffentlichen Einrichtung vereitelt zu werden. Es stellt sich aber die Frage, ob der Benutzungsanspruch notwendigerweise bei privater Trägerschaft einer Einrichtung ins Leere stoßen muß, was vom Begriff der öffentlichen Einrichtung abhängt.

Eine öffentliche Einrichtung ist eine Einrichtung, „die von der Gemeinde im öffentlichen Interesse unterhalten und durch einen gemeindlichen Widmungsakt der allgemeinen Benutzung durch Gemeindeangehörige und ortsansässige Vereinigungen zugänglich gemacht wird"[90]. Einige wollen eine öffentliche Einrichtung nur anerkennen, wenn eine nicht rechtsfähige Einheit der Gemeinde ihr Träger ist[91]. Dagegen spricht jedoch, daß sich in diesem Fall die Gemeinde den Bindungen des Gemeinderechts leicht durch Umwandlung der Einrichtung in eine privatrechtliche Form entziehen kann. Es gibt keine Vorschrift, die rechtsfähige Einheiten als Träger öffentlicher Einrichtungen verbietet[92]. Träger einer öffentlichen Einrichtung kann auch eine Eigengesellschaft oder ein privater Dritter sein[93]. Wesentlich ist, daß die Einrichtung von der Gemeinde der Allgemeinheit zur Verfügung gestellt wird und daß öffentliche Zwecke verwirklicht werden[94]. Zudem ist notwendig, daß die Gemeinde durch Vertrag oder in sonstiger Weise das Benutzungsrecht für alle Einwohner zu angemessenen Bedingungen sicherstellt[95]. Der Einfluß der Gemeinde auf den Privaten muß so weit gehen, daß die letztliche Entscheidung über die Benutzung durch Organe der Gemeinde getroffen wird[96]. In diesem Fall ist der Private praktisch Erfüllungsgehilfe der Gemeinde (Beispiel: private Müllabfuhr bei bestehendem Anschluß- und Benutzungszwang). Dann

[89] § 10 Abs. 2 S. 2 GO BW, Art. 21 Abs. 1 S. 1 BayGO, § 15 Abs. 1 Verfassung Bremerhaven, § 20 Abs. 1 HGO, § 22 Abs. 1 NGO, § 18 Abs. 2 GO NW, § 14 Abs. 2 GO Rh.-Pf., § 19 Abs. 1 KomSelbstVerwG Saar, § 18 Abs. 1 GO SH.

[90] BayVGH, in: Kottenberg/Rehn, RKVR, § 18 Nr. 51 v. 11. 12. 1968; ähnlich OVG Münster, NJW 1969, S. 1077 v. 23. 10. 1968; OVG Koblenz, in: Kottenberg/Rehn, RKVR, § 18 Nr. 18 v. 13. 12. 1965; Kottenberg/Rehn, GO NW, § 18 Erl. I, 3; Körner, GO NW, § 18 Erl. 1.

[91] Hurst, DVBl 1965, 523 (524) Anm. zu BVerwG v. 21. 7. 1964, DVBl 1965, 522; Soergel/Siebert/Glaser, § 839 Rdn. 108; ähnlich Köttgen, Gemeindliche Daseinsvorsorge, S. 60, S. 81 f., der aber bei Einsatz eines Privaten als „kommunaler Erfüllungsgehilfe" eine öffentliche Einrichtung bejaht.

[92] Pappermann, JZ 1969, 485 (487); Scholz, Das Wesen, S. 27.

[93] HessVGH ESVGH 25, 59 (70) v. 24. 6. 1974; OVG Lüneburg, DVBl 1964, 365 (366) v. 27. 6. 1963; VGH Freiburg, DÖV 1953, S. 634 v. 26. 3. 1953; Ossenbühl, DVBl 1973, S. 289; Pappermann (Fn. 92); Scholz, Das Wesen, S. 28 ff., der von mittelbar gemeindlichen Einrichtungen spricht; Surén/Loschelder, DGO, § 17 Erl. 2.

[94] Pappermann (Fn. 92).

[95] HessVGH (Fn. 93); Pappermann (Fn. 92).

[96] So auch Pappermann (Fn. 92).

kann das Vorliegen einer öffentlichen Einrichtung bejaht werden. Demnach bleibt der Benutzungsanspruch der Einwohner bestehen.

Wenn dagegen eine öffentliche Einrichtung und die durch sie zu erfüllende Aufgabe auf Private zur selbständigen Erledigung und Verantwortung ohne entsprechenden Einfluß der Gemeinde übertragen wird, dann wird der Benutzungsanspruch der Einwohner vereitelt. Eine in dieser Weise privatisierte Einrichtung ist keine öffentliche Einrichtung mehr.

Ein Rechtsverlust infolge Privatisierung könnte dann abgewendet werden, wenn der einzelne neben dem Recht auf Benutzung auch ein Recht auf Beibehaltung der öffentlichen Einrichtungen hat.

Ein solches Recht könnte sich aus den in den meisten Gemeindeordnungen enthaltenen Vorschriften über die Pflicht zur Schaffung öffentlicher Einrichtungen ergeben[97]. Allerdings steht diese Pflicht unter dem Vorbehalt der Leistungsfähigkeit.

Gegen die Begründung subjektiv-öffentlicher Rechte aus diesen Vorschriften bestehen die gleichen Bedenken wie gegen die Erweiterung der Grundrechte in Leistungsansprüche. Insofern kann auf die Ausführungen zu Art.3 GG verwiesen werden. Es ist das Problem der Gewaltenteilung berührt und es droht die Gefahr richterlichen Eingriffs in das kommunale Haushaltsrecht.

Soweit es nicht um kommunale Pflichtaufgaben geht, steht die Errichtung öffentlicher Einrichtungen grundsätzlich im kommunalen Ermessen[98], das jedoch durch die Verfassung, namentlich Art. 3 GG und das Sozialstaatsprinzip, gebunden ist. Das gemeindliche Ermessen reicht nur soweit, wie die soziale Teilhabe der Einwohner gesichert ist. Die Ermessensgrenze ist zudem verletzt, wenn die Nichtbereitstellung einer öffentlichen Einrichtung zu einer konkreten Gefährdung der öffentlichen Sicherheit und Ordnung führt[99]. Eine Ermessensreduzierung auf Null ist möglich[100]. Die Überwachung der Einhaltung der Ermessensgrenzen ist zunächst Sache der Kommunalaufsicht[101].

Die Vorschriften der Gemeindeordnungen über die Pflicht zur Errichtung öffentlicher Einrichtungen sind im Allgemeininteresse erlassen.

---

97 § 10 Abs. 2 S. 1 GO BW, Art. 57 Abs. 1 BayGO, § 19 Abs. 1 HGO, § 2 Abs. 1 S. 2 NGO, § 18 Abs. 1 GO NW, § 17 Abs. 1 GO SH.

98 Vgl. Körner, GO NW, § 18 Erl. 2; Kottenberg/Rehn, GO NW, § 18 Erl. I, 1; v. Loebell, GO NW, § 18 Erl. 1; Kunze/Schmid/Rehm, GO BW, § 10 Erl. II, 2 a; Reusch, Diss., S. 77.

99 Reusch, Diss., S. 89; siehe auch Kunze/Schmid/Rehm, GO BW, § 10 Erl. II, 2 b.

100 Reusch, Diss., S. 93.

101 Ebenso Reusch, Diss., S. 84 f.

Dadurch kommen sie zwar dem einzelnen zugute; sie sind jedoch nicht darauf angelegt, dem einzelnen ein subjektiv-öffentliches Recht auf Schaffung einer bestimmten Einrichtung zu vermitteln[102]. Dafür spricht schon der Wortlaut der Normen, die ausschließlich an die Gemeinden selbst gerichtet sind. Die tatsächliche Begünstigung des einzelnen ist Rechtsreflex[103].

Daher kann den Vorschriften über die Schaffung öffentlicher Einrichtungen und das Benutzungsrecht der Einwohner als solchen auch kein Anspruch auf Beibehaltung bestimmter öffentlicher Einrichtungen entnommen werden[104]. Eigene Ansprüche der Einwohner können sich nur aus sondergesetzlichen Regelungen[105] und im Ausnahmefall der Verfassung selbst ergeben. Es können sich z. B. gesundheitsgefährdende Unterlassungen des Staates zu einem subjektiv-öffentlichen Recht auf Abhilfe verdichten[106]. So ist ein subjektiver Anspruch des Einwohners aus Art. 1 GG und Art. 20 GG auf Sicherung der Wasserversorgung denkbar, da ein Mindestmaß hygienischer Versorgung zum absoluten Lebensmindeststandard zu zählen ist[107]. Ein Anspruch auf Aufrechterhaltung einer bestimmten öffentlichen Einrichtung kann im Einzelfall nur dem Grundrecht aus Art. 3 GG, das insoweit über die Bestimmungen der Gemeindeordnung hinausweist, entnommen werden, wenn weitere personale Momente hinzukommen, etwa die Gefährdung der Rechte aus Art. 1, 4 und 6 GG.

IV. Der Öffentlichkeitsvertrag

Art. 3 GG und das Sozialstaatsprinzip verpflichten die Gemeinden zur Sicherung der sozialen und kulturellen Vitalbedürfnisse der Einwohner. Dieser Pflicht kommen sie primär durch die Unterhaltung eigener, sozialer, kultureller und wirtschaftlicher Einrichtungen nach. Wenn sich Gemeinden zur Privatisierung solcher Einrichtungen entschließen, müssen sie darauf sehen, den gleichen Zugang zu den Einrichtungen und die flächenmäßige Versorgung auf Dauer sicherzu-

[102] BayVGH, in: Kottenberg/Rehn, RKVR, § 2 Nr. 29 v. 30. 9. 1970; Dürig, in: Maunz/Dürig/Herzog, Art. 3 Abs. I Rdn. 79; Körner, GO NW, § 18 Erl. 2; Kottenberg/Rehn, GO NW, § 18 Erl. I, 2; Kunze/Schmid/Rehm, GO BW, § 10 Erl. II, 2 c; Pagenkopf, Kommunalrecht I, S. 151; Reusch, Diss., S. 83; ebenso v. Loebell, GO NW, § 18 Erl. 5 zum Benutzungsrecht nach § 18 Abs. 2 GO NW.

[103] Kunze/Schmid/Rehm, GO BW, § 10 Erl. II, 2 c; Reusch, Diss., S. 83.

[104] Ebenso Pagenkopf, S. 151.

[105] Pagenkopf, S. 151.

[106] So Dürig, in: Maunz/Dürig/Herzog, Art. 3 Abs. I Rdn. 79.

[107] Siehe zur gemeindlichen Pflicht, die Wasserversorgung zu sichern, Kunze/Schmid/Rehm, GO BW, § 10 Erl. II, 2 b; vgl. auch H. H. Klein, Die Teilnahme, S. 18.

stellen. Auch gilt es haftungsrechtliche Nachteile zu vermeiden und Steuerungsdefizite durch vermehrte Kontrollen auszugleichen[108].

Die öffentliche Hand kann ihre Garantenstellung für den sozialen Mindeststandard auf verschiedene Weise wahrnehmen. So kann sie Private, die Aufgaben von öffentlicher Bedeutung wahrnehmen, rechtssatzmäßig binden. Als Beispiele seien §§ 21 ff. PBefG und § 6 EnWG genannt. Solche Möglichkeiten werden der kommunalen Leistungsverwaltung jedoch in der Regel nicht zur Verfügung stehen. Sie kommen dort in Frage, wo eine private Tätigkeit einer staatlichen Erlaubnispflicht unterliegt. Die Gemeinden sind im wesentlichen darauf verwiesen, mit vertraglichen Mitteln ihren sozialstaatlichen Pflichten gerecht zu werden und die Privaten entsprechend zu binden. Zu denken ist an einen Vertrag zugunsten Dritter gem. § 328 BGB[109]. In einen solchen Vertrag sind Bestimmungen über den gleichen Zugang zu der privatisierten Einrichtung, über dauerhafte Leistungserbringung und über die Haftung des Privaten, etwa die Pflicht eine Haftpflichtversicherung abzuschließen, den Ausschluß der Exkulpationsmöglichkeit gem. § 831 Abs. 1 S. 2 BGB oder das Verbot bestimmter Haftbegrenzungen, aufzunehmen. Sollten durch eine Übertragung von Sozialeinrichtungen auf weltanschaulich gebundene Träger Beeinträchtigungen in den Grundrechten der Art. 1, 4 und 6 GG drohen, so kann auch die Sicherung von Toleranz zur Pflicht der öffentlichen Hand gehören. Auch können besondere Kontrollen der Tätigkeit Privater vereinbart werden. Dazu gehören nicht nur Kontrollen durch die Organe des Gemeinwesens, sondern auch die Institutionalisierung von Kontrollmöglichkeiten der Betroffenen selbst, etwa durch Elternbeiräte in privaten Kindergärten und Schulen oder Beteiligung der Schüler und Heiminsassen in Heimen[110]. Um Rechtsschutzverkürzungen entgegenzuwirken, können auch besondere Verfahrensregelungen getroffen werden, etwa durch Beschwerdeordnungen[111].

Besondere Einwirkungsrechte auf Private können bei Zuwendungen aus dem öffentlichen Haushalt an die Privaten durchgesetzt werden. Solche Subventionen können an Bedingungen und Auflagen geknüpft sein. So kann eine genaue Zweckverwendung vorgeschrieben werden, auch sind besondere Prüfungsrechte vorzubehalten[112].

Neben dem Ausgleich von Rechtsverlusten durch Bindung der Privaten ist auch die Information der Bürger über private Aufgabenerfül-

---

108 Vgl. auch Tiemann, BayVBl 1976, 261 (266).

109 Siehe dazu Forsthoff, Lehrbuch I, S. 544.

110 Darauf weist Tiemann, BayVBl 1976, 261 (267 v. a. mit Fn. 67) hin.

111 So Tiemann (Fn. 110).

112 Vgl. auch §§ 23, 44, 91 BHO.

lung im soziokulturellen Bereich von Bedeutung[113]. Dabei ist an die Publizität von Leistungskonditionen, an Auskunfts- und Informationspflichten über das Innenverhältnis zu denken[114]. *Gallwas* führt als Beispiel einer solchen Informationspflicht den § 94 a Wohnungsbau- und Familiengesetz an, der das Finanzamt zur Auskunft über Grundsteuervergünstigungen des Vermieters verpflichtet[115].

Insgesamt gilt zum Problem des Ausgleichs von Rechtsverlusten: Je schwieriger und ineffektiver die Einflußnahme der öffentlichen Hand auf den Privaten zur Sicherung der Rechtspositionen der Bürger ist, auf desto größere Skepsis stößt eine Privatisierung hinsichtlich ihrer Rechtmäßigkeit[116].

V. Soziale Asymetrie

1. Subventionierungsprobleme

Viele Gemeindeeinrichtungen erfordern hohe öffentliche Zuschüsse, um ihre Leistungen allen Einwohnern zugänglich zu machen. Während Einrichtungen auf dem Gebiet der Entsorgung mit faktischem oder juristischem Zwang zur Leistungsannahme nahezu volle Kostendeckung aus Gebühren und Entgelten erreichen — so ist nach einer Untersuchung des Deutschen Instituts für Urbanistik und des Deutschen Städtetags bei der Abwässerbeseitigung ein durchschnittlicher Kostendeckungsgrad von 93 %, bei der Abfallbeseitigung von 99 % festzustellen[117] — ist das Kostendeckungsprinzip bei kulturellen und sozialen Einrichtungen wesentlich abgeschwächt. So erreichen Volkshochschulen einen durchschnittlichen Kostendeckungsgrad von 57 %, Musikschulen von 43 %, Theater und Konzerte von 35 %, Museen von 11 %[118] und Bäder von 36 %[119]. Auch die Verkehrsbetriebe fahren erheblich unter Kostendeckung[120].

Diese Einrichtungen können von Privaten nur betrieben werden, wenn sie ihre Leistungen drastisch einschränken und verteuern oder wenn ihnen entsprechende Zuschüsse aus dem Gemeindehaushalt zugewendet werden. Eine Entlastung für die Gemeindehaushalte ist

113 Vgl. Gallwas, VVDStRL 29, 211 (231).

114 Vgl. Gallwas (Fn. 113); Tiemann, BayVBl 1976, 261 (266 f.).

115 Gallwas (Fn. 113).

116 So auch Gallwas (Fn. 113).

117 Gebührenhaushalte, Teil 1, S. 11.

118 Gebührenhaushalte, Teil 1, S. 17.

119 Gebührenhaushalte, Teil 1, S. 11.

120 Vgl. VÖV-Konzept '76, S. 23 f., S. 27; Deutscher Städtetag, Privatisierung öffentlicher Aufgaben, S. 22.

damit nicht verbunden. Zudem werden gegen eine weitgehende Subventionierung Privater zwecks Aufgabenerfüllung im öffentlichen Interesse vielfach Bedenken erhoben. In der Übertragung öffentlicher Aufgaben auf Private zur selbständigen Erledigung und der Förderung der privaten Tätigkeit durch Subventionen wird eine Aufweichung des Gesetzmäßigkeitsgrundsatzes gesehen[121]. Da die Aufgabenerfüllung weiterhin im öffentlichen Interesse steht, wird eine Kontrolle der Verwaltung über das Wie der Aufgabenerfüllung für notwendig gehalten[122]. Die neuen Planstellen sind schon vorprogrammiert. Es besteht die Gefahr, daß die kommunale Selbstverwaltung dazu verkümmert, öffentlich erhobene Einnahmen als Subventionen auf die verschiedenen Privaten zu verteilen, die Aufgaben im öffentlichen Interesse wahrnehmen[123].

Die Verfolgung öffentlicher Zwecke durch Einsatz und Subvention Privater bewirkt, daß mit öffentlichen Mitteln private Sachwerte geschaffen werden, die zwar gewissen Bindungen unterliegen können, aber prinzipiell zur privaten Disposition stehen (Privatisierung der Gewinne, Sozialisierung der Kosten)[124]. Letztlich zahlt der kleine Mann für mehr Macht der Kirchen und Verbände und die Vermögensbildung der Besitzenden[125]. Im Sozialstaat kann es aber nicht Aufgabe der öffentlichen Hand sein, private Vermögens- und Machtkonzentration zu fördern. Darin liegt ein tendenzieller Verstoß gegen die Sozialstaatsbestimmung.

2. Entschädigungsfrage bei Rückübernahme einer Aufgabe

Sollte sich die öffentliche Hand gezwungen sehen, eine bestimmte Leistung in Erfüllung ihrer Garantiepflicht für den sozialen Mindeststandard des einzelnen wieder in eigener Regie zu erbringen, weil ihr die private Leistungserfüllung als nicht genügend erscheint, so stellt sich die Frage der Entschädigungspflicht. Sie hängt davon ab, ob durch die Rückübernahme einer Aufgabe in ein enteignungsfähiges Substrat des Privaten eingegriffen wird.

Zu diesem Problem gibt es zwei maßgebliche Entscheidungen des Bundesgerichtshofs. So hat der Bundesgerichtshof im Widerruf bestimmter öffentlich-rechtlicher Kompetenzen des TÜV einen entschädigungspflichtigen Eingriff in die wirtschaftliche Struktur des Vereins

---

121 Vgl. Ule, Zeitschrift für Sozialreform 1962, 637 (660 f.); Maunz, BayVBl 1962, 1 (5); siehe auch F. Mayer, in: Nottarp-Festschrift, 187 (195).

122 Ule (Fn. 121).

123 Vgl. Möller, Gemeindliche Subventionsverwaltung, S. 199.

124 Vgl. Gallwas, VVDStRL 29, 211 (219).

125 Vgl. zu der damit verbundenen sozialen Asymetrie auch Wagner, VVDStRL 27, 47 (58).

gesehen[126]. Der TÜV habe zur Erfüllung seiner Aufgaben einen kostspieligen personellen und sachlichen Überwachungsapparat aufgebaut, der nun nutzlos sei. Wenn die betreffende Tätigkeit auch unter Widerrufsvorbehalt stand, so sei sie doch im Laufe der Jahre zu einer auf Dauer angelegten Ordnung und damit der vom TÜV aufgebaute und unterhaltene Betrieb zu einem enteignungsfähigen Objekt geworden[127]. Im zweiten Urteil ging es um die Einführung einer gemeindlichen Müllabfuhr mit Anschluß- und Benutzungszwang. Darin sah der Bundesgerichtshof keinen entschädigungspflichtigen Eingriff in den Betrieb des bisher tätigen Privatunternehmers[128]. Es werde nicht die Schließung des privaten Betriebs angeordnet, sondern dem Privaten nur eine Unternehmerchance genommen[129]. Anders sei allerdings die Lage, wenn der Private aufgrund von Zusicherungen auf eine lang dauernde Ausübung seiner Tätigkeit vertrauen durfte[130].

In der Literatur werden teilweise weitergehende Ansichten vertreten. So wird in der Kommunalisierung und Monopolisierung einer bestimmten Tätigkeit von öffentlicher Bedeutung per se ein substanzvernichtender Eingriff in den eingerichteten und ausgeübten Gewerbebetrieb gesehen[131], ohne Rücksicht auf den verfolgten Zweck.

Wesentlich ist, daß auch nach der Rechtsprechung des Bundesgerichtshofs das für die Aufgabenerfüllung geschaffene Betriebs- und Vollzugspotential als enteignungsfähiges Substrat anerkannt wird und eine Entschädigungspflicht bei Vertrauen des Privaten auf eine längere Ausübung der betreffenden Tätigkeit bejaht wird[132].

Nun soll bei der Privatisierung öffentlicher Aufgaben die Entschädigungspflicht dadurch umgangen werden, daß nur kurzzeitige Verträge mit Privaten abgeschlossen werden, um kein Vertrauen auf längere Tätigkeit aufkommen zu lassen[133]. Daran ist richtig, daß die Chance, etwa für die Gemeinde die Müllabfuhr zu betreiben, kein enteignungsfähiges Substrat ist. Ebenso scheidet eine Entschädigungspflicht aus, wenn der Private kein zusätzliches Betriebspotential schaffen muß, sondern die Gemeinde ein bestehendes privates Potential ausnutzt. Anders kann sich nach der Rechtsprechung des Bundesgerichtshofs die Lage aber schon dann darstellen, wenn ein Privater

---

[126] BGHZ 25, 266 (269 f.) v. 30. 9. 1957.
[127] BGHZ 25, 266 (269 f.).
[128] BGHZ 40, 355 v. 30. 9. 1963.
[129] BGHZ 40, 355 (365 f.).
[130] BGHZ 40, 355 (367); ebenso Bruns, Diss., S. 80 f. mit weiteren Hinweisen.
[131] Vgl. Badura, DÖV 1964, 539 (540); Jesch, DÖV 1962, 428 (430); Dicke, in: v. Münch, GG, Art. 14 Rdn. 73.
[132] Vgl. auch Ossenbühl, VVDStRL 29, 137 (190 f.).
[133] Vgl. Deutscher Städtetag, Privatisierung öffentlicher Aufgaben, S. 45.

längerfristig durch Vertragsverlängerungen mit einer Aufgabe betraut wird und im berechtigten Vertrauen auf eine Ausübung seiner Tätigkeit auf Dauer sein Betriebs- und Vollzugspotential entsprechend ausbaut.

Viele Private werden zur Durchführung öffentlicher Aufgaben zudem nur bereit sein, wenn ihnen längerfristig die private Aufgabenerfüllung zugesagt wird. Auch wird die Frage einer späteren Entschädigung bei der Übertragung der Aufgabe als solcher zu privater Entscheidung und Verantwortung aktuell.

Oft wird die öffentliche Hand auch ohne Entschädigungspflicht gezwungen sein, bei der Rückübernahme einer Aufgabe hohe finanzielle Kosten zu übernehmen, um eine eigene Einrichtung wieder aufzubauen oder um das Potential des Privaten zu übernehmen.

Damit schließt sich der Kreis. Der Steuerzahler wird oft zweimal zur Kasse gebeten. Erst muß er die Gelder für die Subventionierung der Privaten aufbringen; im Fall der Rückübernahme der Aufgabe darf er für die mit seinen Mitteln geschaffenen privaten Werte Entschädigung leisten[134]. Daher kann vor einer voreiligen Privatisierung öffentlicher Aufgaben nur gewarnt werden. Erweist sich die private Aufgabenerfüllung als unzureichend, kann die Privatisierung oft nur unter hohen finanziellen Aufwendungen wieder rückgängig gemacht werden.

VI. Monopolkontrolle

Bei der Privatisierung kommunaler Einrichtungen, namentlich der Ver- und Entsorgungsbetriebe, stellt sich die Frage nach der Monopolkontrolle. So ist in der örtlichen leitungsgebundenen Energie- und Wasserversorgung Wettbewerb schwerlich realisierbar. Aus technischen und wirtschaftlichen Gründen ist es kaum möglich, in einer Straße Leitungen und Rohre mehrerer Versorgungsunternehmen zu verlegen und es dem Verbraucher zu überlassen, von wem er den Strom und das Wasser bezieht[135]. Der Straßenraum bietet im Hinblick auf die anderen dort zu verlegenden Anlagen kaum Platz für Parallelleitungen verschiedener Unternehmen. Zudem würden dadurch erheblich höhere Investitions-, Betriebs- und Unterhaltungskosten entstehen und Tarifanhebungen bewirken. Örtliche Versorgungsmonopole sind daher unvermeidlich.

---

[134] Vgl. zu dieser „sozialen Asymetrie" auch Gallwas, VVDStRL 29, 211 (219).

[135] Vgl. VKU, 10 Thesen zur Stellung der kommunalen Versorgungsunternehmen, S. 12 ff.; Ahrens, in: Stadtentwicklung und kommunale Versorgungswirtschaft, S. 37.

Auch bei der Abfallbeseitigung durch private Unternehmer besteht die Gefahr der Monopolisierung. Mit der Übertragung der Müllabfuhr auf einen privaten Unternehmer wird ein öffentliches zu einem privaten Monopol. Zudem sind in der privaten Abfallbeseitigungswirtschaft Konzentrationsprozesse festzustellen[136]. Es gibt nur wenige Großbetriebe in der Bundesrepublik, die in der Lage sind, eine Großstadt flächendeckend zu entsorgen[137]. Die großen Betriebe sind alle in leitender Stellung im Verband der privaten Städtereinigungsbetriebe zusammengeschlossen, außerdem auch wirtschaftlich und finanziell eng mit den vier wesentlichen Behälterherstellern verbunden[138].

1. Gründe für die Kommunalisierung von Wirtschaftsunternehmen mit lokalem Monopol

Die örtliche Versorgung mit Strom, Gas und Wasser und der Nahverkehr wurden ursprünglich weitgehend von Privaten besorgt. In einem sog. Konzessionsvertrag übertrugen die Gemeinden dem Privatunternehmer das Recht der ausschließlichen Benutzung der gemeindeeigenen Verkehrsräume zur Verlegung und zum Betreiben von Versorgungsleitungen bzw. Straßenbahnschienen. Dafür verpflichtete sich der Unternehmer, an die Gemeinde ein Entgelt, die sog. Konzessionsabgabe, zu entrichten.

Gegen Ende des vorigen und Anfang dieses Jahrhunderts entschloß sich jedoch eine Stadt nach der anderen mit Unterstützung des liberalen Bürgertums die örtlichen Versorgungs- und Verkehrsunternehmen zu kommunalisieren. Es liegt daher nahe, die Gründe zu untersuchen, die die Gemeinden dazu bewogen haben, die Versorgung ihrer Bevölkerung mit Energie und das Straßenbahnwesen in eigene Regie zu übernehmen und zu fragen, ob diese Gründe auch heute noch aktuell sind.

Seit 1830 wurden überall in Deutschland und in der Schweiz nach englischem Vorbild Gaswerke errichtet, die die Straßenbeleuchtung und die Energieversorgung übernehmen sollten[139]. Die Städte überließen diese Aufgabe aus Mangel an wirtschaftlichen und technischen Erfahrungen und liberaler Prinzipien wegen zunächst meist der Privatwirtschaft[140]. Es kam bald zu Klagen über die private Versorgung, vor

---

136 Siehe hierzu Stadtreinigungsamt Mannheim, Thesen zur Privatisierung der Müllabfuhr, S. 1 f.; Böhm, in: Ver- und Entsorgung — Wer macht's?, S. 47.

137 So Stadtreinigungsamt Mannheim (Fn. 136); vgl. auch Bayerischer Städteverband, Rationalisierung/Privatisierung, S. 36.

138 Stadtreinigungsamt Mannheim (Fn. 136).

139 Vgl. Stern/Püttner, Die Gemeindewirtschaft, S. 19.

140 Stern/Püttner, S. 20; Emmerich, Das Wirtschaftsrecht, S. 28.

allem über zu hohe Preise und schlechte Qualität des Gases[141]. Der Versorgungsgrad war oft nicht zufriedenstellend[142].

Die Privaten nutzten ihre Monopolstellung ohne Bedenken aus. So war die Firma Sinzig und Cie in Düsseldorf nur bei einer langfristigen Vertragsverlängerung bereit, die Preise für private Abnehmer zu senken. Die Vorlage der Geschäftspapiere wurde verweigert[143]. In Zürich kam es zu Differenzen zwischen der Stadt und der Gasgesellschaft über die Höhe der Gaspreise, die Verlegung der Gasfabrik, die Abgabe von Gas für technische Zwecke und die Einführung der elektrischen Beleuchtung[144]. Die private Gesellschaft zeigte keine Bereitschaft, neue Stadtteile an das Versorgungsnetz anzuschließen, allenfalls gegen übermäßige Entschädigungen[145]. Zwar hatte man in Zürich eine technische Kommission, deren drei Mitglieder vom Stadtrat ernannt wurden, zur Kontrolle über die Gasversorgung, namentlich die Beschaffenheit des Gases, eingerichtet[146]. Sie konnte jedoch am Ende gegen das Unternehmen wenig ausrichten. Dieses leistete gegen alle Maßnahmen zur Erfüllung des Konzessionsvertrags, die die Gewinne zu schmälern drohten, heftigen Widerstand[147]. Auch dort, wo man ein gemischt-wirtschaftliches Unternehmen, an dem die Stadt beteiligt war, geschaffen hatte, wie in Magdeburg, kam es zu Klagen über schlechte Straßenbeleuchtung und geringe Investitionen gegen Ende der Konzession[148].

So entschlossen sich die meisten Städte, nach Ablauf der Konzessionsverträge die Gasversorgung selbst zu übernehmen, um breiten Schichten der Bevölkerung die Versorgung mit Gas zu angemessenen Preisen zu ermöglichen[149]. Die Städte Leipzig[150] und Kiel[151] haben von vornherein eine kommunale Gasanstalt errichtet.

Im Bereich der Elektrizitätsversorgung und des Straßenbahnwesens entwickelten sich um die Jahrhundertwende die Dinge ähnlich[152]. Zwar

---

[141] Vgl. Filter, Diss., S. 13 f. und Most, in: Gemeindebetriebe/Düsseldorf, S. 2 über die private Gasversorgung der Stadt Düsseldorf.

[142] So betrug das Rohrnetz in Düsseldorf im Jahre 1866 20 Jahre nach Vertragsschluß nur 25 km, vgl. Filter, Diss., S. 13.

[143] Vgl. dazu Filter, Diss., S. 16.

[144] Vgl. dazu Gitermann, Diss., S. 74 ff., S. 117 ff.

[145] Gitermann, Diss., S. 77.

[146] Gitermann, Diss., S. 53.

[147] Gitermann, Diss., S. 74.

[148] Vgl. Landsberg, in: Gemeindebetriebe/Magdeburg, S. 53 ff.

[149] Siehe zur gesamten Entwicklung Stern/Püttner, S. 20 f.

[150] Siehe hierzu Weigel, in: Gemeindebetriebe/Leipzig, S. 3.

[151] Vgl. van Aubel, in: HKWP III, 877 (889) mit Gründen für die kommunale Eigenregie.

[152] Vgl. dazu insgesamt Stern/Püttner, S. 22 ff.

entstanden, vor allem in Preußen, viele Elektrizitätswerke aufgrund der schlechten Erfahrungen mit der privaten Gasversorgung gleich in kommunaler Regie[153], doch gab es auch Städte, die die Elektrizitätsversorgung zunächst Privaten übertragen hatten[154].

Auch hier kam es schnell zum Streit zwischen Stadt und Privatunternehmen, so über die Erweiterung der Strom- und Straßenbahnnetze[155], über dichtere Zugfolge der Straßenbahn[156], über die Höhe der Konzessionsabgabe[157]. Wo sich die Stadt im Konzessionsvertrag die Genehmigung von Tariferhöhungen vorbehalten hatte, war die private Gesellschaft nur gegen Zustimmung zu Erhöhungen bereit, ihre Anlagen zu erweitern[158]. Die Durchsetzung gemeindlicher Forderungen war oft nur in langwierigen Prozessen möglich[159].

Daher setzte sich auch in den Städten, die zunächst Private mit Versorgungs- und Verkehrsaufgaben betraut hatten, die Erkenntnis durch, daß dort, wo aus technischen und wirtschaftlichen Gründen lokale Monopolstellungen unvermeidbar sind, die öffentliche Hand selbst unter Kontrolle der Bürgerschaft die Versorgungsleistungen erbringen sollte[160]. Man hatte die Erfahrung gemacht, daß es nicht möglich war, Konzessionsverträge mit Privaten so zu fassen, daß in allen Fällen das öffentliche Interesse gewahrt war[161].

2. Aktuelle Probleme der Monopolkontrolle

Manche der aufgezeigten Probleme sind sicherlich historischer Natur, andere aber durchaus aktuell. So dürfte es schwerfallen, private Versorgungs- und Verkehrsunternehmen in die Stadtentwicklungsplanung einzubinden. Sie werden sich stets auf den vertraglich festgelegten Leistungsumfang berufen und nur gegen Zugeständnisse

---

153 Siehe die Tabelle bei Silbergleit, Preußens Städte, S. 239*, S. 364 f. Das erste kommunale Elektrizitätswerk wurde 1887 in Elberfeld errichtet; 1891 entstanden kommunale Elektrizitätswerke in Köln und Düsseldorf.

154 Vgl. Stern/Püttner, S. 22 f.

155 Vgl. Landsberg, in: Gemeindebetriebe/Magdeburg, S. 61; Weigel, in: Gemeindebetriebe/Leipzig, S. 37; Most, in: Gemeindebetriebe/Düsseldorf, S. 55 f. (private Straßenbahn: die private Straßenbahngesellschaft forderte als Gegenleistung eine Verlängerung der Konzession auf 40 Jahre, Schutz gegen Konkurrenz und Verminderung der Konzessionsabgabe).

156 Weigel, in: Gemeindebetriebe/Leipzig, S. 142.

157 Landsberg, in: Gemeindebetriebe/Magdeburg, S. 62; Most, in: Gemeindebetriebe/Düsseldorf, S. 56.

158 Weigel, in: Gemeindebetriebe/Leipzig, S. 36 f.

159 So Weigel, in: Gemeindebetriebe/Leipzig, S. 142 f.

160 Vgl. Hirsch, Kommunalpolitische Probleme, S. 39 f.; Gitermann, Diss., S. 312; Landsberg, in: Gemeindebetriebe/Magdeburg, S. 64.

161 Vgl. Landsberg, in: Gemeindebetriebe/Magdeburg S. 64; van Aubel, in: HKWP III, 877 (889).

der öffentlichen Hand zu Entgegenkommen bereit sein. Nicht zuletzt darin dürfte der Grund zu sehen sein, daß auch viele kleinere Städte ihre eigenen Energieversorgungsunternehmen (EVU), die meist nur Verteilerfunktionen wahrnehmen, aufrechterhalten. Obwohl sich die Zahl der EVU von 1955 bis 1971 um die Hälfte verringert hat, wurde für 1974 noch eine Zahl von 1200 bis 1300 öffentliche EVU geschätzt[162]. Für die kleineren EVU stellt sich natürlich in Zukunft verstärkt die Frage, ob sie ihren Betrieb aufrechterhalten können. Hier bietet sich die Möglichkeit kommunaler Kooperation an. Jedenfalls in den großen Städten mit leistungsfähigen EVU kommt der Einbindung in die Stadtplanung nach wie vor große Bedeutung zu.

Tariffestsetzungen erfolgen nach einer Privatisierung nicht mehr unter bürgerschaftlicher Kontrolle, sondern werden ausschließlich nach privaten Interessen vorgenommen. Zwar hält der wissenschaftliche Beirat beim Bundesfinanzministerium eine begrenzte Einflußnahme der Kommunen auf die Privaten durch entsprechende Abmachungen im Konzessionsvertrag für möglich[163]. Historische Erfahrungen zeigen jedoch, wie sehr begrenzt diese Möglichkeit ist.

Weiterhin wird vorgeschlagen, Konzessionen nur auf kurze Zeit zu vergeben[164]. Danach wird jedoch oft eine Ausweichmöglichkeit für die Gemeinden nicht mehr bestehen. Zudem zeigt die Erfahrung, daß Private, wenn sie erst einmal im Geschäft sind, darauf dringen werden, die Verträge längerfristig zu schließen und nur unter dieser Voraussetzung zu neuen Investitionen bereit sind. Günstige Leistungsangebote zur Zeit der Privatisierung können sich bei Monopolstellungen langfristig in das Gegenteil verkehren. Daher muß dem Vorschlag des wissenschaftlichen Beirats beim Bundesfinanzministerium, gemeindliche Ver- und Entsorgungsbetriebe mittels Konzessionsvergabe zu privatisieren, mit großer Skepsis begegnet werden.

3. Public Utilities

Eine wirksamere Möglichkeit der Kontrolle privater Monopole ist in den USA entwickelt worden. Unternehmen mit Monopolstellungen, die der Befriedigung vitaler Lebensbedürfnisse der Gemeinschaft dienen, wie Eisenbahnen, Elektrizitäts-, Gas- und Wasserwerke und Versicherungsunternehmen, unterliegen als public utilities einer besonderen öffentlichen Kontrolle. Für diese Unternehmen wird durch Gesetz eine Kommission von drei bis fünf Sachverständigen gebildet,

[162] Die Schätzung ist dem Hauptgutachten der Monopolkommission, S. 386, entnommen.

[163] Wiss. Beirat beim BMF, Bulletin Nr. 103/S. 1009 v. 16. 8. 1975.

[164] Wiss. Beirat beim BMF (Fn. 163).

der festumrissene Kontroll- und Verwaltungsaufgaben zugewiesen sind[165]. So können sie die Preise und Lieferbedingungen festsetzen[166]. Die Entscheidungen der Kommissionen können angefochten werden und sind gerichtlich nachprüfbar[167]. Sinn der Public-Utility-Gesetzgebung ist die Kontrolle monopolistischer und monopolgefährlicher Unternehmen unter Aufrechterhaltung des privaten Eigentums[168].

Die public utilities haben sich nicht überall bewährt[169]. Sie dienen lediglich der Monopolkontrolle. Alle anderen mit öffentlichen Unternehmen verfolgte Zwecke können nicht erreicht werden. Die Mitglieder der Kommissionen sind den Gemeinden nicht unmittelbar verantwortlich. Eine Einbindung in die gemeindliche Entwicklungsplanung findet daher nicht statt. Es besteht die Gefahr der Zentralisierung der Entscheidungen.

Ganz abgesehen davon, daß Konstruktionen wie die public utilities in der Bundesrepublik erst de lege ferenda zu schaffen wären, empfiehlt sich daher diese Lösung nicht. Den besten Schutz vor Monopolmißbrauch bieten kommunale Unternehmen unter bürgerschaftlicher Kontrolle.

VII. Dienst- und arbeitsrechtliche Folgen einer Privatisierung

Bei einer Privatisierung kommunaler Aufgaben ist zu bedenken, wie die betroffenen Arbeitnehmer weiterbeschäftigt werden können. Es wird oft große Schwierigkeiten bereiten, sie auf einem entsprechenden Arbeitsplatz in einem anderen Bereich der Verwaltung unterzubringen. Gerade für ältere Arbeitnehmer, die oft für einen bestimmten Arbeitsplatz/Dienstposten besonders ausgebildet sind und sich dort im Laufe ihrer langen Tätigkeit besondere Fähigkeiten erworben haben, wird es schwerfallen, eine gleichwertige Beschäftigungsmöglichkeit zu finden. Die Beschäftigten sind jedoch nach Arbeits- und Beamtenrecht grundsätzlich nur verpflichtet, einen gleichwertigen Arbeitsplatz/Dienstposten zu akzeptieren[170].

Soweit Beamte von einer Privatisierungsmaßnahme betroffen sind, bieten die §§ 19, 20 und 23 Abs. 2 Nr. 3 BRRG die Grundlage, Beamte

---

165 Vgl. Haussmann, Public Utilities, S. 27 f.; Hamm, Kollektiveigentum, S. 260 f.; van Aubel, in: HKWP III, 877 (879).

166 Vgl. Hamm, S. 261 f., S. 265 f.; Hausmann, S. 30 f.; Rüfner, Formen öffentlicher Verwaltung, S. 134.

167 Hamm, S. 261; Haussmann, S. 28.

168 So Haussmann, S. 31; Hamm, S. 262.

169 Vgl. Hamm, S. 262.

170 Vgl. zu diesem Problem Deutscher Städtetag, Privatisierung öffentlicher Aufgaben, S. 18 f.

auf Lebenszeit in den einstweiligen Ruhestand zu versetzen und Beamte auf Probe zu entlassen, wenn eine anderweitige Verwendung nicht möglich ist. Voraussetzung ist, daß die Länder eine diesem Rahmenrecht entsprechende Regelung in ihren Beamtengesetzen getroffen haben. Dies ist z. B. in Nordrhein-Westfalen geschehen im § 39 LBG.

In den Verwaltungszweigen, die für eine Privatisierung in Betracht kommen, sind allerdings meist Angestellte und Arbeiter beschäftigt und nur wenige Beamte[171]. Für die Angestellten und Arbeiter im öffentlichen Dienst gibt es keine dem Beamtenrecht entsprechende Regelung. Diese Beschäftigten genießen vielmehr nach BAT und BMT-G einen besonderen Kündigungsschutz. So kann einem Arbeiter nach 15jähriger Beschäftigungszeit gem. § 52 BMT-G nicht mehr ordentlich gekündigt werden; ein Angestellter ist nach 15 Dienstjahren und bei einem Mindestalter von 40 Jahren gem. §§ 53, 55 BAT unkündbar. Diese unkündbaren Beschäftigten müssen also nach einer Privatisierung weiter im öffentlichen Dienst beschäftigt werden. Eine Entlastung der kommunalen Haushalte tritt somit nicht ein.

Den noch kündbaren Angestellten und Arbeitern kann nach den Grundsätzen der betriebsbedingten Kündigung gekündigt werden. Wegfall der Aufgaben, Auflösung einer Dienststelle oder Änderung des Haushaltsplans sind dringende betriebsbedingte Gründe[172]. So ist in der Rechtsprechung entschieden worden, daß die Kündigung des Arbeitsverhältnisses mit einer Raumpflegerin wegen Übertragung der Reinigungsarbeiten auf einen Privatunternehmer durch ein dringendes betriebliches Erfordernis (§ 1 KschG) bedingt ist[173].

Die Tarifverträge über den Rationalisierungsschutz kommen grundsätzlich nicht zur Anwendung, da es sich bei der Privatisierung von Aufgaben nicht um eine Änderung der Arbeitsorganisation mit dem Ziel der rationelleren Arbeitsweise handelt, sondern um die Aufgabe einer bestimmten Tätigkeit zum Zwecke der Kostenersparnis[174].

Der Verlust des Arbeitsplatzes im öffentlichen Dienst bringt für die Beschäftigten erhebliche Nachteile mit sich. Würden sie ihre Tätigkeit

---

171 Vgl. Deutscher Städtetag, S. 19.

172 Großer Senat des BAG AP Nr. 20 zu § 1 KschG; Ebert, Das Recht des öffentlichen Dienstes, S. 468.

173 Vgl. LAG Schleswig-Holstein v. 11. 6. 1976 und v. 8. 9. 1976, ArbG Lübeck v. 25. 5. 1976, alle zitiert bei Scheuring/Lang, BMT-G II, I, Vorbemerkungen zu den §§ 50 - 54, Erl. I, 2, S. 231. 1 f.

174 Vgl. LAG Schleswig-Holstein v. 11. 6. 1976 zu § 2 des Tarifvertrages vom 6. 5. 1970 über den Rationalisierungsschutz für Arbeiter (Privatisierung von Reinigungsarbeiten), zitiert bei Scheuring/Lang (Fn. 173); das ArbG Ludwigshafen hat mit Urteil v. 26. 11. 1974 festgestellt, daß der Verkauf eines Unternehmens (z. B. eines Elektrizitäts- oder Wasserwerks) keine Rationalisierungsmaßnahme darstellt, zitiert bei Scheuring/Lang, BMT-G II, II, § 2 TV über Rationalisierungsschutz für Arbeiter, Erl. 1, S. I/262.

bei einem Privaten fortsetzen, so müßten sie Verschlechterungen in vielen Leistungskategorien hinnehmen, z. B. bei der Wochenarbeitszeit, der Urlaubsdauer oder dem Krankengeldzuschuß[175]. Auch versicherungsrechtlich entstehen Nachteile. Beschäftigte im öffentlichen Dienst haben im Fall der Berufs- oder Erwerbsunfähigkeit oder bei Vollendung des 65. Lebensjahres einen Anspruch auf eine dynamische Versorgungsrente aus einer Zusatzversorgungseinrichtung neben der Rente aus der gesetzlichen Rentenversicherung. Dies ist aufgrund des § 12 BMT-G und § 46 BAT im Tarifvertrag über die Versorgung der Arbeitnehmer des Bundes und der Länder sowie von Arbeitnehmern kommunaler Verwaltungen und Betriebe vom 4. 11. 1966, im Tarifvertrag über die Versorgung der Arbeitnehmer kommunaler Verwaltungen und Betriebe vom 6. 3. 1967 sowie in der Satzung der Versorgungsanstalt des Bundes und der Länder vom 22. 7. 1966 geregelt. Bei Ausscheiden aus dem öffentlichen Dienst erhält der Arbeitnehmer statt der dynamischen Versorgungsrente nur eine nicht dynamische Versicherungsrente.

Schon dieser Nachteile wegen wird sich ein Beschäftigter im öffentlichen Dienst zur einvernehmlichen Lösung des Arbeitsverhältnisses kaum bereitfinden und grundsätzlich auch kein Interesse an einer Weiterbeschäftigung bei dem Privatunternehmer haben. Ebenso wird auch der Privatunternehmer oft zur Übernahme von Beschäftigten nicht bereit sein[176]. Meist ist er nur an der Übernahme bestimmter Arbeitnehmer interessiert, so der private Müllabfuhrunternehmer oft nur an jungen Beschäftigten, die er im Akkord einsetzen kann[177].

Wenn die öffentliche Hand eine Tätigkeit aufgibt und einen Privaten mit der Durchführung von Aufgaben betraut, so stellt das keinen rechtsgeschäftlichen Übergang eines Betriebsteiles auf einen anderen Inhaber dar. Daher sind die Voraussetzungen des § 613 a BGB nicht gegeben[178].

Denkbar ist der Abschluß eines Gestellungsvertrags zwischen der Gemeinde und dem Privaten. Dabei bleibt die Gemeinde Arbeitgeber der überstellten Beschäftigten, während der Private über ihren Arbeitseinsatz verfügt. Mit einem solchen Vertrag kann die Gemeinde den sozialen Besitzstand der von einer Privatisierung Betroffenen wahren und das Problem des Personalüberschusses umgehen. Der

175 Siehe hierzu Tofaute, WSI-Mitteilungen 1976, 370 (389), der die Arbeitsbedingungen im öffentlichen Dienst und bei privaten Städte- und Gebäudereinigungsbetrieben vergleicht.

176 Vgl. Deutscher Städtetag, S. 18.

177 Vgl. Tofaute (Fn. 175).

178 So LAG Schleswig-Holstein v. 8. 9. 1976 und v. 30. 8. 1976, zitiert bei Scheuring/Lang, BMT-G II, I, Vorbemerkungen zu den §§ 50 - 54, Erl. I, 2, S. 231. 1 f.

Private verfügt über eine Reihe in dem privatisierten Aufgabenbereich erfahrener Arbeitnehmer[179]. Zu bedenken ist aber, daß in der Regel nicht alle Beschäftigten von der Überstellung Gebrauch machen. Daher muß der Private neue Leute einstellen. Es entsteht eine zweite Gruppe von Arbeitnehmern, die meist schlechteren Lohn- und Arbeitsbedingungen ausgesetzt sind. Die Belegschaft kann gespalten und gegeneinander ausgespielt werden. Auch sind nicht alle Probleme schlechterer Arbeitsbedingungen bei Privaten gelöst[180].

Am ehesten werden Arbeitnehmer bereit sein zu dem Privaten zu wechseln, wenn Aufgaben auf gemeinnützige Organisationen übertragen werden, weil dort ähnliche Beschäftigungs- und Arbeitsbedingungen wie im öffentlichen Dienst bestehen. Auch sind solche Organisationen oft an der Übernahme von Beschäftigten interessiert[181].

VIII. Besondere Pflichten im öffentlichen Dienst

Gegenüber den Bürgern obliegen den Angehörigen des öffentlichen Dienstes besondere Pflichten, die sich aus Gesetzen, Tarif- und Arbeitsverträgen ergeben. So haben sich die Beschäftigten aus dem Grundsatz der Befangenheit heraus einer Tätigkeit zu enthalten, wenn Kollisionen mit eigenen privaten Interessen drohen[182]. Auf die Gefahren privater Interessenverstrickung und die Pflicht des Staates, eine rechtsstaatliche Qualität der Aufgabenerfüllung besonders im Bereich der Eingriffsverwaltung zu sichern, ist oben hingewiesen worden[183].

Die Angehörigen des öffentlichen Dienstes sind zu Verschwiegenheit und Vertraulichkeit verpflichtet[184]. Die Einhaltung dieser Pflicht ist nicht nur im Bereich der Eingriffsverwaltung geboten, sondern auch bei bestimmten Einrichtungen der Leistungsverwaltung wie Krankenhäusern, Altenheimen und Kindergärten[185]. Leistungen, die Kenntnis privater Lebensverhältnisse bedingen, sind so zu erbringen, daß keine solchen Kenntnisse nach draußen dringen[186]. Der Bruch besonderer

[179] Vgl. Sauerborn, Fallstudie über die Privatisierung der Müllabfuhr im Landkreis Göttingen, S. 12.

[180] Siehe dazu Sauerborn, S. 41.

[181] Ebenso Deutscher Städtetag, S. 20.

[182] Vgl. zum Handlungsverbot bei Befangenheit z. B. § 59 BBG, § 62 LBG NW, §§ 18, 52 GO BW, Art. 49 BayGO, § 25 HGO, § 26 NGO, §§ 23, 30 Abs. 2 S. 2 GO NW, § 22 GO Rh.-Pf., §§ 27, 30 Abs. 1 KomSelbstVerwG Saar, §§ 22, 32 GO SH, § 16 BNotO, § 7 VwVerfG Berlin, § 81 VwG SH, § 20 VerwVerfG; siehe auch Wolff, VerwR III, S. 280 ff.

[183] Siehe oben 2. Teil A I.

[184] Vgl. z. B. § 61 BBG, § 39 BRRG, § 64 LBG NW, § 18 BNotO, § 9 BAT.

[185] Vgl. Deutscher Städtetag, S. 16.

[186] So auch Deutscher Städtetag, S. 17.

Vertrauensverhältnisse wird in einigen Fällen vom Strafgesetzbuch sanktioniert (§§ 352 b - d, 354, 355, 356). Vertrauensbruch im Verhältnis eines Privaten zum Bürger wird nur in § 203 StGB unter Strafe gestellt. Deshalb sind auch dort, wo zwar kein unmittelbarer Eingriff in Rechte des Bürgers erfolgt, aber eine Beeinträchtigung der Privatsphäre durch Verlautbarung von Kenntnissen über private Lebensverhältnisse droht, besondere vertragliche Sicherungen zu bedenken, wenn eine solche Aufgabe der Leistungsverwaltung privatisiert wird[187].

IX. Das Streikrecht der Beschäftigten

Von besonderer Bedeutung für die Bürger in ihrer Stellung als Leistungsempfänger ist die Frage nach der Auswirkung von Privatisierungsmaßnahmen auf das Streikrecht der Beschäftigten.

Eine Mindermeinung, die von Nikisch vertreten wird, hält einen Streik im öffentlichen Dienst ohne Rücksicht auf die Rechtsstellung des Streikenden schlechthin für verboten[188]. Eine Unterbrechung der Arbeit bei den Trägern öffentlicher Verwaltung berühre so unmittelbar die Interessen der Allgemeinheit, daß ein Staat sich selbst aufgeben würde, wenn er seinen Beschäftigten einen Streik gestatten würde[189].

Die herrschende Meinung hält dagegen nur einen Beamtenstreik für unzulässig, weil mit den hergebrachten Grundsätzen des Berufsbeamtentums gem. Art. 33 Abs. 5 GG nicht vereinbar[190]. Ein Streik der Arbeiter und Angestellten im öffentlichen Dienst wird dagegen grundsätzlich für zulässig erachtet[191]. Diese Beschäftigten unterschieden sich in ihrer Rechtsstellung prinzipiell von den Beamten[192], nicht aber von den Beschäftigten sonstiger Betriebe[193]. Beschränkungen des Streikrechts seien dort anzunehmen, wo es um die Versorgung der Allgemeinheit mit lebensnotwendigen Gütern gehe[194].

Eine beachtliche differenzierende Auffassung wird von Däubler vertreten. Er will die Zulässigkeit eines Streiks im öffentlichen Dienst

---

187 Ebenso Deutscher Städtetag S. 17.

188 Nikisch, Arbeitsrecht II, S. 142 ff.

189 Nikisch, S. 143.

190 BVerfGE 8, 1 (17) v. 11. 6. 1958; Giese/Schunck, Art. 33 Anm. II, 5; Hueck/Nipperdey, Lehrbuch des Arbeitsrechts II, 2, S. 980 ff.; Matthey, in: v. Münch, GG, Art. 33 Rdn. 41 mit weiteren Hinweisen zum Meinungsstreit; Reuß, DVBl 1968, S. 57.

191 Brox/Rüthers, Arbeitskampfrecht, S. 68 f.; Hueck/Nipperdey, S. 983; Reuß, DVBl 1968, 57 (58 f.).

192 Hueck/Nipperdey, S. 983.

193 Reuß, DVBl 1968, S. 57.

194 Hueck/Nipperdey, S. 984; Reuß (Fn. 193).

von der Funktion des Bediensteten abhängig machen[195]. Es komme darauf an, wie sich ein Streik im konkreten Fall auswirke, ob er nur einen Vermögensschaden hervorrufe oder ob er einen Straftatbestand erfülle oder die Menschenwürde Dritter verletze[196].

Wesentlich ist, daß abgesehen vom Beamtenstreik die ganz herrschende Meinung einer funktionalen Betrachtungsweise zuneigt. Es gibt Funktionen in der Gesellschaft, in denen ein Streik nur in Grenzen zulässig ist, gleich ob im öffentlichen Dienst oder in der Privatwirtschaft. Auf die Rechtsform des Unternehmers kann es grundsätzlich nicht ankommen[197]. Beschäftigte in Versorgungsbetrieben oder Krankenhäusern können nur begrenzt von ihrem Streikrecht Gebrauch machen. Es wäre bedenklich, die Bevölkerung tagelang ohne Licht oder Wasser zu lassen[198] oder auf Wochen die Müllabfuhr einzustellen[199]. Eine differenzierende Betrachtung ist angebracht.

Im Ergebnis unterliegt das Streikrecht der Beschäftigten im öffentlichen Dienst deshalb größeren Beschränkungen, weil dieser im wesentlichen die lebensnotwendigen Leistungen für die Bürger erbringt (Sicherung des sozialen Mindeststandards). An der Bedeutung dieser Leistungen ändert sich jedoch nichts, wenn sie infolge Privatisierung nunmehr von Privatunternehmern erbracht werden. Deren Beschäftigte unterliegen denselben Beschränkungen wie die Kollegen im öffentlichen Dienst. Eine Privatisierung wirkt sich demnach auf das Streikrecht der Beschäftigten grundsätzlich nicht aus. Eine Änderung kann sich nach der herrschenden Meinung nur ergeben, wenn Aufgaben, die bisher von Beamten wahrgenommen wurden, privatisiert werden.

B. Steuerungsverluste der öffentlichen Hand

Die Privatisierung von Gemeindeeinrichtungen bringt erhebliche Steuerungsverluste für die öffentliche Hand mit sich. Um diese These zu verdeutlichen, ist es nötig, sich noch einmal die Bedeutung der Gemeindeeinrichtungen vor Augen zu führen.

I. Sozial-, Bildungs- und Kultureinrichtungen

Mit Hilfe eigener Einrichtungen befriedigen die Gemeinden die sozialen Vitalbedürfnisse ihrer Einwohner und sichern ihnen eine

[195] Däubler, in: Hernekamp, Arbeitskampf, S. 164 ff.
[196] Däubler, S. 165.
[197] Reuß (Fn. 193).
[198] Ebenso Däubler, S. 165.
[199] Vgl. Däubler, S. 170 f.

angemessene Teilhabe am gesellschaftlichen und kulturellen Leben. Öffentliche Schulen sichern die Chancengleichheit im Bildungswesen, kommunale Theater, Museen und Volkshochschulen ein breites Bildungs- und Kulturangebot für jedermann. Bei einer Privatisierung dieser Einrichtungen zu eigener privater Finanzierung würden Bildung und Kultur zum Hobby für Begüterte. Öffentliche Einrichtungen im Bereich des Sozialwesens ermöglichen eine vorausschauende Sozialpolitik. In ihren Bildungs- und Sozialeinrichtungen kann die öffentliche Hand ihre gesellschaftspolitischen Vorstellungen, die sich im öffentlichen Prozeß auf der Grundlage demokratischer Willensbildung geformt haben, verwirklichen und so in Konkurrenz mit Einrichtungen Privater den gesellschaftlichen Fortschritt fördern. Nur durch eigene Einrichtungen kann ein genügender öffentlicher Einfluß auf das Bildungs- und Sozialwesen gesichert werden. Die Vorgänge um den § 218 StGB zeigen, wie Private mit ihren Einrichtungen gesetzliche Initiativen und Vorstellungen unterlaufen können. So weigern sich Krankenhäuser konfessioneller Träger rechtmäßige Schwangerschaftsunterbrechungen vorzunehmen. Zwar gibt es auch bei Krankenhäusern der öffentlichen Hand solche Vorgänge, namentlich durch Einflußnahme und Beschlüsse der öffentlichen Träger, z. B. von Kreistagen. Solche Beschlüsse und Einflußnahmen sind jedoch bei öffentlichen Trägern rechtswidrig. Die Organe der Staats- und Selbstverwaltung, denen die Durchführung öffentlicher Aufgaben obliegt, dürfen nicht die Erfüllung ihrer gesetzlich vorgeschriebenen Pflichten partiell verweigern, weil sie die Entscheidung des Gesetzgebers mißbilligen[200]. Sie können zu gesetzlichem Verhalten angehalten werden.

Würde das Gemeinwesen auf eine direkte Einflußnahme auf Sozial- und Bildungseinrichtungen verzichten und diese ganz den Privaten überlassen, so wäre die Gesamtverantwortung des Staates für die gesellschaftliche Entwicklung erheblich beeinträchtigt[201]. Das Ergebnis einer konsequenten Privatisierung wäre nicht mehr Freiheit für alle, sondern nur für wenige oder bestimmte gesellschaftliche Organisationen. Denen sieht sich der einzelne dann gegenüber und nicht mehr den durch demokratische Wahlen legitimierten Organen des Gemeinwesens.

Privateinrichtungen können gerade in Ergänzung öffentlicher Einrichtungen der Freiheit, vor allem für Minderheiten, dienen. Voraussetzung ist aber die Konkurrenz der öffentlichen Hand, wenn nicht statt gesellschaftlichen Fortschritts nur Partikularinteressen gefördert werden sollen.

---

200 Vgl. zu dem ganzen Problem Grupp, NJW 1977, S. 329 ff.

201 Siehe auch Dieckmann, in: Verselbständigung von Verwaltungsträgern, 19 (24).

II. Kommunale wirtschaftliche Unternehmen

Bei der Frage nach der Rolle der kommunalen Wirtschaftsunternehmen in der örtlichen Selbstverwaltung soll zunächst auf ihre allgemeine Bedeutung eingegangen werden. Gesondert wird dann ihr Beitrag zum Umweltschutz und die Zusammenfassung mehrerer Betriebe im sog. Querverbund behandelt.

1. Allgemeine Bedeutung

Versorgungsbetriebe müssen neue Stadtgebiete an die Versorgungsnetze anschließen, neue Energiequellen und Wasservorkommen erschließen und Energie für Krisenzeiten bevorraten. Die Standortwahl für Energieerzeugungsanlagen hat wesentliche Auswirkungen auf die Siedlungsstruktur und muß daher mit der Stadtplanung abgestimmt sein[202]. Ebenso notwendig ist die Koordination zwischen der Planung des öffentlichen Nahverkehrs und der Siedlungsplanung[203]. Der öffentliche Nahverkehr ist erheblich umweltfreundlicher als der Individualverkehr[204]. In städtischen Verdichtungsgebieten ist eine Ausweitung der Verkehrsflächen für den Individualverkehr nicht möglich, ohne die Stadtstruktur zu beeinträchtigen. Der öffentliche Nahverkehr erhält dagegen die Attraktivität der Innenstädte und wirkt ihrer Verkümmerung und Entvölkerung entgegen[205]. Das bedingt eine gemeinwirtschaftliche Zielsetzung des Personennahverkehrs[206]. Das Erwerbsinteresse ist den Zielen der Stadtentwicklung unterzuordnen.

Versorgungs- und Verkehrsunternehmen in kommunaler Trägerschaft gewährleisten optimal die im Interesse aller Bürger notwendige Abstimmung von Stadt-, Verkehrs- und Versorgungsplanung, Umweltschutz und Wirtschaftsförderung[207]. Diese Unternehmen können von den Kommunen planmäßig zur Gemeindeentwicklung eingesetzt werden. Zusätzlich können sie mit ihrem technischen Stab und ihrem Fachpersonal die Stadt auch bei Erfüllung anderer Aufgaben beraten und unterstützen. Sie können für die Gemeinde die Betriebsführung von Einrichtungen mit vorwiegend technischem Charakter, wie Müllver-

---

[202] Vgl. dazu H. J. Vogel, in: Kommunale Unternehmen — Kundeneigen, kundennah, 9 (14).

[203] Siehe auch VÖV-Konzept '76, S. 22.

[204] Siehe dazu VÖV-Konzept '76, S. 12 ff. mit verschiedenen Übersichten.

[205] Vgl. VÖV-Konzept '76, S. 19 f.

[206] Vgl. Verkehrsbericht 1970 der Bundesregierung, BT DrS 6/1350, S. 76.

[207] Vgl. VKU, 10 Thesen zur Stellung der kommunalen Versorgungsunternehmen, S. 21; Merk, Gemeindliche Daseinsvorsorge in neuerer Sicht, S. 12; Koschnik, in: Kommunale Versorgungsunternehmen, S. 22 f.; Steinbeißer, ebenda, 26 (27).

brennung, Klärwerke, Straßenbeleuchtung, Kanalisation, Schwimmbäder usw. übernehmen[208].

Die Vergangenheit hat gezeigt, wie schwierig es ist, private Unternehmen in den genannten Aufgabenbereichen einzusetzen. Sie sind nur bei erheblichen Zugeständnissen bereit, Leistungen über den vertraglich vorgesehenen Umfang hinaus zu erbringen. Fehlplanungen wirken sich bei privaten Unternehmen stärker zu Lasten der Gemeinden aus. Die Gemeinde kann von sich aus keine Kurskorrekturen vornehmen, sondern nur im Einverständnis mit dem Privaten. Das führt insgesamt leicht zu einem Lähmungsprozeß in der Kommunalpolitik[209]. Die Planungshoheit nach dem BBauG reicht nicht aus, die privaten Versorgungs- und Verkehrsunternehmen in die Gemeindeentwicklungsplanung einzubinden. Dazu bedarf es eigener kommunaler Unternehmen.

2. Umweltschutz

Kommunale Unternehmen leisten einen bedeutenden Beitrag zum Umweltschutz. Eine umweltfreundliche Energieversorgung steht dabei im Mittelpunkt.

Die herkömmliche Wärmeerzeugung durch eine Vielzahl von Einzelfeuerungsstätten in den Haushalten, Gewerbe- und Industriebetrieben auf der Basis von Kohle, Koks und Öl trägt erheblich zur Luftverunreinigung in den Städten und Ballungsgebieten bei. Hier kommt es darauf an, umweltfreundliche Heizformen, etwa die Umstellung auf Erdgas oder den Anschluß an Fernheizungen durchzusetzen. Die Gemeinden leisten bei dieser Entwicklung Schrittmacherdienste. So können die Müllbeseitigung, die Energieerzeugung und die Fernwärmeversorgung miteinander verbunden werden. Die bei der Müllverbrennung erzeugte Abwärme kann teils zur Stromerzeugung, teils zur Fernwärmedarbietung genutzt werden. Eine Kooperation zwischen Stadtwerken und Stadtreinigungs- und Fuhrämtern bietet sich geradezu an[210].

Nicht vergessen werden sollte die Sicherung der Trinkwasserversorgung. Hier leisten die städtischen Wasserwerke einen Beitrag zum Umweltschutz, indem sie ihren Einfluß für die Reinhaltung der Gewässer zur Sicherung der Trinkwasserversorgung einsetzen. Auf den Beitrag des öffentlichen Nahverkehrs zur Verminderung der Umweltbelastung ist schon hingewiesen worden.

---

[208] VKU, 10 Thesen zur Stellung der kommunalen Versorgungsunternehmen, S. 21 f.

[209] So auch Gallwas, VVDStRL 29, 211 (220 f.).

[210] Vgl. dazu Schenk, in: Kommunale Versorgungsunternehmen, 37 (39); ders., in: Kommunale Versorgungswirtschaft in Nordrhein-Westfalen, 20 (21).

3. Der Querverbund

Wichtiges Instrument einer umweltfreundlichen Energieversorgung ist der sog. Querverbund, die Zusammenfassung der verschiedenen Versorgungssparten (Elektrizität, Gas und Wasser) in einem Unternehmen unter einheitlicher Leitung[211]. Im Querverbund werden die verschiedenen Energiearten nicht im konkurrierenden Gegeneinander eingesetzt. Es kann vielmehr im Rahmen einheitlicher Planung der jeweils technisch und wirtschaftlich günstigsten Energieart der Vorzug gegeben werden (sog. integrierte Energieversorgung)[212], was bei den knappen Energieressourcen angesichts der Probleme der Kernenergie dringend geboten ist.

Neben der Gewährleistung einer integrierten Energieversorgung dient der Querverbund vor allem der rationellen Betriebsführung. Gemeinsames Management, einheitliche Finanzplanung und einheitliche Personalwirtschaft sind die Vorteile. Daher sind neben den Versorgungssparten oft auch der Nahverkehr und andere Betriebszweige einbezogen, z. B. Bäder. Eine besondere Form der Verbindung von Versorgungs- und Verkehrsbetrieben besteht in einer Holdinggesellschaft, der beide Bereiche, Versorgung und Verkehr, als selbständige Gesellschaften eingegliedert sind.

Zwischen den verschiedenen Sparten des Querverbunds findet ein finanzieller Ausgleich statt. So werden Gewinne der Stromversorgung genutzt, um Verluste anderer Sparten, namentlich der Verkehrsbetriebe, zu decken. Solange darin nicht der dominierende Zweck des Querverbundes besteht, ist diese Praxis nicht zu beanstanden[213].

Würde man nun die gewinnbringenden Versorgungsbetriebe privatisieren — an den wenig rentablen Verkehrsbetrieben besteht meist kein Interesse — so würde eine Entlastung für den Haushalt nicht eintreten. Die Verluste der Verkehrsbetriebe, die aus allgemeinen politischen Gründen hingenommen werden, müßten noch stärker aus dem Haushalt gedeckt oder es müßten die Entgelte kostendeckend gestaltet werden mit der Folge, daß der Individualverkehr überhand nimmt und soziale Randgruppen verstärkt belastet würden.

---

[211] Vgl. allgemein zu den Vorteilen des Querverbunds Kaun, Kommunalwirtschaft 1969, 497 (498).

[212] Vgl. Ahrens, in: Stadtentwicklung und kommunale Versorgungswirtschaft, 33 (39 f.); Koschnik, S. 24; Merk, S. 21.

[213] Ebenso H. H. Klein, Die Teilnahme, S. 84; Scheuner, AfK 1973, 1 (27); Stern/Püttner, Die Gemeindewirtschaft, S. 92; a. A. Emmerich, Das Wirtschaftrecht, S. 360, S. 363; siehe auch Kux, Ansätze zur Privatisierung öffentlicher Aufgaben, S. 39 f.

III. Die Gemeindewirtschaft und das kommunale Einrichtungswesen als Ganzes

Sinn der obigen Ausführungen war es, die Zusammenhänge zwischen den einzelnen Zweigen der Gemeindewirtschaft, zwischen den kommunalen Unternehmen und sonstigen Einrichtungen und der Planung der Gemeindeentwicklung aufzuzeigen. Die an sich sehr verschiedenen Gemeindeeinrichtungen erweisen sich als ein zusammenhängendes Ganzes, das nicht willkürlich zerstückelt werden soll[214]. Hier fügen sich auch Betriebe wie kommunale Bestattungsunternehmen oder Außenwerbung ein. Gemeinsames Merkmal ist die gemeinwirtschaftliche Ausrichtung an öffentlichen Zwecken. Eine Ausnahme bilden nur die rein erwerbswirtschaftlichen, in der Regel nur historisch zu begründenden Gemeindebetriebe wie Brauereien, Ziegeleien usw.

Durch die Privatisierung einzelner Einrichtungen kann leicht die Einheit der Gemeindewirtschaft und des Einrichtungswesens zerstört werden. Die Gemeinde begibt sich der Möglichkeit sozialer Ausgleichungen.

Selbstverantwortliche und effektive Steuerung der Gemeindeentwicklung, der örtlichen Angelegenheiten, setzt eine unmittelbare Einflußnahme durch eigene Einrichtungen voraus. Gegenüber Privaten ist eine Einflußnahme nur begrenzt möglich.

C. Soziale Folgen der Privatisierung kommunaler Aufgaben

Im Sozialstaat, der zur Sicherung eines sozialen Mindeststandards für seine Bürger verpflichtet ist, sind die sozialen Folgen einer Privatisierung kommunaler Einrichtungen für deren Benutzer und Beschäftigte zu bedenken.

I. Folgen für die Benutzer

Viele Gemeindeeinrichtungen werden von den Kommunen in Erfüllung ihrer sozialstaatlichen Pflichten bewußt unter Kostendeckung betrieben, um so ihre Leistungen allen Bürgern gleichmäßig zugänglich zu machen. Würden kostendeckende Entgelte und Gebühren erhoben, so wäre die breite Mehrheit kaum in der Lage, die Sozial- und Kultureinrichtungen der Gemeinden zu benutzen. So müßten die Bür-

---

[214] So auch Stern/Püttner, S. 110; H. H. Klein (Fn. 213).

ger für den Besuch eines Schwimmbades 5 bis 7 DM[215], des Theaters oder der Oper 40 bis 120 DM[216] und eines Museums zwischen 20 und 60 DM[217] aufwenden. Ein Kindergartenplatz würde monatlich 150 DM kosten[218]. Auch die Verkehrsbetriebe erreichen derzeit nur einen Kostendeckungsgrad von 40 % bis 60 %[219]. Am ehesten sind Einzelfahrscheine kostendeckend. Dagegen werden Schüler-, Studenten-, Lehrlings- und Rentnerkarten erheblich subventioniert, ebenso Wochen- und Monatskarten für den Berufsverkehr. Würde nun der öffentliche Nahverkehr generell kostendeckende Entgelte verlangen, so wären die bisher subventionierten sozialen Randgruppen am härtesten getroffen. Im Berufsverkehr würden noch mehr Bürger zum Individualverkehr überwechseln. Die Folgen für die Städte sind unübersehbar.

Eine Privatisierung soll primär den Zweck verfolgen, den kommunalen Haushalt zu entlasten. Das setzt voraus, daß die Aufgaben zu voller eigener Finanzierung den Privaten übertragen werden. Private müssen mit Gewinnen arbeiten. Sie können daher nicht nur Kostendeckung erstreben, sondern Entgelte, die darüber hinausgehen. Damit verteuern sich die Sozial- und Kulturleistungen so sehr, daß die breite Mehrheit faktisch davon ausgeschlossen wird. Auch werden Private darauf sehen, ihre Leistungen dort zu konzentrieren, wo eine hinreichende Nachfrage betriebswirtschaftlich günstig befriedigt werden kann. So würden gewinnorientierte private Verkehrsunternehmen entlegenere Stadtteile mit geringerem Fahrgastaufkommen in wesentlich geringerer Verkehrsfolge bedienen als gemeinwirtschaftlich orientierte kommunale Betriebe. Bei einer Privatisierung kommunaler Aufgaben ist also bei vielen Leistungen eine Erfüllung auf Dauer bei gleicher Qualität wie die öffentliche Erfüllung nicht gesichert.

Es ist festgestellt worden, daß das Sozialstaatsprinzip und der Gleichheitssatz des Art. 3 GG die Sicherung des sozialen Mindeststandards einschließlich einer angemessenen Teilhabe am gesellschaftlichen und kulturellen Leben verlangen. Damit wäre eine Übertragung von Gemeindeeinrichtungen, die aus sozialen Gründen unter Kostendeckung arbeiten, auf gewinnorientierte Private zu eigener voller Finanzierung nicht zu vereinbaren. Was bleibt, ist dann die Subventionierungspflicht. Was ist damit für den kommunalen Haushalt gewonnen? Mangels Einflußnahme und infolge von Monopolisierungstendenzen droht eher eine weitere Belastung.

---

215 Vgl. Deutscher Städtetag, Privatisierung öffentlicher Aufgaben, S. 35.

216 Deutscher Städtetag, S. 31.

217 Deutscher Städtetag, S. 30.

218 Vgl. Wagener, in: Regierbarkeit? Dezentralisation? Entstaatlichung?, 239 (249).

219 Deutscher Städtetag, S. 22.

Es wird allerdings in Zusammenhang mit der Forderung nach Privatisierung diskutiert, von einer allgemeinen Objektförderung zu einer differenzierenden Subjektförderung überzugehen, um Subventionen gezielt den sozial Bedürftigen zukommen zu lassen und Nicht-Bedürftige mit kostendeckenden Entgelten zu belasten[220].

Für einzelne überschaubare Bereiche der Leistungsverwaltung kann ein Übergang zur Subjektförderung durchaus sinnvoll sein und die öffentlichen Haushalte entlasten (z. B. bei der Wohnugsbauförderung). Zu denken ist auch an sozial gestaffelte Gebührensätze oder Entgelte in Kindergärten. Nach Auffassung des HessVGH ist eine soziale Gebührenstaffelung allerdings nur zulässig, wenn das Kommunalabgabengesetz des betreffenden Landes Ausnahmen vom Grundsatz der speziellen Entgeltlichkeit ausdrücklich vorsieht[221]. Weiterhin stellt der VGH die Frage der Vereinbarkeit einer solchen Staffelung mit dem aus dem Gleichheitssatz folgenden Gebot der Gebührengerechtigkeit.

Gegen eine allgemeine Subjektförderung bestehen jedenfalls Bedenken. So werden manche Gemeindeeinrichtungen nicht nur aus sozialen, sondern aus kommunalpolitischen Gründen unter Kostendeckung betrieben (Verkehrsbetriebe). Auch stellt sich die Frage der Praktikabilität. Ein allgemeines System der Subjektförderung würde einen teuren Kontrollapparat notwendig machen[222]. Ebenso ist zu bedenken, daß die öffentliche Bezuschussung dem einzelnen ein Gefühl der Bedürftigkeit vermittelt. Es wäre für den einzelnen sicher unangenehm, vor der Kasse des Schwimmbades einen Steuerbescheid vorzulegen, um seine Bedürftigkeitsklasse nachzuweisen[223]. Für alle Bereiche der kommunalen Leistungsverwaltung Berechtigungsausweise auszustellen, wäre wohl kaum praktikabel[224]. Mit dem Bild des freien Bürgers im sozialen Rechtsstaat ist dies nicht zu vereinbaren.

Rechtlich wäre eine allgemeine Subjektförderung zusätzlich an Art. 3 GG zu messen. Diese Norm läßt zwar sachgerechte Differenzierungen auch nach dem sozialen Status der Benutzer zu; eine allgemeine nach Art und Umfang nicht mehr zu übersehende Differenzierung ist aber mit dem Gleichheitssatz kaum vereinbar. Die Gebühren- und Entgeltestaffelung darf nicht das Steuerrecht ersetzen[225].

---

[220] Vgl. Engels, in: Was soll und kann der Staat noch leisten?, 15 (27 ff., 62 ff.); Fischer-Menshausen, in: Verselbständigung von Verwaltungsträgern, 51 (64 ff.); Kux, Ansätze zur Privatisierung öffentlicher Aufgaben, S. 174 ff., S. 210 ff.; Pausch, Möglichkeiten einer Privatisierung öffentlicher Unternehmen, S. 85 ff.

[221] HessVGH, NJW 1977, 452 (453 f.) v. 28. 9. 1976 mit Anm. Vogel, NJW 1977, S. 454 f.; siehe auch VG Frankfurt, NJW 1977, S. 455 v. 29. 1. 1976.

[222] Vgl. Schleberger, DSt 1976, 690 (692).

[223] Darauf weist Kux, S. 211 hin.

[224] Ebenso Kux, S. 211.

Soweit Anschluß- und Benutzungszwang für kommunale Einrichtungen vorgeschrieben ist, namentlich aus Gründen der Hygiene und der Gesundheitsvorsorge, werden in der Regel kostendeckende Entgelte erhoben, z. B. bei der Müllabfuhr. Für den Bürger wäre mit einer Privatisierung nur etwas gewonnen, wenn die privaten Unternehmen billiger entsorgen würden als die kommunale Müllabfuhr. Dazu ist ein genereller Beweis noch nicht erbracht. Vielmehr gibt es für große Städte Preisvergleiche zwischen der kommunalen Müllabfuhr der Städte und der privaten Müllabfuhr des Umlandes bezogen auf den Literpreis, wonach die öffentliche Hand billiger entsorgt[226]. Selbst dort, wo im Augenblick seitens der Privatwirtschaft kostengünstigere Angebote abgegeben werden, stellt sich die Frage nach der Solidität solcher Angebote und der Dauer der günstigen Preise. Ist erst ein öffentliches in ein privates Monopol verwandelt worden, so ist eine langfristige kontinuierliche Verteuerung der Leistungen zu erwarten. Alle Erfahrungen der Vergangenheit belegen dies.

II. Folgen für die Beschäftigten

Es ist schon bei der Untersuchung der dienst- und arbeitsrechtlichen Folgen der Privatisierung darauf hingewiesen worden, daß die Beschäftigten bei einer Übernahme durch den Privatunternehmer erhebliche Verschlechterungen in vielen Leistungskategorien hinzunehmen hätten, so bei der Wochenarbeitszeit, bei der Urlaubsdauer, beim Krankengeldzuschuß oder bei der Zusatzversicherung neben der Rentenversicherung. Ebenso sind anzuführen die Kündigungs- und Rationalisierungsschutzbestimmungen, die bei den Privaten entweder völlig fehlen oder doch erheblich schlechter sind[227].

Auch die Arbeitsbedingungen bei Privaten entsprechen nicht denen im öffentlichen Dienst. So sind namentlich bei der privaten Müllabfuhr erhebliche Klagen geäußert worden. Ausnutzung der Beschäftigten in bezug auf Einkommen, Arbeitszeit und Gesundheit lassen sich nachweisen[228]. Bei privaten Gebäudereinigern sind Fälle aufgedeckt worden, in denen günstige Angebote nur deshalb unterbreitet werden konnten,

---

225 Siehe auch Schleberger (Fn. 222); Vogel (Fn. 221); Nach Ansicht des HessVGH, NJW 1977, 452 (454) liegt ein Formenmißbrauch vor, wenn Gebühren verlangt werden, wo Steuern zu erheben sind.

226 So eine Untersuchung des VKS, Landesgruppe Bayern aus dem Jahr 1975.

227 Vgl. Tofaute, WSI-Mitteilungen 1976, 370 (389).

228 Vgl. Frankfurter Rundschau v. 5. 2. 1976: Schwere Vorwürfe gegen einen Müllabfuhrbetrieb in Göttingen; siehe dazu auch Tofaute, WSI-Mitteilungen 1976, 370 (390 mit Fn. 91); Sauerborn, Fallstudie über die Privatisierung der Müllabfuhr im Landkreis Göttingen, S. 7, S. 21 ff.

weil durch eine günstige Gestaltung der Arbeitszeit die Sozialversicherungsbeitragsgrenzen oder Lohnsteuerfreiheitsgrenzen unterschritten bzw. umgangen wurden[229]. Für die Folgen hat dann die öffentliche Hand geradezustehen, ebenso bei Arbeitslosigkeit im öffentlichen Dienst freigesetzter Kräfte. Volkswirtschaftlich ist bei solcher Privatisierung nichts gewonnen.

Vielmehr gebietet das Sozialstaatsprinzip (Verbot des sozialen Rückschritts) dem Staat, in Verträgen mit Privaten den sozialen Schutz für die Beschäftigten zu sichern und zu versuchen, den sozialen Besitzstand bei Übernahme von Beschäftigten durch den Privaten einigermaßen zu wahren. Eine Privatisierung ohne Sicherung der sozialen Bedingungen für die Beschäftigten ist sozialstaatswidrig.

[229] Vgl. Tofaute (Fn. 228); Minssen, Fallstudie über die Privatisierung der Gebäudereinigung bei der Stadt Hildesheim, S. 49, S. 62 f.; siehe auch Kürten, in: Ver- und Entsorgung — Wer macht's, S. 48 zu den Erfahrungen in Remagen.

4. TEIL

Folgerungen für die einzelnen kommunalen Aufgabenbereiche

Nachdem die verfassungsrechtlichen Grenzen der Privatisierung kommunaler Aufgaben zunächst allgemein bestimmt und die rechtlichen, politischen und sozialen Folgen einer Privatisierung dargestellt worden sind, sollen daraus Schlußfolgerungen für die einzelnen kommunalen Aufgabenbereiche gezogen werden. Dabei ist zwischen den zwei Arten der Verwaltungstätigkeit zu unterscheiden, zwischen der Eingriffsverwaltung und der Leistungsverwaltung.

A. Eingriffsverwaltung

Als Eingriffsverwaltung wurde die Verwaltung definiert, „die mit Erlaubnisvorbehalten, Befehlen und notfalls mit Zwang in das freie Belieben der Menschen eingreift“[1]. Auf dem Gebiet der Eingriffsverwaltung werden in Deutschland traditionell auch Private mit der Wahrnehmung von Hoheitsaufgaben und -befugnissen betraut (z. B. Schornsteinfeger, der Sachverständige beim TÜV, Jagdaufseher, Schiffs- und Flugkapitäne).

I. Materiell-rechtliche Grenzen der Privatisierung

Das Rechtsstaatsprinzip und Art. 33 Abs. 4 GG setzen der Übertragung von Aufgaben auf Private im Bereich der Eingriffsverwaltung Grenzen.

Es ist festgestellt worden, daß das Rechtsstaatsprinzip eine bestimmte Qualität der Erfüllung von Aufgaben, die Eingriffe in die Rechte der Bürger bedingen, fordert, wobei entsprechend geschulte und gebildete Angehörige des öffentlichen Dienstes dafür die größte Gewähr bieten. Daher sind solche Aufgaben grundsätzlich von staatlichen Behörden in Verantwortung gegenüber der Regierung und damit mittelbar gegenüber dem Parlament wahrzunehmen und, soweit es kommunale

[1] Wolff/Bachof, VerwR I, S. 20.

Selbstverwaltungsangelegenheiten betrifft, z. B. auf dem Gebiet der Abgabenverwaltung, auch in Verantwortung gegenüber der Bürgerschaft[2].

Dem Funktionsvorbehalt des Art. 33 Abs. 4 GG ist eine quantitative Begrenzung der Übertragung hoheitsrechtlicher Befugnisse auf Private zu entnehmen.

Daraus folgt, daß der Einsatz Privater im Bereich der Eingriffsverwaltung nur in Ausnahmefällen zulässig ist, nämlich zur Durchführung staatlicher Randaufgaben, bei denen der größere Sachverstand eine Inanspruchnahme Privater nahelegt oder eine staatliche Durchführung unverhältnismäßige Aufwendungen erfordern würde[3]. In jedem Fall muß bei einer Übertragung von Aufgaben der Eingriffsverwaltung deren rechtsstaatliche Erfüllung gesichert sein.

Als Beispiel einer zulässigen Privatisierung kann die Übertragung von polizeilichen Aufgaben auf Schiffs- und Flugkapitäne dienen. Es wäre in der Regel unverhältnismäßig, ihnen jeweils staatliche Polizeikräfte zur Wahrung der öffentlichen Sicherheit und Ordnung an Bord mitzugeben. Die Gefahr privater Interessenverstrickung ist gering.

Dagegen ist nach den aufgeführten Grundsätzen etwa die Privatisierung der Polizei durch Anmieten privater Polizeifirmen, der Steuereinziehung durch ein privates Inkassobüro, der Gewerbeaufsicht oder der Gesundheitsaufsicht verfassungsrechtlich unzulässig. Auch die Aufstellung einer öffentlichen Bürgerwehr und die Übertragung hoheitlicher Befugnisse auf deren Angehörige begegnet starken verfassungsrechtlichen Bedenken. Es fehlt an der notwendigen Ausbildung, den erforderlichen Rechtskenntnissen und der dauerhaften Einbindung in die staatliche Verwaltung mit der langfristigen Orientierung am Gemeinwohl, um eine rechtsstaatliche Aufgabenerfüllung sicherzustellen.

II. Der Vorbehalt des Gesetzes

Auch wenn eine Übertragung von Aufgaben der Eingriffsverwaltung im Einzelfall materiell zulässig ist, können die Verwaltungen die Privatisierung nicht nach freiem Belieben vornehmen. Sie sind formell gebunden durch den Grundsatz vom Vorbehalt des Gesetzes.

Der Vorbehalt des Gesetzes, der dem Gebot der Gesetzmäßigkeit der Verwaltung aus Art. 20 Abs. 3 GG zu entnehmen ist, besagt, daß jeder Eingriff in die Rechte einer Person einer gesetzlichen Ermächti-

---

[2] Siehe oben 2. Teil A I.

[3] Siehe auch Ossenbühl, VVDStRL 29, 137 (148).

gungsgrundlage bedarf[4]. Daraus ist zu folgern, daß eine Privatperson eine öffentlich-rechtliche Handlung nur vornehmen darf, wenn ihr die entsprechende Befugnis aufgrund gesetzlicher Ermächtigung verliehen worden ist. Dieser Grundsatz ist durch die entsprechende positivrechtliche Regelung in § 24 Abs. 1 des schleswig-holsteinischen Landesverwaltungsgesetzes bestätigt worden[5]. Danach dürfen Aufgaben der öffentlichen Verwaltung in den Handlungsformen des öffentlichen Rechts nur aufgrund eines Gesetzes oder unmittelbar durch Gesetz auf Personen des Privatrechts übertragen werden.

Dagegen hält *Greß* eine Spezialermächtigung zur Übertragung hoheitlicher Verwaltung, und zwar sowohl der Eingriffs- als auch der Leistungsverwaltung nicht für notwendig, weil dies dem Grundsatz der Allzuständigkeit des Staates widerspreche[6].

Diese Argumentation ist aber nicht schlüssig. Die Allzuständigkeit des Staates kann nicht zur Freizeichnung der Exekutive von gesetzlichen Bindungen führen. Ein wirksamer Rechtsschutz des einzelnen ist nur gewährleistet, wenn sowohl die Zulässigkeit des Eingriffs in seine Rechte als solche als auch die Stelle, die diesen Eingriff durchführen darf, gesetzlich bestimmt ist. Auch die Übertragung einer Aufgabe der Eingriffsverwaltung auf Private bedarf daher einer gesetzlichen Grundlage. Bei anderer Auffassung wäre der einzelne der Willkür der Verwaltung ausgeliefert.

Eine Ausnahme vom Grundsatz des Gesetzesvorbehalts wird man aus Gründen der Praktikabilität nur in Bagatellfällen anerkennen dürfen (Schüler vertreten den Lehrer, Privatpersonen helfen der Polizei). Diese Ausnahmen sind im wesentlichen auf freiwillig übernommene, unselbständige Verwaltungshilfen zu beschränken[7].

Der kommunalen Eingriffsverwaltung liegen jeweils spezielle gesetzliche Regelungen zugrunde. Das gilt für Aufgaben des übertragenen Wirkungskreises ebenso wie für Selbstverwaltungsangelegenheiten, etwa auf dem Gebiet der Abgabenverwaltung[8]. Ohne eine gesetzliche Ermächtigung zur Delegation dieser Aufgaben auf Private darf die Gemeinde die Aufgabe nicht privatisieren. Damit ist ausgeschlossen, daß die Bauaufsicht auf ein privates Architektenbüro übertragen wird; ebensowenig können sonstige ordnungsbehördliche Aufgaben auf Pri-

---

[4] Vgl. Maunz, in: Maunz/Dürig/Herzog, Art. 20 Rdn. 124, Rdn. 126; Schnapp, in: v. Münch, GG, Art. 20 Rdn. 38; Püttner, Allg. VerwR, S. 49; Wolff/Bachof, VerwR I, S. 184 f.; Foerster, SKV 1967, 198 (199).

[5] Siehe dazu auch Foerster, SKV 1967, 198 (199).

[6] Greß, SKV 1967, 122 (127).

[7] Vgl. dazu Ossenbühl, VVDStRL 29, 137 (174); Zuleeg, DÖV 1970, 627 (631).

[8] Vgl. Foerster, SKV 1967, 198 (199).

vate übertragen werden oder etwa die Gebührenfestsetzung und -eintreibung auf ein privates Inkassobüro[9].

B. Leistungsverwaltung

Die Leistungsverwaltung dient dem Austausch von Leistungen zwischen Bürger und Verwaltung und der Förderung von Personen. Dort, wo der einzelne nicht hoheitlichem Zwang unterliegt, sondern weitgehend selbst entscheiden kann, ob er eine ihm angebotene Leistung annehmen will oder nicht, stellt sich die Frage nach der rechtlichen Zulässigkeit der Privatisierung vom Ansatz her anders.

I. Allgemeine Grundsätze

In der kommunalen Selbstverwaltung ist zu unterscheiden zwischen den kommunalen Pflichtaufgaben, deren Wahrnehmung den Gemeinden gesetzlich auferlegt ist, und den sog. freiwilligen Selbstverwaltungsaufgaben, die die Gemeinden im Rahmen ihrer Allzuständigkeit in örtlichen Angelegenheiten übernehmen. Im Bereich der freiwilligen Selbstverwaltungsaufgaben kann eine Privatisierung kommunaler Aufgaben vom Grundsatz her in Betracht kommen[10]. Hier steht den Kommunen ein Eigeninitiativrecht und Gestaltungsfreiheit zu. Sie sind jedoch gebunden durch die Grundentscheidungen der Verfassung, namentlich Art. 3 GG und das Sozialstaatsprinzip und deren Konkretisierungen in den Bestimmungen der Gemeindeordnungen, die die Pflicht normieren, die für das Wohl der Einwohner erforderlichen Einrichtungen zu schaffen.

Aus allgemeinen Gründen rechtsstaatlichen Verwaltungshandelns sind bei einer Privatisierung kommunaler Leistungsaufgaben auch ohne ausdrückliche gesetzliche Normierung zunächst die Grundsätze zu beachten, die vorbildlich in § 24 Abs. 2 Landesverwaltungsgesetz Schleswig-Holstein festgehalten sind[11]. Danach ist eine Privatisierung grundsätzlich zulässig, sofern

1. die Aufgabe von dem übertragenden Träger der öffentlichen Verwaltung auch in den Handlungsformen des privaten Rechts erfüllt werden darf,

[9] Ebenso Foerster, SKV 1967, 198 (199 f.).

[10] So auch Foerster, SKV 1967, 198 (199); Deutscher Städtetag, Privatisierung öffentlicher Aufgaben, S. 13.

[11] Vgl. dazu Foerster, SKV 1967, 198 (199).

2. die Zuständigkeit einer Behörde nicht ausdrücklich vorgeschrieben ist und
3. die Eigenart der Aufgabe oder ein überwiegendes öffentliches Interesse der Übertragung nicht entgegenstehen.

Bei kommunalen Pflichtaufgaben werden diese Voraussetzungen in der Regel nicht erfüllt sein; bei freiwilligen Aufgaben der Selbstverwaltung können sie vorliegen[12]. Die Merkmale „Eigenart der Aufgabe" und „überwiegendes öffentliches Interesse" sind unter Berücksichtigung der rechtlichen, kommunalpolitischen und sozialen Folgen einer Privatisierung an Hand der oben ermittelten Verfassungsgebote auszulegen.

Das Sozialstaatsprinzip weist den Gemeinden eine Garantiefunktion für die örtlichen Einrichtungen zu, die zur Sicherung des sozialen Mindeststandards der Einwohner notwendig sind. Diese Funktion nehmen die Gemeinden vornehmlich durch eigene öffentliche Einrichtungen wahr. Weiterhin sind die Gemeinden zur örtlichen Sozialplanung im Sinne planmäßiger Infrastrukturpolitik verpflichtet. Die Förderung wirtschaftlicher Monopolstellungen und sozialer Rückschritt sind ihnen verboten. Der Teilhabeanspruch des einzelnen aus Art. 3 GG ist zu sichern.

Art. 28 Abs. 2 GG enthält nicht nur das Recht, sondern auch die Pflicht zur Selbstverwaltung. Die Gemeinden haben sich einen dirigierenden Einfluß auf die Gemeindeentwicklung zu bewahren. Daher sind Privatisierungen nur partiell zulässig.

Außerdem ist für einzelne Gemeindeeinrichtungen an den Bestandsschutz des Art. 15 GG für öffentliche Unternehmen, die Mittel oder Hilfsmittel der Produktion sind, und an die aus Art. 2, 4 und 6 GG folgende Pflicht, für diejenigen, die Einrichtungen weltanschaulich gebundener Träger ablehnen, eigene weltanschaulich neutrale Einrichtungen zur Verfügung zu stellen, zu erinnern.

Aus diesen Verfassungsgeboten ergeben sich folgende allgemeine Kriterien, die bei einer Privatisierung kommunaler Aufgaben zu beachten sind und die Zulässigkeitsvoraussetzungen für die Privatisierung solcher Einrichtungen darstellen, die zur Sicherung des sozialen Mindeststandards der Einwohner unterhalten werden:

— Sicherung eines flächendeckenden und gleichmäßigen Leistungsangebots zu sozial angemessenen Bedingungen
— Sicherung der Leistungsdarbietung durch den Privaten auf Dauer
— Erhaltung der Leistungsqualität

---

[12] Vgl. Foerster (Fn. 11).

- Verhinderung privater Monopolstellungen, zumindest ausreichende öffentliche Kontrolle, wo Monopole unvermeidbar sind
- Ausgleich von Grundrechtsdefiziten bei Einrichtungen, die die personale Existenz des einzelnen berühren (z. B. Sicherung weltanschaulicher Toleranz)
- Ausgleich von Haftungsdefiziten, vor allem bei Einrichtungen mit Anschluß- und Benutzungszwang
- Sicherung eines dirigierenden Einflusses auf die gemeindliche Entwicklung und Erhaltung genügender eigener Einrichtungen zur gemeindlichen Sozialplanung
- Bei Privatisierung kommunaler Versorgungs- und Verkehrsunternehmen ist der Nachweis eines dringenden öffentlichen Zwecks und der Nachweis, daß keine Nachteile für die Erfüllung öffentlicher Aufgaben entstehen, zu führen
- Sicherung des sozialen Status der Beschäftigten bei Übernahme durch den Privaten
- Sorge für die Einhaltung der gesetzlichen Bestimmungen über Arbeits- und Sozialbedingungen (v. a. Sozialversicherungspflicht) bei den Privaten.

Diese Kriterien zur verfassungsrechtlichen Zulässigkeit der Privatisierung kommunaler Leistungsaufgaben sind zunächst sehr allgemein gehalten. Das liegt daran, daß zwischen den einzelnen Aufgabenbereichen Unterschiede hinsichtlich ihrer verfassungsrechtlichen Stellung bestehen. Aus den allgemeinen verfassungsrechtlichen Feststellungen sind jeweils Folgerungen für den konkreten zur Privatisierung anstehenden Aufgabenbereich zu ziehen.

Im folgenden sollen wichtige Bereiche der kommunalen Leistungsverwaltung dargestellt werden. Angesichts der Vielzahl kommunaler Betätigungen kann die Darstellung nur als beispielhaft angesehen werden. Vollständigkeit ist nicht erstrebt.

II. Fallgruppen einer Privatisierung kommunaler Leistungsaufgaben

1. Energie- und Wasserversorgung

Die kommunalen Versorgungsunternehmen nehmen einen zentralen Platz in der örtlichen Daseinsvorsorge ein. Sie erfüllen die sozialstaatlichen Aufgaben der Versorgung mit Strom, Gas und Wasser nach gemeinwirtschaftlichen Grundsätzen unter bürgerschaftlicher Kontrolle. Für die Frage der Zulässigkeit ihrer Privatisierung ist ihre verfassungsrechtliche Stellung in doppelter Hinsicht zu untersuchen. Es ist zu prüfen, ob diese Unternehmen verfassungsrechtlichen Schutz gegenüber einer Privatisierung durch Gesetz genießen und ob die Gemeinden selbst bei Privatisierungsbeschlüssen verfassungsrechtlichen Bindungen unterliegen.

a) Privatisierung durch Gesetz

Ein Eingriff in die kommunalen Versorgungsunternehmen durch Privatisierungsgesetze oder ähnliche gesetzliche Maßnahmen ist dann verfassungswidrig wegen Verstoßes gegen Art. 28 Abs. 2 GG, wenn die Versorgung der Gemeindeeinwohner mit Wasser und Energie durch gemeindeeigene Unternehmen zum Wesensgehalt der kommunalen Selbstverwaltung gehört.

Seit Ende des vorigen Jahrhunderts haben die gemeindeeigenen Versorgungsunternehmen das Bild und die Struktur der deutschen Gemeinden maßgeblich geprägt[13]. In neuerer Zeit sind im Energiebereich allerdings Wanderungsprozesse zur überörtlichen Energieversorgung festzustellen. So hat sich die Anzahl der EVU von 1955 bis 1974 über die Hälfte reduziert[14]. Die dominierende Stellung auf dem Stromsektor nehmen die überregionalen gemischt-wirtschaftlichen Verbundunternehmen wie das RWE ein[15]. Auch nahezu alle kommunalen Unternehmen sind von Stromlieferungen der Verbundunternehmen abhängig[16]. Ebenso beziehen sie fast ihr gesamtes Gas von den großen Ferngasgesellschaften[17].

Aus dieser Entwicklung ziehen einige den Schluß, die Erzeugung und Verteilung von Energie gehöre nicht mehr zu den typusbestimmenden Gemeindeangelegenheiten und damit zum unantastbaren Wesenskern der kommunalen Selbstverwaltung[18].

Um zu klären, ob tatsächlich ein derartiger Entörtlichungsprozeß in der Versorgungswirtschaft stattgefunden hat, daß die kommunale Versorgung der Gemeindeeinwohner mit Energie aber auch mit Wasser nicht mehr zu den typusbestimmenden Selbstverwaltungsangelegenheiten gezählt werden kann, ist die heutige Bedeutung der kommuna-

[13] Siehe dazu oben 3. Teil A VI 1.

[14] Vgl. Monopolkommission, Hauptgutachten, S. 386 Tz. 708: 1955 gab es im Bundesgebiet noch 3 000 EVU, 1971 nur noch 1 378, für 1974 wird die Zahl der öffentlichen EVU auf 1 200 bis 1 300 geschätzt.

[15] Vgl. Monopolkommission, Hauptgutachten, S. 302 Tz. 572.

[16] Monopolkommission, Hauptgutachten, S. 405 Tz. 743.

[17] Monopolkommission, Hauptgutachten, S. 341 Tz. 629.

[18] So Emmerich, Die kommunalen Versorgungsunternehmen, S. 21; ders., Das Wirtschaftsrecht, S. 100; Depenbrock, Die Stellung der Kommunen in der Versorgungswirtschaft, S. 77 ff.; Fischerhoff, DÖV 1960, 41 (45); ders., DÖV 1957, 305 (314).

len Versorgungsunternehmen näher zu untersuchen. Dabei soll zunächst ihre Bedeutung für die Versorgungswirtschaft insgesamt und danach für die gemeindliche Selbstverwaltung im besonderen ermittelt werden.

aa) Die Bedeutung kommunaler Versorgungsunternehmen in der Versorgungswirtschaft

Von den etwa 1200 bis 1300 im Bundesgebiet bestehenden öffentlichen EVU befinden sich die meisten in kommunaler Hand. Der weitaus größte Anteil an der Stromerzeugung und Stromabgabe kommt allerdings den gemischt-wirtschaftlichen Verbundunternehmen zu, teilweise auch den großen kommunalen EVU. Immerhin entfielen nach einer Statistik aus dem Jahre 1974 26,6 % der nutzbaren Stromabgabe aus dem öffentlichen Netz der Bundesrepublik (ohne Überleitungsverluste) auf die Mitgliedsunternehmen des VKU[19]. In der örtlichen Stromversorgung dominieren die kommunalen Unternehmen.

Ebenso nehmen die kommunalen Unternehmen in der örtlichen Gasversorgung eine beherrschende Stellung ein. 87,2 % der örtlichen Gasversorgungsunternehmen (OGU) befinden sich ganz in öffentlicher Hand, nur 2,9 % in ausschließlich privater Hand[20]. Die 87,2 % der öffentlichen OGU waren zu 80 % am Aufkommen der Ortsgaswirtschaft beteiligt[21]. Allerdings setzt sich ihre Gasabgabe zu 91 % aus fremdbezogenem Gas zusammen[22]. Von den öffentlichen OGU sind nur 12 % reine Gasversorgungsunternehmen. Die meisten sind im Querverbund mit Elektrizitäts- und Wasserwerken zusammengeschlossen[23].

Ähnlich ist das Bild in der örtlichen Trinkwasserversorgung. Auch hier dominieren die kommunalen Unternehmen[24].

Auf die Bedeutung des Querverbunds zur Entwicklung einer einheitlichen technisch-wirtschaftlichen Konzeption der Energieversorgung ist schon hingewiesen worden[25]. Die Ölkrise und die Diskussion um die Kernenergie zeigen die Notwendigkeit einer sparsamen und rationellen Energieversorgung auf. Gerade hier können kommunale Unternehmen neue Wege weisen. Mit der Errichtung von Heizkraftwerken können die Möglichkeiten der Kraft-Wärmekoppelung genutzt werden.

[19] Statistischer Bericht BMW, Referat Elektrizitätswirtschaft (Tafel 28), zitiert nach VKU, Kommunale Versorgungswirtschaft 1974 - 1975, Übersicht 2, S. 21.

[20] Monopolkommission, Hautgutachten, S. 342 Tz. 630.

[21] Monopolkommission (Fn. 20).

[22] Monopolkommission, Hauptgutachten, S. 341 Tz. 629.

[23] Monopolkommission, Hauptgutachten, S. 342 Tz. 630.

[24] Vgl. VKU, Kommunale Versorgungswirtschaft 1974 - 1975, Übersicht 4, S. 23; Püttner, Die öffentlichen Unternehmen, S. 80.

[25] Siehe oben 3. Teil B II 3.

Diese Werke weisen geringere Blockgrößen als übliche konventionelle Kraftwerke aus und können in Ballungsgebieten mit hoher Wärmeabnahmedichte rentabel betrieben werden[26]. Hier können Ver- und Entsorgung einer Stadt verbunden werden, indem die bei der Müllverbrennung entstehende Abwärme zur Stromerzeugung und Fernwärmedarbietung genutzt wird.

Nicht zu verkennen ist die Entwicklung zu immer größeren Kraftwerkblöcken. Hier wird rationelle Stromerzeugung durch kommunale EVU zunehmend schwieriger. Große Kraftwerkblöcke müssen in entsprechend räumlich weite Versorgungsnetze eingebunden sein. Für die kommunalen Unternehmen besteht hier die Notwendigkeit der Kooperation, namentlich durch die Errichtung von Gemeinschaftskraftwerken durch mehrere kommunale Unternehmen. So kann der Anschluß an neue Technologien (Kernkraft, Sonnenenergie) gewahrt bleiben. Außerdem fördert die Beteiligung der kommunalen Unternehmen an der Enegieerzeugung durch Großprojekte den Leistungswettbewerb zwischen den EVU verschiedener Stufen und stärkt die Position der Kommunen gegenüber den großen Verbundunternehmen, von denen sie nach wie vor einen Teil ihres Stroms beziehen müssen[27]. Hier ist allerdings darauf hinzuweisen, daß diese Ziele nur zu erreichen sind, wenn die Partner nicht zu den bisherigen Stromlieferanten gehören[28].

Wichtig ist auch die Kooperation bei der Gas- und Wasserbeschaffung in Form von Gemeinschaftsunternehmen zum Gaseinkauf und Gastransport und in Zweckverbänden zur Sicherung der Trinkwasserversorgung.

Die kommunalen Unternehmen tragen zur Erhaltung einer pluralistischen Struktur der Versorgungswirtschaft bei. Eine Stärkung der kommunalen Energieversorgung kann den weitgehenden Konzentrationsprozessen zugunsten der überregionalen Verbundunternehmen wie dem RWE entgegenwirken. Daher empfiehlt auch die Monopolkommission die Stärkung lokaler EVU und den Ausbau ihrer Eigenerzeugung[29]. Neben den Gemeinschaftskraftwerken ist vor allem an Heiz-, Spitzenkraftwerke und Reserveanlagen zu denken. Die Stromerzeugungskosten in diesen Anlagen sind in der Regel geringer als der Aufwand für die entsprechende Strombeschaffung von den Verbundunternehmen[30].

---

[26] So auch die Einschätzung der Monopolkommission, Hauptgutachten, S. 406 Tz. 744.

[27] Siehe dazu auch „Kommunale Stromkooperation — Köln, Düsseldorf und Duisburg", Demokratische Gemeinde 1977, S. 439.

[28] Vgl. Monopolkommission (Fn. 26).

[29] Monopolkommission, Hauptgutachten, S. 406 Tz. 744.

[30] Vgl. Baurichter, in: Kommunale Versorgungswirtschaft in Nordrhein-Westfalen, 13 (17).

Es ist zwar theoretisch denkbar, die lokale Stellung der EVU bei einer Privatisierung zu erhalten, indem man sie auf Private überträgt, die nicht von den großen Regional- und Verbundunternehmen abhängig sind. Bisher zeichnet sich eine solche Lösung nicht ab. Große Privatunternehmen der Elektrizitätsbranche, die im vorigen Jahrhundert die Elektrizitätswerke mitaufgebaut haben, sind vielfach mit den Verbundunternehmen verschränkt, etwa durch Betreiben gemeinsamer Kernkraftwerke, so daß sie ausscheiden.

bb) Die Bedeutung kommunaler Versorgungsunternehmen für die gemeindliche Selbstverwaltung

Die Versorgung mit Strom, Gas und Wasser dient der Befriedigung lebensnotwendiger Bedürfnisse der Bevölkerung. Krisenfeste Versorgungsbetriebe, die ihre Leistung stetig darbringen, sind daher unerläßlich. Weiterhin muß gewährleistet sein, daß die Leistungen zu sozialen Bedingungen erbracht werden[31]. Auf die Bedeutung der Versorgungsbetriebe für die Stadtentwicklung ist bereits hingewiesen worden[32]. Die Versorgungsbetriebe stehen somit in vielfältigem Zusammenhang mit anderen öffentlichen Aufgaben. Aus diesen Gründen sind sie nach gemeinwirtschaftlichen Grundsätzen zu führen und dürfen nicht rein erwerbswirtschaftlich ausgerichtet sein[33]. Das bedingt die bürgerschaftliche Kontrolle und Einflußnahme auf die örtliche Versorgungswirtschaft.

Hinzu kommt, daß aus technischen und wirtschaftlichen Gründen in der örtlichen leitungsgebundenen Energie- und Wasserversorgung Monopole unvermeidbar sind. Es stellt sich das Problem der Kontrolle. Die Versorgungswirtschaft in kommunaler Trägerschaft verbindet optimal die Monopolkontrolle und den Einsatz der EVU als Instrument der Stadtentwicklung.

cc) Schlußfolgerungen für die verfassungsrechtliche Stellung kommunaler Versorgungsunternehmen

Die obigen Ausführungen zeigen, daß trotz gewisser Wanderungsprozesse zur überörtlichen Energieversorgung, die vor allem kleinere kommunale Unternehmen betreffen, den gemeindeeigenen Unternehmen nach wie vor eine wesentliche Bedeutung auf dem Gebiet der

[31] So schon BayVerfGH VGHE (n. F.) 10 II, 113 (122) v. 23. 12. 1957.

[32] Siehe oben 3. Teil B II 1.

[33] Vgl. BayVerfGH (Fn. 31); der vom Gericht gezogenen Schlußfolgerung, deshalb gehörten die kommunalen Versorgungs- und Verkehrsunternehmen nicht zu den wirtschaftlichen Unternehmen, kann indes nicht gefolgt werden. Die Erfüllung von Aufgaben der kommunalen Daseinsvorsorge und wirtschaftliche Betätigung schließen sich nicht aus.

Energieversorgung zukommt, und zwar nicht nur in der Energieverteilung, sondern auch in der Energieerzeugung. Es gibt sicherlich EVU kleinerer Gemeinden, die die Grenze ihrer Leistungsfähigkeit erreicht haben. Hier bieten jedoch Kooperation und Zusammenschluß zu gemischt-öffentlichen Unternehmen Lösungsmöglichkeiten. Dagegen könnte die Bedeutung der Unternehmen größerer Städte in der Zukunft gerade unter dem Gesichtspunkt der Gegenmacht gegenüber den überregionalen Großkonzernen der Energiewirtschaft und angesichts der Notwendigkeit einer rationellen und sparsamen Energieversorgung eher zunehmen. Die kommunalen Versorgungsunternehmen erbringen insoweit wesentliche Teilleistungen im Rahmen der Gesamtkonzeption der westdeutschen Energieversorgungswirtschaft, vor allem durch ihr Konzept der integrierten Energieversorgung und der Erschließung ortsnaher Energiequellen. Dies entspricht einem modernen Selbstverwaltungsverständnis, nach dem sich die Selbstverwaltungsidee zunehmend in der Darbietung von Teilleistungen im Rahmen eines kooperativen Verbundes verwirklicht. Gerade die größeren Städte benötigen zudem die eigenen Unternehmen zur Stadtplanung, zum Umweltschutz und zur Wirtschaftsförderung. Für sie kann von einer Entörtlichung der Energieversorgung keine Rede sein[34].

Daher kann festgestellt werden, daß die gemeindeeigenen Energieversorgungsunternehmen auch heute noch das Bild der westdeutschen Gemeinden maßgeblich prägen. Daran ändert sich auch nichts, wenn bei den kleineren EVU weitere Entörtlichungsprozesse stattfinden. Bei kommunalen Einrichtungen ist durchaus zwischen verschiedenen Gemeindegruppen zu differenzieren[35]. Auch Einrichtungen, die nur einen bestimmten Gemeindetypus, z. B. größere Städte, prägen, können zum Wesensgehalt der Selbstverwaltung gehören[36].

Die kommunalen EVU sind aus der heutigen Selbstverwaltung nicht hinwegzudenken, ohne daß das Bild der Gemeinden insgesamt wesentlich andere Gestalt annimmt. Gleiches läßt sich von der kommunalen Wasserversorgung sagen. Hier rechtfertigen vor allem hygienische Gründe und der daraus resultierende Anschluß- und Benutzungszwang eine kommunale Betätigung[37]. Daher gehört die Versorgung der Einwohner mit Wasser und Energie durch gemeindeeigene Unternehmen zum Wesenskern der Selbstverwaltung[38]. Damit ist den Gemeinden

---

[34] Vgl. Evers, Das Recht der Energieversorgung, S. 77.

[35] Vgl. Stern/Püttner, Die Gemeindewirtschaft, S. 156.

[36] Stern/Püttner, S. 155 f., S. 163.

[37] Vgl. Stern/Püttner, S. 162.

[38] Ebenso Stern, in: BK, Art. 28 Rdn. 89; ders., Kommunalwirtschaft und Verfassungsrecht, S. 20 f.; ders., Die verfassungsrechtliche Position der kommunalen Gebietskörperschaften, S. 30 ff.; ders., AfK 1964, 81 (90); Stern/Püttner, S. 162; Püttner, Das Recht der kommunalen Energieversorgung,

kein Versorgungsmonopol zugestanden, wohl aber das Recht, diese Versorgungsaufgaben durch eigene Unternehmen wahrnehmen zu lassen[39]. Eingriffe in die kommunalen Versorgungsunternehmen durch Privatisierungsgesetze und ähnliche Maßnahmen verstoßen gegen Art. 28 Abs. 2 GG.

b) Privatisierung durch die Kommunen selbst

Für die Privatisierungsdiskussion ist wesentlich die Frage, ob auch die Privatisierung kommunaler Versorgungsunternehmen durch Gemeinderatsbeschlüsse verfassungsrechtlichen Beschränkungen unterliegt.

Grundsätzlich steht es im Bereich der gemeindlichen Eigenverantwortung, zu entscheiden, ob sie die Versorgung ihrer Einwohner mit Energie und Wasser durch eigene oder fremde Unternehmen sicherstellen wollen[40]. Dieses kommunale Ermessen ist jedoch gebunden durch die Grundentscheidungen der Verfassung. Art. 3 GG verlangt die Gewährleistung der sozialen, wirtschaftlichen und demokratischen Teilhabe, die in der kommunalen Versorgungswirtschaft durch die bürgerschaftliche Kontrolle der gemeindeeigenen Unternehmen besonders gesichert ist. Das Sozialstaatsprinzip gebietet die Sicherung des sozialen Mindeststandards, wozu maßgeblich die Versorgung der Bevölkerung mit Wasser und Energie zu sozial angemessenen Bedingungen gehört[41]. Weiterhin sind die Gemeinden zu einer planmäßigen Infrastrukturpolitik und der Verhinderung, mindestens der Kontrolle, privater Monopolstellungen aufgerufen.

Das Gebot der Monopolkontrolle fordert den Vorbehalt von Einwirkungsrechten gegenüber den Privaten. Dazu bieten Konzessionsverträge eine begrenzte Möglichkeit. Darin sollten sich die Gemeinden einen Einfluß auf die Gestaltung der Tarifpolitik sichern, um im erforderlichen Umfang die Beachtung öffentlicher, wirtschaftspolitischer und sozialpolitischer Gesichtspunkte durchzusetzen[42]. Außerdem sollen sie

S. 27; Fick, Kommunalwirtschaft 1976, 37 (38); Gönnenwein, Gemeinderecht, S. 55, S. 59; Kimminich, Verfassungsrechtliche Probleme, S. 19 ff.; Küffmann, DSt 1969, 210 (211); Merk, Gemeindliche Daseinsvorsorge aus neuerer Sicht, S. 10 f.; Scholz, DÖV 1976, 441 (448); Steinbeißer, in: Kommunale Versorgungsunternehmen, 26 (27); BayVerfGH VGHE (n. F.) 10 II, 113 (122) v. 23. 12. 1957.

[39] So auch Stern, Verfassungsrechtliche Position der kommunalen Gebietskörperschaften, S. 30 f.; Kimminich, Verfassungsrechtliche Probleme, S. 26.

[40] Vgl. Koschnik, in: Kommunale Versorgungsunternehmen, S. 22; Steinbeißer, ebenda, 26 (27); Zeiß, DÖV 1958, 201 (203).

[41] Vgl. Dürig, in: Maunz/Dürig/Herzog, Art. 3 Abs. I Rdn. 74 f.; Herzog, ebenda, Art. 20 Rdn. 159 f.; Fröhler/Oberndorfer, Die Gemeinde im Spannungsfeld des Sozialstaats, S. 38 f. mit S. 11; Reusch, Diss., S. 8.

[42] Vgl. den Runderlaß des Reichs- und Preußischen Innenministers v. 15. 8. 1935 (RMBliV., S. 1035) mit weiteren Hinweisen zur Wahrung der

Vorsorge dafür treffen, daß die öffentlichen Verkehrsflächen möglichst wenig beeinträchtigt werden und die Anlagen der EVU zu ändern sind, wenn die Verkehrssicherheit oder der Ausbau der öffentlichen Wege und Plätze dies erfordert[43].

Nur wenn eine entsprechende Einflußnahme der Gemeinde auf das nicht-kommunale EVU gesichert ist, ist eine den öffentlichen Bedürfnissen genügende Energieversorgung gewährleistet[44]. Ohne Sicherung dieser Versorgungsbedingungen stellt eine Übertragung gemeindlicher Versorgungsunternehmen auf Private eine rechtswidrige Privatisierung dar.

Selbst wenn diese Bedingungen erfüllt sind, bleiben doch Zweifel an ihrer Wirksamkeit angesichts gewisser Erfahrungen in der Vergangenheit. Auch der Baden-Württembergische Gesetzgeber scheint von einer gewissen Skepsis erfüllt zu sein. Nur so ist es zu verstehen, daß in § 107 GO BW der Abschluß eines Konzessionsvertrags davon abhängig gemacht wird, daß keine Gefährdung der Erfüllung öffentlicher Aufgaben eintritt.

Bei der Entscheidung über die Privatisierung eines kommunalen Versorgungsunternehmens sind der Bestandsschutz, den Art. 15 GG öffentlichen Unternehmen vermittelt, und die Selbstverwaltungsgarantie des Art. 28 Abs. 2 GG zu beachten.

Dem Art. 15 GG läßt sich zwar keine Festschreibung des status quo in der Versorgungswirtschaft entnehmen; er gebietet jedoch den Nachweis eines dringenden öffentlichen Zwecks bei einer Privatisierung eines kommunalen Versorgungsunternehmens. Das gilt auch für den Anschluß an ein regionales EVU. Für Großstädte ist dieser Nachweis schwieriger zu führen als für kleinere Gemeinden. Bei kleineren EVU kann eine Privatisierung durch Verkauf an ein größeres Unternehmen durchaus sinnvoll sein. Entscheidend ist, ob das Unternehmen noch in der Lage ist, Anlagen vorzuhalten und Investitionen vorzunehmen, um eine rationelle und preisgünstige Versorgung der Einwohner sicherzustellen. Hier bietet sich als Ausweg die Kooperation oder der Zusammenschluß mit benachbarten kommunalen EVU an. Das Erfordernis eines dringenden öffentlichen Zwecks verhindert den Ausverkauf der gewachsenen Gemeindewirtschaft durch kurzsichtige Parteipolitik und sichert die Selbstverwaltung.

Neben dem Nachweis eines dringenden öffentlichen Zwecks ist zu verlangen, daß aus der Privatisierung keine Nachteile für die Erfüllung

---

Interessen der Gemeinde und ihrer Einwohner bei Abschluß eines Konzessionsvertrags.

[43] Vgl. Kunze/Schmid/Rehm, GO BW, § 107 (§ 90 a. F.), Erl. III.

[44] So auch der Runderlaß des RuPrMdI (RMBliV., S. 1035).

öffentlicher Aufgaben entstehen. Das ergibt sich aus Art. 15 GG und mittelbar aus Art. 28 Abs. 2 GG.

Das Moment der Pflichtigkeit in Art. 28 Abs. 2 GG gebietet den Gemeinden, sich einen dirigierenden Einfluß auf die gemeindliche Grundversorgung zu erhalten. Die Förderung der Stadtentwicklung ist eine ureigenste Angelegenheit der Bürgerschaft und ihrer gewählten Vertreter. Wesentliches Instrument der Stadtentwicklung ist der kommunale Querverbund als Zusammenfassung der verschiedenen Versorgungssparten und oft auch des Nahverkehrs. Die Auflösung des Querverbunds infolge Privatisierung einer Versorgungssparte darf kein maßgebliches Einflußdefizit für die Gemeinde auf ihre eigene Entwicklung bewirken.

Der aus Art. 15 GG und der Selbstverwaltungsgarantie entwickelte Gedanke des Bestandsschutzes für kommunale Unternehmen hat in verschiedenen Gemeindeordnungen bereits seinen einfach-gesetzlichen Niederschlag gefunden. Gemeint sind die Bestimmungen über die Beschränkung des Veräußerungsrechts an wirtschaftlichen Unternehmen in den Gemeindeordnungen von Baden-Württemberg, Niedersachsen und Saarland[45]. Auch § 4 des Musterentwurfs über die wirtschaftliche Betätigung der Gemeinden greift diesen Gedanken auf[46]. Danach ist die Privatisierung verboten, wenn dadurch die Erfüllung der Aufgaben der Gemeinden beeinträchtigt wird. Damit sind sowohl finanzielle als auch allgemeine kommunalpolitische Nachteile gemeint, z. B. Verlust der jährlichen Gewinnabführungen an den Haushalt, schädlicher Wettbewerb fremder Unternehmen gegenüber dem gemeindeeigenen Gaswerk oder Steuerungsverluste der Gemeinde in ihrer Stadtplanung, Wohnungssiedlung oder Wirtschaftsförderung[47].

Nicht nur die generelle Privatisierung ist verboten, wenn dadurch Nachteile für die Erfüllung öffentlicher Aufgaben zu besorgen sind, sondern auch eine Verminderung des kommunalen Einflusses, etwa durch Umwandlung einer Eigengesellschaft in ein gemischt-wirtschaftliches Unternehmen, indem privates Kapital aufgenommen wird[48]. Auch in diesem Fall können Nachteile für die gemeindliche Selbstverwaltung entstehen. In gemischt-wirtschaftlichen Unternehmen tritt die gemeinwirtschaftliche Orientierung zurück zugunsten des Erwerbsstrebens, da Private nicht an der Erfüllung öffentlicher Aufgaben, sondern an Gewinnen interessiert sind. Auch können sich Nachteile

---

45 § 106 GO BW, § 115 Abs. 1 und 2 NGO, § 109 KomSelbstVerwG Saar.
46 Siehe dazu Fick, Kommunalwirtschaft 1976, 37 (41).
47 Vgl. Kunze/Schmid/Rehm, GO BW, § 89 a. F. (jetzt § 106) Erl. IV, 1.
48 Vgl. § 106 GO BW, § 115 Abs. 2 NGO, § 109 KomSelbstVerwG Saar.

für die Bürger ergeben, da gemischt-wirtschaftliche Unternehmen keiner unmittelbaren Grundrechtsbindung unterliegen[49].

Demnach kann zusammengefaßt werden: Die Privatisierung kommunaler Versorgungsunternehmen darf die sichere Versorgung der Gemeindeeinwohner mit Wasser und Energie zu angemessenen Bedingungen nicht gefährden. Ebenso dürfen keine Nachteile für die Erfüllung anderer öffentlicher Aufgaben entstehen. Es ist der Nachweis eines dringenden öffentlichen Zwecks erforderlich.

Es ist Aufgabe der Kommunalaufsicht, für die Einhaltung der verfassungsrechtlichen Bindungen bei Privatisierungsentscheidungen zu sorgen. Die Kommunalaufsicht hat die Einrichtung der Selbstverwaltung gegen eine Aushöhlung durch kurzsichtige Parteipolitik zu wahren.

2. Entsorgungswesen

Die Vorschläge zur Privatisierung gemeindlicher Einrichtungen zielen besonders auf die kommunale Müllabfuhr ab[50].

Nach den Abfallbeseitigungsgesetzen von Bund und Ländern ist die Abfallbeseitigung zur Pflichtaufgabe für Gemeinden und/oder Gemeindeverbände geworden. So ist in § 3 Abs. 2 AbfG festgelegt, daß die Abfallbeseitigung Aufgabe einer vom Land zu bestimmenden öffentlich-rechtlichen Körperschaft ist, z. B. in Nordrhein-Westfalen gem. § 1 Abs. 1 LAbfG NW der Kreise und kreisfreien Städte. Die kreisangehörigen Gemeinden sind gemäß § 1 Abs. 2 LAbfG NW dafür zuständig, die in ihrem Gebiet anfallenden Abfälle einzusammeln und zu den Abfallbeseitigungsanlagen zu befördern. Zur technischen Durchführung können sich die beseitigungspflichtigen Körperschaften Privater bedienen (§ 3 Abs. 2 AbfG). Zulässig ist also eine Übertragung der kommunalen Aufgabe „Abfallbeseitigung" lediglich zur Durchführung auf Private. Die eigentliche Zuständigkeit zur Wahrnehmung der Aufgabe verbleibt bei der öffentlichen Hand.

a) Tätigkeit Privater im Entsorgungsbereich

In Gemeinden und Städten bis zu 50 000 Einwohnern wird die Müllabfuhr bereits seit Jahren zu einem großen Teil von Privatunternehmern durchgeführt[51]. So hatten beispielsweise im Jahre 1969 von 340

---

[49] Siehe oben 3. Teil A I 1 b bb.

[50] Vgl. Bund der Steuerzahler, Entstaatlichung, S. 9 ff.; Bundesfachausschuß für Wirtschaft der F.D.P., Liberale Thesen zur öffentlichen Wirtschaft, S. 9; Winkler, UiD-Dokumentation 7/76; Trum, in: VPS, Bericht von der Jahrestagung 1975, S. 53 ff.; Dieckmann, in: Verselbständigung von Verwaltungsträgern, 19 (23); Tiemann, BayVBl 1976, 261 (262).

[51] Vgl. Müllabfuhr und Straßenreinigung — Privat oder kommunal?, Mitteilungen des VKS 1976, S. 1; so auch das Ergebnis einer Umfrage des

Gemeinden mit 20 000 und mehr Einwohnern sowie kreisfreier Städte mit mehr als 10 000 Einwohnern 75 Städte und Gemeinden Privatunternehmen mit der Durchführung der Müllabfuhr betraut[52]. In Gemeinden einer Größenordnung bis zu 50 000 Einwohnern kommt oftmals der Betrieb einer eigenen Müllabfuhr zu teuer. Anders ist es dagegen in Großstädten. Nach Vergleichen bezogen auf den Literpreis zwischen der kommunalen Müllabfuhr in Wiesbaden und München und der privaten im jeweiligen Stadtumland arbeiten die kommunalen Regiebetriebe billiger[53]. So mußten die Bürger in Wiesbaden im Jahr 1975 8,8 Pfennig pro Liter und Monat für die Müllabfuhr aufwenden. Die Bürger der Nachbargemeinden zahlten für die private Müllabfuhr auf die gleiche Leistung 12 Pfennig. Bei Großbehältern standen 6,9 gegen 10,8 Pfennig[54]. So wird auch von den 69 Großstädten im Bundesgebiet nur die Stadt Pforzheim — bezogen auf das ganze Stadtgebiet — von einem privaten Müllabfuhrunternehmer entsorgt[55]. In anderen Großstädten werden allerdings Teile des Stadtgebietes von Privaten bedient, außerdem ist vielfach die Beseitigung aller oder bestimmter Arten von Industrie- und Gewerbeabfällen Sache Privater[56].

b) *Vorteile kommunaler Regiebetriebe*

Der Vorteil der kommunalen Regiebetriebe liegt darin, daß bei ihnen die Aufgaben der Müllabfuhr, der Stadtreinigung und des Winterdienstes verbunden sind. Auch stellen sie eine Einsatzreserve für Katastrophen- und Notfälle dar. Die kommunalen Regiebetriebe können mit ihrem vorhandenen Personal und Gerät zusätzlich Leistungen in solchen Fällen kostengünstig darbringen; dem Privatunternehmer müssen solche Leistungen zusätzlich bezahlt werden[57].

Auch nach einer Privatisierung der Müllabfuhr sind die Gemeinden gezwungen, einen Teil ihres Fuhrparks vorzuhalten, z. B. für den Winterdienst. Während Private oft bereit sind, auch die Durchführung der Straßenreinigung zu übernehmen, kommt eine Übernahme der

Städte- und Gemeindebundes in Nordrhein-Westfalen, siehe Licht, in: Ver- und Entsorgung — Wer macht's?, S. 20.

52 Vgl. Deutscher Städtetag, Privatisierung öffentlicher Aufgaben, S. 37; Orth/Schulz, Kommunalwirtschaft 1977, S. 11.

53 VKS, Landesgruppe Bayern, Müllabfuhr-Gebührenvergleich 1975 zwischen öffentlicher und privater Müllabfuhr; auch bei der Umfrage des Deutschen Städte- und Gemeindebundes stellte sich heraus, daß es bei Gemeinden mit einer Größe von mehr als 40 000 Einwohnern zumindest zweifelhaft ist, ob die privaten Unternehmen wirklich kostengünstiger arbeiten können, siehe Licht (Fn. 51), S. 21.

54 VKS, Landesgruppe Bayern, S. 3.

55 Vgl. Deutscher Städtetag, S. 37.

56 Vgl. Deutscher Städtetag, S. 37.

57 Vgl. Stadtreinigungsamt Mannheim, Thesen zur Privatisierung der Müllabfuhr, S. 6.

Streupflichten meist nicht in Frage, da der Private im allgemeinen mehrere Städte betreut und nicht überall gleichzeitig streuen kann[58]. Für den der Stadt somit verbleibenden Fuhrpark steigen die Unterhaltungskosten, da die technischen Einrichtungen nunmehr für einen kleineren Fahrzeugpark vorgehalten werden müssen und die Kosten für diese Einrichtungen nicht proportional mit der Anzahl der vorhandenen Fahrzeuge abnehmen[59]. Eine haushaltsmäßige Entlastung ist demnach durch die Privatisierung des Entsorgungswesens nicht zu erwarten.

c) Die sozialen Bedingungen für die Beschäftigten

Die sozialen Bedingungen für die Beschäftigten bei der privaten Müllabfuhr entsprechen weitgehend nicht denen im öffentlichen Dienst. Vielfach werden nur junge Abeiter im Akkord unter schlechten Arbeitsbedingungen beschäftigt[60]. Ältere Mitarbeiter sind nicht gefragt. Deren Probleme werden der Allgemeinheit aufgebürdet.

Im sozialen Rechtsstaat können den Gemeinden die Beschäftigungsbedingungen bei den Privaten, deren sie sich zur Erfüllung kommunaler Aufgaben bedienen, nicht gleichgültig sein. Daher ist es ihnen verwehrt, ohne Rücksicht auf die Beschäftigungsbedingungen des Privaten nur auf das billigste Angebot zu gucken[61]. Darin läge ein sozialstaatswidriges Verhalten. Das Sozialstaatsprinzip gebietet vielmehr, in Verträgen mit Privaten den sozialen Schutz der Beschäftigten zu sichern und deren sozialen Besitzstand bei einer Privatisierung einigermaßen zu wahren.

Das Rechtsstaatsprinzip verpflichtet die Gemeinden, für die Einhaltung der gesetzlichen Bestimmungen wie Lenkzeitverordnung, das Akkordverbot im Straßenverkehr und Unfallverhütungsvorschriften, für die Ausrüstung mit Schutz- und Warnkleidung zu sorgen. Im Sozialbereich ist zu fragen

— nach dem Vorhandensein von Personalunterkünften,

— nach ihrer technischen und sanitären Ausstattung,

— wieweit die Belegschaft auch aus älteren Arbeitnehmern besteht,

— nach der sozialen Absicherung der Beschäftigten[62].

---

[58] Vgl. Deutscher Städtetag, S. 38 f.

[59] So auch Stadtreinigungsamt Mannheim, S. 5 f.

[60] Vgl. Tofaute, WSI-Mitteilungen 1976, 370 (389 f.).

[61] Dem stimmen auch verantwortungsbewußte Vertreter der privaten Städtereiniger zu, vgl. „Privatisierung' — kein Allheilmittel", Mitteilungen des VKS 1976, S. 30 ff.

[62] Vgl. Müllabfuhr und Straßenreinigung — Privat oder kommunal?, Mitteilungen des VKS 1976, 1 (2).

Nur wenn die Einhaltung der gesetzlichen Bestimmungen gesichert ist und die Fragen nach den sozialen Bedingungen befriedigend beantwortet sind, kann eine Privatisierung der Müllabfuhr in Betracht kommen.

d) Monopolkontrolle

Mit der Privatisierung der Müllabfuhr einer Gemeinde wird ein öffentliches zu einem privaten Monopol. Das könnte hingenommen werden, wenn die Gemeinde Einwirkungsmöglichkeiten auf den Privaten hat, wenn sie den Vertrag nur auf eine kurze Zeit abschließt und im Konfliktfall genügend andere Private bereit stehen, die Müllabfuhr für die Gemeinde zu günstigen Bedingungen zu übernehmen. Eine solche Situation ist theoretisch bei kleineren Gemeinden gegeben. Die Erfahrung zeigt jedoch, daß auch die in kleineren Gemeinden abgeschlossenen Verträge mit Privatfirmen in der Regel eine Laufzeit von fast zehn Jahren haben und ein Kündigungsrecht für die Gemeinde nur bei Nichterfüllung vor und nach einer gewissen Laufzeit besteht[63]. Dies ist auch begründbar, da die Privaten sich auf die Leistung für die Gemeinde einstellen und entsprechende Investitionen vornehmen müssen. Somit sind die Gemeinden in der Praxis für längere Zeit an ein bestimmtes Unternehmen gebunden.

Hinzu kommt, daß sich in der privaten Abfallbeseitigungswirtschaft verstärkt Konzentrationsprozesse feststellen lassen[64]. Zudem gibt es nur wenige Großbetriebe, die in der Lage sind, eine Großstadt flächendeckend zu entsorgen[65]. Hier kann sich die Schaffung eines privaten Monopols fatal auswirken, da sich die Stadt ganz in die Hand des Monopolisten begibt und kaum eine Ausweichmöglichkeit besteht. Dies ist aus der Sicht des Sozialstaatsprinzips und der Selbstverwaltungsgarantie bedenklich.

Einen Weg, solch einem Monopol zu entgehen, weist die Stadt Kiel. Sie entsorgt ca. 35 % ihres Stadtgebietes selbst durch ein eigene Müllabfuhr. Aufgrund gewachsener Verhältnisse sind im restlichen Stadtgebiet mehrere Privatunternehmen tätig. Die Stadt hat es stets abgelehnt, auf ihren eigenen Betrieb zu verzichten, um ihre Unabhängigkeit zu erhalten und regulierend auf Preis und Betriebsverhältnisse der Privaten einwirken zu können. Nur so kann eine Ausnutzung privater Monopolstellungen zum Schaden der Bürger verhindert werden.

Das Sozialstaatsprinzip gebietet den Gemeinden, die flächendeckende Entsorgung ihrer Einwohner zu zumutbaren Entgelten sicherzustellen

[63] So Orth/Schulz, Kommunalwirtschaft 1977, 11 (12).

[64] Siehe dazu oben 3. Teil A VI.

[65] Vgl. Stadtreinigungsamt Mannheim, S. 1 f.; siehe auch Bayerischer Städteverband, Rationalisierung/Privatisierung, S. 36.

und private Monopolstellungen zu verhindern. Das Pflichtigkeitsmoment der Selbstverwaltungsgarantie verlangt einen dirigierenden Einfluß auf die Erledigung der Angelegenheiten der örtlichen Gemeinschaft. Aus diesen Gründen ist es den Großstädten geboten, eine Privatisierung der Müllabfuhr — wenn überhaupt — nur durch Übertragung der Entsorgung auf mehrere Private vorzunehmen.

e) Entsorgungsgarantie

Die Sicherung der Abfallbeseitigung ist kommunale Pflichtaufgabe. Die Entsorgungsgarantie gem. § 3 Abs. 2 AbfG gebietet den Kommunen, bei Liquiditätsschwierigkeiten des Privaten einzugreifen und notfalls die Müllabfuhr wieder in eigener Regie zu übernehmen, was mit erheblichen finanziellen Folgen verbunden ist. Ist der Wiederaufbau eines kommunalen Regiebetriebs nicht möglich, so muß die Gemeinde den Privaten entweder subventionieren oder jeden Preis akzeptieren, da in der Entsorgung einer Gemeinde keine Unterbrechung eintreten darf[66]. Von einer Privatisierung der Müllabfuhr ist daher abzuraten. Für kleinere Gemeinden bietet sich als Alternative zur privaten Müllabfuhr der Zusammenschluß mit anderen Gemeinden zu einem kommunalen Zweckverband an.

Zudem ist noch folgender von *Licht* geäußerter Gedanke beachtenswert[67]: Wegen ihrer überragenden Bedeutung für die Volksgesundheit ist die Abfallbeseitigung in die Primärverantwortung der öffentlichen Hand gelegt. Von daher kann die Beauftragung eines Privatunternehmers mit der Durchführung der Abfallbeseitigung nur als Ausnahme angesehen werden. Diese Ausnahme ist nur gerechtfertigt, wenn die Wahrnehmung durch die Kommune selbst unzumutbare Belastungen für die Bürger mit sich bringen würde. Das kann bei kleineren Gemeinden der Fall sein, in größeren Kommunen dagegen regelmäßig nicht.

f) Die Selbstverwaltungsgarantie

In den Städten über 50 000 Einwohner, namenlich in den Großstädten, sind seit jeher kommunale Regiebetriebe auf dem Gebiet der Entsorgung, vornehmlich bei der Müllabfuhr und der Städtereinigung, tätig. Diese Betriebe haben das Bild jedenfalls der größeren zumeist kreisfreien Städte wesentlich mitgeprägt. Für diese Städte gehört die Betätigung im Bereich der Entsorgung durch eigene Betriebe zu den typischen Selbstverwaltungsangelegenheiten[68]. Ein Eingriff in diese

---

[66] Siehe auch „Müllabfuhr und Straßenreinigung — Privat oder kommunal?", Mitteilungen des VKS 1976, 1 (2 f.).

[67] Licht, Städte- und Gemeinderat 1977, 164 (165).

[68] Vgl. auch Model/Müller, Art. 28 Anm. 3 B; Ullrich, SKV 1976, 130 (131).

Betätigung durch Privatisierungsgesetze ist mit der Selbstverwaltungsgarantie aus Art. 28 Abs. 2 GG nicht vereinbar.

3. Verkehrswesen

Angesichts ständig steigender Defizite der öffentlichen Verkehrsbetriebe steht auch deren Privatisierung, mindestens die Privatisierung einzelner Verkehrslinien, zur Diskussion. Die Forderung von Teilprivatisierungen wird vornehmlich vom privaten Omnibusgewerbe erhoben; sie wird begründet mit den niedrigeren Kosten der Privaten für den Personenkilometer[69]. Weiterhin wird eine verstärkte Anmietung privater Omnibusunternehmer durch öffentliche Verkehrsunternehmen, z. B. in den Verkehrsspitzen, notfalls auch gegen deren Willen durch staatlichen Zwang, verlangt[70]. An eine Übernahme des Verkehrs in den Verdichtungsräumen, namentlich des schienengebundenen Verkehrs, ist nicht gedacht. Es dürfte sich auch kaum ein Privater finden, die defizitären Verkehrsunternehmen in ihrer Gesamtheit zu übernehmen.

Ob eine Privatisierung tatsächlich einen Ausweg aus der Misere der Verkehrsbetriebe bietet, erscheint zweifelhaft. Eine Ersparnis durch Privatisierung würde erst dann eintreten, wenn das private Unternehmen seine Leistungen unter den gleichen Bedingungen und Auflagen in gleicher Art und gleichem Umfang kostengünstiger erbringen könnte als die kommunalen Unternehmen[71]. Es stellt sich die Frage nach der Dichte der Bus- und Bahnfolgen, nach den Sozialtarifen, nach der Pflege und Wartung, dem Alter und Zustand der Fahrzeuge.

a) Privatisierung durch Gesetz

Für die Problemstellung dieser Arbeit ist es wichtig, zu untersuchen, wieweit die kommunalen Verkehrsbetriebe dem Schutz des Art. 28 Abs. 2 GG gegenüber Privatisierungsgesetzen und ähnlichen gesetzlichen Eingriffen unterliegen.

Ebenso wie die Versorgungsbetriebe haben die kommunalen Verkehrsbetriebe seit Anfang des Jahrhunderts Bild und Struktur der deutschen Gemeinden wesentlich geprägt, vor allem in den größeren Städten. Auch heute befindet sich der überwiegende Teil der Nahverkehrsunternehmen in kommunaler Hand. 59,3 % der Beförderungsleistungen im öffentlichen Personennahverkehr entfielen im Jahre 1975

---

[69] Vgl. Reprivatisierung — wo und wie?, lastauto omnibus Nr. 5 1976, S. 66 ff.; Kampf den Defiziten, lastauto omnibus Nr. 4 1976, S. 72 ff.; ÖPNV-Konzept 1977, lastauto omnibus Nr. 3 1977, S. 88 ff.

[70] Reprivatisierung — wo und wie?, S. 69; ÖPNV-Konzept 1977 (Fn. 69).

[71] Vgl. Privatisierung — und was dahintersteckt, Bus + Bahn, Febr. 1976, S. 2.

auf die Unternehmen des VÖV[72], nur 10 % auf private Unternehmen[73]. Zwar sind auch im öffentlichen Nahverkehr gewisse Entörtlichungsprozesse festzustellen; man denke nur an den Zusammenschluß mehrerer Unternehmen zu Tarifverbünden, an Stadtbahngesellschaften und an die Einwirkung des Landes durch Zuschüsse, z. B. aufgrund des neuen § 45 a PBefG, der die Länder zum Ausgleich der Verluste, die durch Sozialtarife im Ausbildungsverkehr entstehen, verpflichtet.

Dennoch ist der Bezug zur örtlichen Verwaltung gewahrt, da die Unternehmen nach wie vor wesentliches Instrument der Stadtentwicklungs- und Siedlungsplanung sind[74]. Die Kernbereiche der Großstädte können — wenn überhaupt — nur unter Verlust ihrer gewachsenen Stadtbilder „autogerecht" ausgebaut werden[75]. Der Zerstörung der Städte kann nur durch Steigerung der Attraktivität des öffentlichen Personennahverkehrs entgegengewirkt werden. Dies beweist, daß die Verkehrsbetriebe heute einen wichtigen integrativen Bestandteil der Kommunalpolitik darstellen. Die Unterhaltung eigener Verkehrsbetriebe ist demnach als eine typische Selbstverwaltungsangelegenheit anzusehen. Sie gehört zum Wesenskern der kommunalen Selbstverwaltung[76]. Daß sich hier angesichts wachsender Defizite und zunehmender Regionalisierung und Einflußnahme des Landes in Zukunft Veränderungen ergeben, ist nicht auszuschließen.

Derzeit jedenfalls wäre die Privatiserung der kommunalen Verkehrsbetriebe durch Gesetz wegen Verstoßes gegen Art. 28 Abs. 2 GG verfassungswidrig, ebenso ähnliche gesetzliche Eingriffe, z. B. die Auf-oktroyierung von Anmietungen Privater. Grundsätzlich ist es Sache der Gemeinden selbst, zu entscheiden, ob sie den Nahverkehr durch eigene Unternehmen durchführen wollen oder nicht.

b) Privatisierung durch Ratsbeschlüsse

Auch hinsichtlich der Nahverkehrsunternehmen ist die gemeindliche Entschließungsfreiheit gebunden durch die Normen der Verfassung.

Große Teile der Bevölkerung sind auf den öffentlichen Personennahverkehr angewiesen. Ohne entsprechende Verkehrseinrichtungen

---

[72] Verband öffentlicher Verkehrsbetriebe, Spitzenverband der kommunalen Verkehrsbetriebe.

[73] Vgl. VÖV-Konzept '76, S. 12, Tabelle 3.

[74] Vgl. auch oben 3. Teil B II 1.

[75] So auch der Verkehrsbericht 1970 der Bundesregierung, BT DrS 6/1350, S. 76.

[76] Ebenso Stern/Püttner, Die Gemeindewirtschaft, S. 164; Stern, in: BK, Art. 28 Rdn. 89; Gönnenwein, Gemeinderecht, S. 55, S. 59; Kimminich, Verfassungsrechtliche Probleme, S. 22 f.; BayVerfGH VGHE (n. F.) 10 II, 113 (122 ff.) v. 23. 12. 1957.

ist der einzelne in seiner Mobilität und Möglichkeit, Kommunikation zu pflegen, eingeengt. Die Teilhabe an Verkehrseinrichtungen zur Förderung der Mobilität und Kommunikation gehört in der modernen Industriegesellschaft zum sozialen Mindeststandard[77]. Im Sozialstaat kann sich die öffentliche Hand der Sorge für die Fahrt zum Arbeitsplatz, zur Schule und zur Ausbildungsstätte nicht entziehen[78]. Daraus folgt die Pflicht, die flächendeckende Verkehrsanbindung zu zumutbaren Entgelten für die Bevölkerung sicherzustellen.

Bestehende kommunale Verkehrsbetriebe genießen ebenso wie die Versorgungsbetriebe gem. Art. 15 und Art. 28 Abs. 2 GG einen Bestandsschutz. Voraussetzung einer zulässigen Privatisierung sind:

— der Nachweis eines dringenden öffentlichen Zwecks,
— der Nachweis der weiteren flächendeckenden Verkehrsversorgung,
— der Nachweis, daß die Erfüllung anderer öffentlicher Aufgaben, vornehmlich in der Stadtplanung, nicht gefährdet wird.

In der Praxis wird eine Privatisierung der Verkehrsbetriebe als solche kaum in Betracht kommen mangels interessierter Privater. Wesentlich interessanter für die Privaten ist die Übernahme einzelner Linien oder der Einsatz angemieteter privater Busse im örtlichen Verkehr.

Die Privatisierung einzelner lukrativer Linien wird allerdings das Defizit nur vergrößern, wenn die öffentliche Hand auf ihren weniger rentablen Linien, vor allem in Randgebieten, sitzenbleibt. Weiterhin kann eine solche Teilprivatisierung die mit dem öffentlichen Personennahverkehr erstrebten Ziele (Reduzierung des Individualverkehrs in den Verdichtungsgebieten) unterlaufen[79]. Im Interesse der flächendekkenden Verkehrsanbindung zu angemessenen Bedingungen ist der Nachweis der ersichtlichen Kostenverminderung für die öffentliche Hand bei der Privatisierung einzelner Linien zu verlangen. Auch ist nachzuweisen, daß die Erfüllung anderer öffentlicher Aufgaben nicht gefährdet wird. Sonst steht eine solche Teilprivatisierung nicht im Einklang mit dem Sozialstaatsprinzip und der Garantie der kommunalen Selbstverwaltung, die die Bewahrung eines dirigierenden Einflusses auf die Gemeindeentwicklung verlangt.

Gegen die Anmietung privater Omnibusunternehmer, vornehmlich in Spitzenzeiten, ist rechtlich nichts einzuwenden. Das kann wirtschaftlich geboten sein, da ein Aufbau neuer Kapazitäten nicht lohnen wür-

---

[77] Vgl. Reusch, Diss., S. 93; auch das BVerfG betont die überragende Bedeutung des Linienverkehrs für die Bevölkerung: BVerfGE 11, 168 (184) v. 8. 6. 1960.

[78] Vgl. Bull, Die Staatsaufgaben nach dem Grundgesetz, S. 245 f.

[79] Vgl. Jäger, Wirtschaftsdienst 1976, 569 (575).

de[80], es sei denn, die Gemeinden wollten in den verkehrsschwächeren Zeiten in den Gelegenheitsverkehr eindringen. Ebenso kann der Einsatz privater Taxis im nächtlichen Verkehr sinnvoll sein. Hier bieten sich neue Kooperationsmöglichkeiten zwischen öffentlicher Hand und Privaten an.

4. Schulwesen

Auch die Schulen sind von der Privatisierungsdiskussion nicht ausgenommen[81]. Man will privates Produktions- und Leistungspotential nutzen, um den Staat zu entlasten und die Freiheit zu fördern. Es wäre denkbar, daß eine Gemeinde ihre öffentliche Schule auflöst und einem gemeinnützigen Verein überträgt. Dadurch könnte der Einfluß des Landes auf das örtliche Bildungswesen vermindert, durch Zuschüsse der Gemeinde und Privater könnte die Ausstattung der Schule verbessert und die Klassenfrequenz gesenkt werden. Möglich erscheint auch die rechtliche Verselbständigung einer Schule durch Umwandlung in eine privatrechtliche Gesellschaft, z. B. in eine GmbH. Die Verfassung setzt jedoch solcher Privatisierung Grenzen.

a) Verfassungsrechtliche Grenzen einer Privatisierung

Grundlage des gesamten Schulwesens ist Art. 7 Abs. 1 GG. In ihm ist nur von der Schulaufsicht des Staates die Rede. Weitergehende Bestimmungen über die Organisation des Schulwesens fehlen im Grundgesetz, wenn man von der Gewährleistung des Rechts, Privatschulen zu errichten, absieht. Die Vorschrift des Art. 7 GG ist aber in einem bestimmten historischen Zusammenhang zu sehen und entsprechend auszulegen[82]. Schon unter der Weimarer Reichsverfassung (Art. 144) war anerkannt, daß mit dem Begriff „Schulaufsicht" ausgedrückt werden sollte, daß die Schule dem staatlichen Bereich eingeordnet ist und dem Staat ein administratives Bestimmungsrecht über die Schule zusteht[83]. Die Rechtsprechung versteht unter dem Begriff der Schulaufsicht den „Inbegriff der staatlichen Herrschaftsrechte über die Schule, nämlich die Gesamtheit der staatlichen Befugnisse zur Organisation, Planung, Leitung und Beaufsichtigung des Schulwesens"[84].

---

[80] Siehe auch VÖV-Konzept '76, S. 38.

[81] Vgl. Bund der Steuerzahler, Entstaatlichung, S. 16; Dieckmann, in: Verselbständigung von Verwaltungsträgern, 19 (23); Kux, Ansätze zur Privatisierung öffentlicher Aufgaben, S. 232 ff.; Pausch, Möglichkeiten einer Privatisierung öffentlicher Unternehmen, S. 41 f.; Tiemann, BayVBl 1976, 261 (262).

[82] Vgl. BVerwGE 6, 101 (104) v. 28. 12. 1957; 18, 40 (41) v. 31. 1. 1964; 23, 351 (352) v. 11. 3. 1966; Schmidt-Bleibtreu/Klein, Art. 7 Rdn. 5.

[83] Vgl. Hemmrich, in: v. Münch, GG, Art. 7 Rdn. 8; Schmidt-Bleibtreu/Klein, Art. 7 Rdn. 8.

[84] BVerwGE 6, 101 (104) v. 28. 12. 1957; 18, 38 (39) v. 31. 1. 1964; 23, 351 (352) v. 11. 3. 1966.

Art. 7 GG geht von einem bestimmten Bestand des öffentlichen Schulwesens als Errungenschaft geschichtlicher Auseinandersetzungen aus[85]. Danach ist die öffentliche Schule die Regelschule[86]. Als Ausnahme gewährleistet Art. 7 Abs. 4 GG unter bestimmten Voraussetzungen die Errichtung von Privatschulen.

Die Regelform der öffentlichen Schule ist die staatskommunale Schule. Während den Gemeinden das Recht der Schulträgerschaft zusteht mit der Pflicht, die sächlichen Schulkosten zu tragen, obliegt dem Staat in diesen Schulen die Anstellung der Lehrer und die Aufbringung des Personalaufwands[87]. Grundsätzlich wird das Recht, öffentliche Schulen in kommunaler Trägerschaft zu unterhalten, von der Selbstverwaltungsgarantie des Art. 28 Abs. 2 GG geschützt[88]. Nach historischer Entwicklung und aktueller Tendenz ist jedoch das Bild der kommunalen Betätigung im Schulwesen in den einzelnen Bundesländern nicht einheitlich. Daher ist auch hinsichtlich verschiedener Schultypen eine nach Ländern differenzierende Betrachtungsweise angebracht[89]. Insgesamt findet das Recht, Schulen in gemeindlicher Trägerschaft zu errichten, seine Grenze an der Leistungsfähigkeit und Größe der Gemeinden[90]. Kleinere Gemeinden können sich zu einem leistungsfähigen Schulträger zusammenschließen. „Nur ausnahmsweise, wenn es zu einem derartigen Zusammenschluß nicht kommt, ist der Staat befugt, die Schulträgerschaft zwangsweise zu regeln"[91].

Art. 3 GG sichert die Teilhabe aller Bürger an den Gütern der Gemeinschaft und das Recht auf Chancengleichheit. Als objektiver Verfassungsauftrag verpflichtet Art. 3 GG den Staat, durch sein Bildungswesen Chancengleichheit zu sichern. Diese kommt durch Privatisierungen in Gefahr, was auch Privatisierungsbefürworter einräumen[92]. Finanzstarke Bevölkerungsgruppen könnten durch besondere Förderung und Ausstattung einzelner Schulen für ihre Kinder wesentlich bessere Ausbildungsmöglichkeiten schaffen als das anderen Bevölkerungsschichten möglich wäre[93].

[85] Vgl. Badura, Diskussionsbeitrag in: VVDStRL 26, S. 150.

[86] Ebenso v. Campenhausen, Erziehungsauftrag und staatliche Schulträgerschaft, S. 56; v. Mangoldt/Klein, Art. 7 Anm. VI, 1; Erwin Stein, NJW 1950, S. 658; Badura, Diskussionsbeitrag in: VVDStRL 26, S. 149 f.

[87] So BVerfGE 26, 228 (240) v. 24. 6. 1969; Heckel, in: HKWP II, 110 (137).

[88] Hemmrich, in: v. Münch, GG, Art. 7 Rdn. 12; Stephany, Staatliche Schulhoheit und kommunale Selbstverwaltung, S. 38 f.; BVerfGE 26, 228 (239 f.) v. 24. 6. 1969.

[89] So auch Maunz, in: Maunz/Dürig/Herzog, Art. 7 Rdn. 23.

[90] BVerfG (Fn. 88); Hemmrich (Fn. 88).

[91] BVerfGE 26, 228 (239).

[92] Siehe Winkler über die Vorschläge des Bundesfachausschusses Innenpolitik der CDU, UiD-Dokumentation 7/76, Abschnitt 3.4.

[93] Winkler, UiD-Dokumentation (Fn. 92).

Besondere Bedeutung kommt dem Art. 4 GG als Schutz weltanschaulicher Minderheiten zu[94]. Diesen Schutz gewährleistet der Staat durch die Einrichtung pluralistisch ausgerichteter öffentlicher Schulen. Eine Privatisierung darf diesen Minderheitenschutz nicht beeinträchtigen.

Nicht nur das Kind, sondern auch die Eltern können in ihrer grundrechtlichen Stellung durch den Zwang betroffen sein, ihr schulpflichtiges Kind einer Schulerziehung aussetzen zu müssen, die ihren Erziehungsvorstellungen in weltanschaulicher oder religiöser Hinsicht widerspricht[95].

Auch Art. 6 Abs. 2 GG und Art. 2 Abs. 1 GG können durch eine Privatisierung einer öffentlichen Schule beeinträchtigt sein[96].

Das Bundesverfassungsgericht hat festgestellt, daß die Länder je nach der konfessionellen oder weltanschaulichen Haltung der beteiligten Elternschaft „einzelne der nach Art. 7 Abs. 3 bis 5 GG zulässigen Schulformen nicht oder nur bei Sicherstellung ausreichender Ausweichmöglichkeiten zur öffentlichen Regelschule erklären dürfen"[97]. Wenn man diesen Gedanken weiterverfolgt, dann ist ebenso die Umwandlung einer überkonfessionellen öffentlichen Schule in eine weltanschaulich gebundene Schule unzulässig, wenn eine hinreichende Zahl Erziehungsberechtigter die weltanschauliche Einrichtung ablehnt.

Wesentlich für die verfassungsrechtliche Stellung des Schulwesens ist Art. 20 GG. Es gehört zum Wesen des demokratischen Staates, daß er versucht, seine positive Staatsvorstellung oder besser die Leitgedanken des Grundgesetzes und der Länderverfassungen über sein Schulwesen zu verwirklichen[98]. Aus dem Sozialstaatsprinzip folgt die Pflicht, das Recht auf Bildung für jedermann zu sichern[99] und für eine gleichmäßige Ausstattung mit Schulen im Lande zu sorgen.

Wenn man den Staat als Funktion der pluralistischen Gesellschaft zur Einheitsbildung und Integration begreift, dann kann die öffentliche Schule als Modell dieser Integration verstanden werden[100]. Wer könnte besser die Einheitlichkeit des Bildungswesens, die Chancengleichheit und die Ausrichtung der Bildung an den Grundsatzbestimmungen der

---

[94] Vgl. BVerfG, NJW 1976, 947 (948) v. 17. 12. 1975.

[95] Vgl. BVerfG (Fn. 94).

[96] Siehe oben 2. Teil B III.

[97] BVerG (Fn. 94).

[98] So Badura, Diskussionsbeitrag in: VVDStRL 26, S. 150; vgl. zur Lehrzielbestimmung im demokratischen und sozialen Rechtsstaat auch Bull, Die Staatsaufgaben nach dem Grundgesetz, S. 287 ff.

[99] Vgl. Fuß, VVDStRL 23, 199 (243); Ihlenfeldt, Pflicht und Recht zum Besuch öffentlicher Schulen, S. 303 f.; Oppermann, Kulturverwaltungsrecht, S. 152 ff.; Scholz, Das Wesen, S. 242.

[100] So das Verständnis von Hennecke, Staat und Unterricht, S. 103.

Verfassung und den Leitvorstellungen der Gesellschaft garantieren als der Staat im weitesten Sinne als Institution der demokratischen Integration der Bürger? Die Demokratisierung des Bildungswesens durch mehr Teilhabe der Betroffenen und durch die Betonung des Gesetzesvorbehalts und die Verantwortung des Parlaments für Grundsatzentscheidungen sichert die Freiheit aller und nicht die Auslieferung des Bildungswesens an nicht legitimierte gesellschaftliche Mächte, im Klartext die Kirchen und die Privatwirtschaft[101].

Nun soll nicht bestritten werden, daß private Schulen manche Neuerungen im Schulwesen bewirkt haben und weiterhin für Initiativen offen sind (z. B. Waldorfschule, Montessorischule). Privatschulen können das öffentliche Schulwesen sinnvoll ergänzen, aber nicht ersetzen. Eine Privatisierung im großen Stil bedeutet die Auslieferung der Bildung an kommerzielle und partikulare Interessen[102] und ist nicht vereinbar mit den Grundentscheidungen der Verfassung.

Wenn schon die Umwandlung einer öffentlichen überkonfessionellen Schule in eine öffentliche Bekenntnisschule auf rechtliche Grenzen stößt, so muß erst recht eine Umwandlung in eine Privatschule Bedenken auslösen. Die Gebietskörperschaften sind auf öffentliche Schulen verpflichtet[103].

Soweit den Gemeinden die Einrichtung und Unterhaltung von Schulen als Pflichtaufgabe auferlegt ist, üben sie, wenn auch nur mittelbar, staatliche Hoheitsgewalt aus. Daneben können sie sich auf die Privatschulfreiheit nicht berufen[104]. Es besteht kein rechtsschutzwürdiges Interesse der Gemeinden an der Errichtung eigener Privatschulen. Es ist ein Unterschied, ob unabhängig von der Gemeinde Privatschulen errichtet werden und die Gemeinde diese durch Zuschüsse fördert oder ob sie eine öffentliche Schule in eine Privatschule umwandelt. Gemeinden dürfen keine Privatschulen errichten und unterhalten. Der Bestand der öffentlichen Schulen ist geschützt. Solange ein Bedürfnis für öffentliche Schulen besteht, haben die Gemeinden diese aufrechtzuerhalten, notfalls mit Hilfe des Kreises[105].

---

101 Auch das BVerfG (Fn. 94), sagt mittelbar, daß Schulen auf Grund sozialer Notwendigkeiten nicht dem Spiel freier Kräfte überlassen werden dürfen.

102 Ebenso Hennecke, S. 99; siehe auch Oppermann, S. 240.

103 Vgl. § 3 Abs. 1 SchulVG NW.

104 Vgl. Hemmrich, in: v. Münch, GG, Art. 7 Rdn. 33; Maunz, in: Maunz/Dürig/Herzog, Art. 7 Rdn. 70 ff.; Scholz, Das Wesen, S. 171; a. A. Heckel, Deutsches Privatschulrecht, S. 215 f.; ders., in: HKWP II, 110 (158).

105 Vgl. zum Bedürfnis nach öffentlichen Schulen, das nicht durch eine Privatschule erfüllt werden kann: Meyerhoff/Pünder/Schäfer, Schulverwaltungsgesetz und Schulfinanzgesetz NW, § 10 Anm. VII, 2 b.

b) Subjektiv-öffentliches Recht auf Beibehaltung einer öffentlichen Schule

Fraglich ist, ob betroffene Eltern die Aufrechterhaltung einer öffentlichen Schule nur über die Kommunalaufsicht durchsetzen können oder ob ihnen ein entsprechender subjektiver Anspruch zusteht, der gerichtlich durchsetzbar ist.

Als Anspruchsgrundlage kommt Art. 3 GG in Betracht. Wegen der überragenden Bedeutung der Schulbildung für die Entwicklung und Chancen des einzelnen könnte man erwägen, den Art. 3 GG in Verbindung mit Art. 2 und 12 GG zu einem Recht auf „freie" Bildung durch weltanschaulich neutrale öffentliche Schulen und zu einem Anspruch auf Errichtung der erforderlichen Schulen zu aktualisieren[106]. Dies soll hier dahinstehen. Für bestehende öffentliche Schulen ist dieses Teilhaberecht für die betroffenen Schüler und Eltern jedenfalls schon konkretisiert. Wenn weitere personale Momente hinzutreten, nämlich eine durch Privatisierung drohende Beeinträchtigung der Grundrechte aus Art. 4 und 6 GG, dann können die betroffenen Eltern einen aus Art. 3 GG in Verbindung mit Art. 4 und 6 GG abgeleiteten Anspruch auf Beibehaltung der öffentlichen Schule geltend machen[107]. Voraussetzung ist, daß keine zumutbare Ausweichmöglichkeit und ausreichender Bedarf für eine öffentliche Schule besteht.

Es bleibt zu fragen, mit welcher Klageart ein entsprechender Anspruch durchgesetzt werden kann. Zu denken ist an eine Anfechtungsklage gem. § 42 VwGO. Das setzt voraus, daß ein Gemeinderatsbeschluß, eine öffentliche Schule zu privatisieren, einen Verwaltungsakt darstellt.

Die Privatisierung einer Schule, die sich bisher in kommunaler Trägerschaft befand, ist eine organisatorische Maßnahme, die die Gemeinde in Ausübung ihres Selbstverwaltungsrechts vornimmt. Die Rechtsnatur solcher Organisationsakte ist umstritten. Mit dem Bundesverwaltungsgericht ist davon auszugehen, daß die rechtliche Beurteilung organisatorischer Maßnahmen nur unter Würdigung der jeweils dafür maßgebenden Rechtsvorschriften vorgenommen werden kann[108].

Nach heute wohl überwiegender Meinung sind Organisationsakte, sofern sie nicht in Rechtssatzform ergehen, dann als Verwaltungsakte anzusehen, wenn sie unmittelbar in die Rechte einer Person eingrei-

---

[106] Vgl. dazu Ihlenfeld, S. 280 ff.

[107] Siehe auch BVerwGE 18, 40 v. 31. 1. 1964: Den Eltern kann aus Art. 6 Abs. 2 GG ein Anspruch auf Beibehaltung einer Volksschule, die vom Staat geschlossen werden soll, zustehen; vgl. oben 2. Teil A VII d cc.

[108] BVerwGE 18, 40 (41).

fen[109]. Bedenken gegen die Annahme eines Verwaltungsakts können sich daraus ergeben, daß auch künftige Interessenten von der Maßnahme betroffen sein können, so künftige Schüler von der Privatisierung einer Schule[110]. Daher sprechen manche einem solchen Organisationsakt Doppelcharakter zu: als Verwaltungsakt gegenüber dem oder den Betroffenen und als Rechtsnorm im übrigen[111]. Es wäre jedenfalls unerträglich, dort, wo den Betroffenen Rechte eingeräumt werden, ihnen Rechtsschutz mit der Begründung zu verwehren, es handele sich lediglich um Organisationsakte, die rechtlich unverbindlich seien[112].

So ist die Schließung einer Volksschule als Verwaltungsakt für die betroffenen Eltern anerkannt worden[113]. Gleiches muß auch für die Privatisierung einer öffentlichen Schule gelten. Hier kann ebenso das Elternrecht beeinträchtigt sein. Demnach ist die Anfechtungsklage gem. § 42 VwGO die richtige Klageart. Im Einzelfall kann auch eine vorbeugende Unterlassungsklage in Betracht kommen.

5. Jugendwohlfahrt und Sozialwesen

Im Bereich der Jugendhilfe und des Sozialwesens könnten die Kommunen verstärkt gemeinnützige Organisationen wie Kirchen und Wohlfahrtsverbände fördern, ebenso etwa Bürgerinitiativen zur Schaffung von Sozialeinrichtungen[114]. Man könnte auch an die Übertragung kommunaler Einrichtungen auf gewerbliche Träger denken.

Wieweit eine Privatisierung kommunaler Einrichtungen im Bereich der Jugendwohlfahrt und des Sozialwesens zulässig ist, soll am Beispiel des Kindergartenwesens näher untersucht werden, ebenso die Frage, ob der einzelne ein subjektiv-öffentliches Recht auf Bestandserhaltung geltend machen kann.

a) Kindergartenwesen

Die heutigen Umweltbedingungen erschweren die Entfaltung der kindlichen Fähigkeiten. Daher kommt dem Kindergarten in Ergänzung

---

[109] BVerwG (Fn. 108); Kopp, VwGO, § 42 Anm. 9; Redeker/v. Oertzen, VwGO, § 42 Anm. 39; Ule, Verwaltungsprozeßrecht, S. 139; Wolff/Bachof, VerwR I, S. 384.

[110] Siehe auch Kopp, DÖV 1965, 267 (269).

[111] So Redeker/v. Oertzen, VwGO, § 42 Anm. 39.

[112] So Kopp, DÖV 1965, 267 (268).

[113] BVerwGE 18, 40 (41); Eyermann/Fröhler, VwGO, § 42 Rdn. 38; Kopp, VwGO, § 42 Anm. 9; Ule, Verwaltungsprozeßrecht, S. 140; Wolff/Bachof, VerwR I, S. 385.

[114] Vgl. Deutscher Städtetag, Privatisierung öffentlicher Aufgaben, S. 11; Fischer-Menshausen, in: Verselbständigung von Verwaltungsträgern, 51 (62); Reschke, in: Regierbarkeit? Dezentralisation? Entstaatlichung?, 27 (47 ff.); Winkler, UiD-Dokumentation 7/76.

und Unterstützung der familiären Erziehung für die Förderung der Persönlichkeitsentwicklung der Kinder eine wesentliche Bedeutung zu[115]. Weiterhin entlastet er die Eltern und ermöglicht beiden Elternteilen Berufstätigkeit, zumindest halbtäglich[116]. In der modernen Industriegesellschaft gehören Kindergärten zu den notwendigen Sozialeinrichtungen, die den Begriff des sozialen Mindeststandards ausfüllen.

Die Kindergärten zählen nach den Vorschriften des JWG zu den Einrichtungen, die die Gemeinden und Gemeindeverbände als öffentliche Träger der Jugendhilfe zu fördern bzw. selbst zu errichten haben. Allerdings sieht § 5 Abs. 3 JWG die Subsidiarität der öffentlichen Hand vor. Daher befanden sich Ende 1973 von den 21 296 Kindergärten 70 % in der Trägerschaft freier Träger der Jugendhilfe und nur 25 % in öffentlicher Trägerschaft[117].

Es ist zu untersuchen, wieweit sich die öffentliche Hand in Wahrnehmung ihrer Garantiefunktion für das Kindergartenwesen darauf beschränken könnte, verstärkt gemeinnützige Organisationen, Elterninitiativen oder gewerbliche Träger zu fördern.

aa) Gewerbliche private Träger[118]

Durch den Einsatz gewerblicher privater Träger könnten privates Gewinnstreben und die Erfüllung sozialstaatlicher Aufgaben verbunden werden. Dabei ist jedoch das aus dem Sozialstaatsprinzip folgende Verbot des sozialen Rückschritts zu beachten. Es ist der öffentlichen Hand verwehrt, durch Schaffung neuer Privilegien sozialwidrige Verhältnisse zu fördern.

Das ist bei einer Privatisierung kommunaler Kindergärten an gewerbliche private Träger zu befürchten. Diese Kindergärten sind von den Regelungen der Kindergartengesetze ausgenommen. Die gewerblichen Träger zählen nicht zu den als Träger der freien Jugendhilfe anerkennungsfähigen juristischen Personen, da ihr Zweck auf Gewinnerzielung und nicht auf die Förderung der Jugendwohlfahrt ausgerichtet ist[119]. Die gewerblichen Kindergärten haben daher keinen Anspruch auf Zuschüsse nach den Kindergartengesetzen. Sie müßten demnach kostendeckende Entgelte erheben, die von der überwiegenden

---

[115] Vgl. die Beschreibung der Bildungsziele des Kindergartens in § 2 KgG NW; siehe auch Jans/Müller, Kindergärten, S. 31.

[116] Siehe dazu und zu weiteren Gründen für die Nachfrage nach Kindergartenplätzen Jans/Müller, S. 41.

[117] Vgl. Deutscher Städtetag, S. 34.

[118] Davon sind zu unterscheiden die Kindergärten in Industriebetrieben usw. für die Kinder der Beschäftigten.

[119] Vgl. Mombaur/Siebenmorgen, KgG NW, § 1 Erl. 4; Pant, KgG NW, § 1 Erl. 4 cc.

Mehrheit der Eltern nicht mehr getragen werden könnten[120]. Somit würden gewerbliche Kindergärten einen faktischen Ausschluß sozial Schwächerer bewirken und lediglich Privilegierten offenstehen, es sei denn, sie bekämen Subventionen durch die öffentliche Hand, die aber wegen der Gewinnerzielungsabsicht der Gewerblichen höher ausfallen müßten als bei Kindergärten freier gemeinnütziger Träger.

Weiterhin ist in gewerblichen Kindergärten das Mitwirkungsrecht der Eltern eingeschränkt, da die Bestimmungen über Elternrat oder -ausschuß nicht gelten.

Aus diesen Gründen bietet die Übertragung kommunaler Kindergärten auf gewerbliche Private in der Regel keine sozialstaatsgerechte Privatisierungsmöglichkeit.

bb) Gemeinnützige Organisationen

Durch ihre gemeinnützige Zielsetzung und ihr soziales Engagement harmonieren die freigemeinnützigen Organisationen wie Kirchen und Wohlfahrtsverbände stärker mit den Intentionen der öffentlichen Hand als erwerbswirtschaftlich tätige Private[121]. Aufgrund des in § 5 Abs. 3 JWG festgelegten Subsidiaritätsprinzips befinden sich die meisten Kindergärten in ihrer Trägerschaft. Allerdings ist seit geraumer Zeit ein Rückgang ihres Engagementes zu verzeichnen[122]. Zudem können sie die kommunalen Einrichtungen nicht vollwertig ersetzen.

Die Zurückhaltung der öffentlichen Hand bei der Errichtung und Unterhaltung eigener Kindergärten kann sich nämlich als faktische Beeinträchtigung der Grundrechte aus Art. 4, 6 Abs. 2 und 2 Abs. 1 GG für die betroffenen Kinder und Eltern auswirken[123]. Daher sind die Kommunen verpflichtet, im Rahmen ihrer Leistungsfähigkeit weltanschaulich neutrale Einrichtungen zu schaffen. Diese Pflicht bildet auch die Grenze für die Privatisierung kommunaler Kindergärten.

cc) Elterninitiativen

Einen Weg, privates Leistungspotential zu nutzen und die Selbstorganisation der Betroffenen zu fördern, bietet die Unterstützung privater Elterninitiativen durch die Gemeinden. Dabei ist jedoch zu bedenken, daß sich in solchen Initiativen vorwiegend Angehörige der sog. Mittelschichten zusammenfinden und weniger die Angehörigen

[120] So auch Deutscher Städtetag, S. 35.

[121] Vgl. Fischer-Menshausen, in: Verselbständigung von Verwaltungsträgern, 51 (62).

[122] Vgl. Deutscher Städtetag, S. 34; Wiss. Beirat beim BMF, Zur Lage und Entwicklung der Staatsfinanzen in der Bundesrepublik Deutschland, Bulletin Nr. 103/S. 1009 v. 16. 8. 1976.

[123] Siehe oben 2. Teil B III.

sozial und wirtschaftlich schwächerer Schichten. Es ist auffallend, daß in den bestehenden Kindergärten Arbeiterkinder unterproportional vertreten sind[124]. Daher muß die Gemeinde bzw. der Kreis als Träger des Jugendamtes dafür sorgen, daß gerade auch sozial schwächere Schichten mit Kindergärtenplätzen versorgt werden[125]. Zudem ist auf eine flächendeckende Versorgung hinzuwirken.

dd) Kriterien für eine zulässige Privatisierung

Aus den gemachten Ausführungen lassen sich Kriterien für eine zulässige Privatisierung kommunaler Kindergärten aufstellen:

1. Es muß weiterhin ein flächendeckendes Angebot bestehen.
2. Eine Leistung auf Dauer bei entsprechender Qualität wie die öffentliche Aufgabenerfüllung muß gewährleistet sein.
3. Die Kindergärten müssen den Benutzern zu sozial angemessenen Bedingungen offenstehen. Eine Privatisierung auf gewerblich Private ist nur zulässig, wenn die Teilhabe aller zu sozialen Bedingungen gewährleistet ist.
4. Weltanschaulicher Pluralismus muß gewährleistet sein. Notfalls ist in Verträgen mit Privaten der Zugang für jedermann und die Beachtung der notwendigen weltanschaulichen Toleranz zu sichern. Auch können Zuschüsse aus dem Gemeindehaushalt mit den entsprechenden Auflagen und Bedingungen verknüpft werden.
5. Wenn Eltern unter Berufung auf ihr Teilhaberecht gem. Art. 3 GG in Verbindung mit Art. 4 und 6 GG auf den Bestand eines kommunalen Kindergartens drängen, ist der Nachweis eines dringenden öffentlichen Zwecks für die Privatisierung zu führen. Der dringende Zweck kann auch finanziell aus der Situation des kommunalen Haushalts heraus begründet werden. An ihn sind aber strenge Anforderungen zu stellen.

ee) Subjektiv-öffentliches Recht auf Bestandserhaltung

Grundsätzlich besteht kein Anspruch des einzelnen auf Schaffung kommunaler Kindergärten. Ein solcher Anspruch kann weder dem Teilhaberecht aus Art. 3 GG noch den Vorschriften der Gemeindeordnungen über die Schaffung öffentlicher Einrichtungen entnommen werden. Auch § 3 Abs. 2 JWG ist nur eine „Soll"-Vorschrift und nicht darauf gerichtet, dem einzelnen einen durchsetzbaren Anspruch zu verschaffen[126].

---

[124] Vgl. das Benutzerportrait bei Tschirner, Diss., S. 189.

[125] Vgl. auch § 6 Abs. 2 Nr. 3 KgG NW.

[126] So auch Jans/Happe, JWG, § 3 Erl. 6 B; Hill, JWG, § 3 Abs. 2 (S. 28).

Anders steht es dagegen bei der Privatisierung eines bestehenden kommunalen Kindergartens. Hier ist für die betroffenen Kinder und Eltern das Teilhaberecht aus Art. 3 GG schon soweit konkretisiert, daß eine Beeinträchtigung dieses Rechts einen unzumutbaren Rechtsverlust darstellen kann. Notwendig ist aber der Hinzutritt weiterer Momente. Die Eltern müssen zusätzlich geltend machen, in ihren Rechten aus Art. 4 und 6 GG verletzt zu sein, weil sie einen freien Träger aus weltanschaulichen Gründen ablehnen.

Die Privatisierung eines kommunalen Kindergartens ist eine organisatorische Maßnahme der Gemeinde, die nicht nur verwaltungsinterne Wirkungen äußert, sondern zugleich unmittelbar die Rechte der Eltern, deren Kinder den betreffenden Kindergarten besuchen, berühren. Dieser Organisationsakt stellt einen Verwaltungsakt dar[127]. Die betroffenen Eltern können gegen einen entsprechenden Ratsbeschluß Anfechtungsklage gem. § 42 VwGO erheben.

b) Altenheime

Ähnlich wie im Kindergartenwesen stellen sich die Probleme einer Privatisierung auch in anderen Sozialbereichen, z. B. bei den Altenheimen. Auch hier haben in erheblichem Maße freigemeinnützige Organisationen Aufgaben übernommen. Daneben kommt aber auch den kommunalen Altenheimen eine wichtige Bedeutung zu. Es ist die aus Art. 4 und 2 Abs. 1 GG folgende Pflicht, ergänzende Einrichtungen zu schaffen, zu bedenken. Alteneinrichtungen in kommunaler Trägerschaft sind ein wichtiges Element kommunaler Sozialpolitik. Zudem scheint ein über die bestehende Praxis hinausgehendes Engagement freigemeinnütziger Träger schwierig zu sein[128].

Ein Einsatz gewerblicher Träger dürfte aus Gründen des Sozialstaatsgebots und der Pflicht zur Sicherung der sozialen Teilhabe ausscheiden. Private gewerbliche Altenheime sind meist wegen ihrer besonderen Ausstattung und zusätzlichen Dienstleistungen nur Beziehern höherer Einkommen zugänglich[129].

Im übrigen kann hinsichtlich der rechtlichen Zulässigkeit einer Privatisierung kommunaler Altenheime und der Frage eines durchsetzbaren Anspruchs auf Bestandserhaltung für die betroffenen Heimbewohner auf die Ausführungen zum Kindergartenwesen verwiesen werden.

---

[127] Vgl. auch oben 4. Teil B II 4 b.

[128] Vgl. Deutscher Städtetag, S. 32 f.

[129] Vgl. Deutscher Städtetag, S. 33.

c) Sonstige Einrichtungen der Jugendwohlfahrt und Sozialhilfe

Auch hinsichtlich weiterer Einrichtungen im Bereich der Jugend- und Sozialhilfe kann an die Untersuchung zum Kindergartenwesen angeknüpft werden. Es handelt sich allerdings vielfach um Einrichtungen, die nicht zum sozialen Mindeststandard, sondern zur vorgelagerten Stufe sozialer Teilhabe zählen. Hier besteht ein größerer Ermessensspielraum für die Gemeinden.

Insgesamt muß für die Jugendwohlfahrt und das Sozialwesen auch auf das Pflichtigkeitsmoment der Selbstverwaltungsgarantie aus Art. 28 Abs. 2 GG hingewiesen werden. Die Sorge für das Wohl der Bürger und die Hilfe in sozialen Notlagen gehört ebenso wie die Jugendhilfe seit jeher zum Kern des gemeindlichen Aufgabenbereichs[130]. Diese Aufgaben werden wesentlich durch eigene Einrichtungen wahrgenommen. Es ist den Gemeinden verwehrt, sich dieser wesensmäßigen, typusbestimmenden Gemeindeangelegenheiten völlig zu entledigen. Sie haben sich einen dirigierenden Einfluß zu bewahren[131].

6. Kultur und Freizeit

a) Kultureinrichtungen

Die kommunalen Kultureinrichtungen, namentlich die Theater und Museen, beanspruchen jedes Jahr Millionen DM an Subventionen aus dem Gemeindehaushalt. Auch hier stellt sich die Frage der Privatisierung[132].

Ein moderner Sozialstaat, der sich als Kulturstaat versteht, kann sich nicht auf die rein materielle Daseinsvorsorge beschränken, sondern hat zugleich die Aufgabe, ein freiheitliches Kunstleben zu erhalten und zu fördern[133]. Das Bundesverfassungsgericht leitet einen entsprechenden Auftrag aus Art. 5 Abs. 3 GG ab[134]. In verschiedenen Länderverfassungen ist die Kulturförderung als Staatsaufgabe ausdrücklich festgehalten[135].

---

[130] Vgl. BVerfGE 22, 180 (205) v. 18. 7. 1967; siehe auch die Stellungnahme der kommunalen Spitzenverbände zur Verfassungsbeschwerde gegen das BSHG (NDV 1963, 118 [123]) und gegen das JWG (NDV 1963, 114 [116]).

[131] Siehe auch Fichtner, Zeitschrift für Sozialreform 1961, 321 (333, 338); Ule, Zeitschrift für Sozialreform 1962, 637 (657).

[132] Vgl. Bund der Steuerzahler, Entstaatlichung, S. 16: auch das Theater ist unter „Staatsreformern" als privatisierungsfähig im Gespräch; siehe auch Tiemann, BayVBl 1976, 261 (262).

[133] Vgl. BVerfGE 36, 321 (331) v. 5. 3. 1974; Sauberzweig, DSt 1970, S. 111.

[134] BVerfG (Fn. 133); siehe auch Bull, Die Staatsaufgaben nach dem Grundgesetz, S. 304.

[135] Vgl. Art. 3 BayVerfassung, Art. 18 Verfassung NW, Art. 40 Verfassung Rh.-Pf.; Art. 34 Verfassung Saar, Art. 7 Abs. 1 Landessatzung SH.

Die Erhaltung eines vielfältigen Kulturangebots bedingt gerade auch die Förderung Privater[136]. Daneben kommt aber den öffentlichen Einrichtungen, vor allem den kommunalen Theatern und Museen, eine entscheidende Bedeutung zu. So besitzt das Theater „eine zentrale Stellung im Gesamtgefüge der kulturellen Einrichtungen einer Stadt“[137]. Das Theater soll als „Forum der unmittelbaren geistigen und künstlerischen Auseinandersetzung Integrationsort und Treffpunkt für alle Bürger sein“[138]. Städtische Theater sichern ein umfassendes Spielangebot mit Mut zum Experimentellen. Ohne das Engagement der Städte im Theaterwesen wäre die gegenwärtige deutsche Theaterlandschaft, die auch im Ausland Anerkennung findet, nicht denkbar[139].

Es stellt sich allerdings die Frage der Breitenwirkung. Nur ein geringer Teil der Bevölkerung geht in der Regel ins Theater. Immerhin haben die Volksbühnenbewegung und ähnliche Initiativen dem Theater neue Zuschauerschichten zugeführt. Im Sinne einer Einheit von Kultur und Bildung bietet sich eine verstärkte Kooperation von Theater und Schulen, auch Volkshochschulen, an, ebenso die Zusammenarbeit mit den Gewerkschaften, um den Anspruch als „soziales Theater“ einzulösen, dem angesichts zunehmender Freizeit des einzelnen neue Bedeutung zukommen könnte.

In der Privatisierung der kommunalen Theater dürfte kaum ein Ausweg aus der Subventionsmisere der Theater liegen. Auch private Theater müßten hohe Subventionen beanspruchen, um ein breites Kulturangebot für alle Bürger zu gewährleisten. Ausnahmen einzelner Privattheater dürfen mit Rücksicht auf ihr eng angelegtes Angebot und den speziell angesprochenen Personenkreis nicht verallgemeinert werden[140]. Es sind in der Tat auch kaum Private zu sehen, die bereit und in der Lage sind, kommunale Theater zu übernehmen.

Wollte man die kommunalen Kultureinrichtungen zu eigener Finanzierung privatisieren, also kostendeckende Eintrittspreise verlangen, würde man die breite Mehrheit der Bevölkerung von ihnen ausschließen[141]. Das ist mit dem Gedanken der kulturellen Teilhabe nicht vereinbar.

In der modernen Industriegesellschaft verlangen das Sozialstaatsgebot und der Gleichheitssatz des Art. 3 GG nicht nur eine Sicherung

---

[136] Vgl. „Entstaatlichung“ öffentlicher Aufgaben, MdI Rh.-Pf., LT DrS 8/661, S. 4.

[137] Vgl. die Empfehlung des Deutschen Städtetags v. 29. 11. 1973 — Aufgaben und Finanzierung der städtischen Theater, S. 2.

[138] Wege zur menschlichen Stadt, S. 103.

[139] Vgl. dazu Tallert, DSt 1972, 58 (59 f.).

[140] Vgl. Deutscher Städtetag, Privatisierung öffentlicher Aufgaben, S. 31.

[141] Siehe dazu auch Deutscher Städtetag, S. 31.

der Elementarbedürfnisse, sondern auch eine angemessene Teilhabe am gesellschaftlichen und kulturellen Leben[142]. Ein Staat, der nicht der breiten Mehrheit seiner Bürger den Zugang zur Kultur eröffnet, ist unsozial. Die Wohlhabenden können sich die kulturelle Teilhabe selbst verschaffen[143].

Daher hat die öffentliche Hand auch bei Privatisierungsmaßnahmen die kulturelle Teilhabe der Bürger zu sichern. Es ist darauf hinzuwirken, daß „allgemeinzugangserhaltende" Eintrittspreise genommen werden, die auch von sozial Schwächeren getragen werden können[144]. Weiterhin sind die Auswirkungen einer Privatisierung auf das Kulturangebot einer Stadt zu bedenken. Die öffentliche Hand ist verpflichtet, die kulturelle Vielfalt zu erhalten.

Es ist allerdings zu fragen, wieweit bestimmte Kulturaufgaben wie die Unterhaltung von Theatern noch als Angelegenheit der örtlichen Gemeinschaft angesehen werden können.

In der Regel unterhalten nur größere kreisfreie Städte eigene Theater. Das steht allerdings dem Charakter als typische Selbstverwaltungsangelegenheit nicht entgegen, da auch Gruppen von Städten für sie typische Selbstverwaltungseinrichtungen besitzen können. Die Bedeutung der Theater reicht aber über die Stadtgrenzen hinaus. Die Bevölkerung des Stadtumlandes besucht sie ebenso wie die Stadtbewohner. Die Kommunen nehmen somit mit der Unterhaltung von Theatern kulturpolitische Aufgaben für die Region wahr. Im Grunde erbringen die Gemeinden eine kommunale Teilleistung im Rahmen einer regionalen Kulturpolitik[145]. Man kann daher die Sorge für die kulturelle Teilhabe der Bürger nicht einseitig in kommunaler Verantwortung sehen. Land und Gemeinden haben beide Verantwortung für den Kulturbetrieb zu tragen. Von daher erheben die Gemeinden zu Recht Anspruch auf Finanzunterstützung für ihre Theater durch die Länder[146].

Land und Gemeinden haben im Zusammenwirken die kulturelle Teilhabe der Bürger zu sichern. Privatisierungen sind neben anderen Lösungen, z. B. Kooperation mehrerer Städte, partiell möglich und zulässig, sofern die Teilhabe nicht erschwert wird. Eine Welle von Privatisierungen, die die Theaterlandschaft bedroht und das Ziel eines breit

---

[142] Siehe oben 2. Teil A V 2 b, Fn. 72; Bull, S. 304; Tallert, DSt 1972, 58 (59).

[143] So Bull, S. 304.

[144] So vorsichtig auch Scholz, Das Wesen, S. 242.

[145] Auf die regionale Bedeutung städtischer Theater weist auch Scheuner, AfK 1973, 1 (28) hin.

[146] In diese Richtung auch Scheuner (Fn. 145); zur Forderung nach Finanzbeteiligung der Länder, vgl. die Empfehlung des Deutschen Städtetags v. 29. 11. 1973 — Aufgaben und Finanzierung der städtischen Theater, S. 4; Tallert, DSt 1972, 58 (59).

gefächerten kulturellen Angebots und der kulturellen Vielfalt in Frage stellt, stößt auf verfassungsrechtliche Grenzen. Hier ist es Aufgabe des Landes durch Unterstützungsmaßnahmen für die Gemeinden, aber auch mit Hilfe der Kommunalaufsicht regulierend einzugreifen.

b) Weiterbildungseinrichtungen

Zum Bereich Kultur und Freizeit gehören auch die Einrichtungen der Weiterbildung wie Volkshochschulen und Volksbüchereien. Etwa 40 % der Volkshochschulen in der Bundesrepublik stehen in unmittelbarer kommunaler Trägerschaft. Auch in den Fällen, in denen die Rechtsform des eingetragenen Vereins gewählt wurde, ist der kommunale Einfluß meist bestimmend[147].

Im Aufgabenbereich der Weiterbildung sind auch Private mit Erfolg tätig. Zu nennen sind z. B. kirchliche Büchereien und kirchliche und gewerkschaftliche Einrichtungen der Erwachsenenbildung aber auch die den Parteien nahestehenden Stiftungen zur Förderung der politischen Bildung. Meist ist das Bildungsangebot der Privaten jedoch spezialisiert und auf ein bestimmtes Bildungsziel hin orientiert, wie z. B. die Weiterbildungs- und Schulungsveranstaltungen der Gewerkschaften[148]. Dagegen sind die öffentlichen Volkshochschulen und Büchereien in das allgemeine öffentliche Bildungswesen integriert[149]. Ein breites flächendeckendes Angebot und damit die kulturelle Teilhabe für alle kann in der Regel nur durch eigene Einrichtungen der öffentlichen Hand gesichert werden.

c) Freizeiteinrichtungen

Die Gemeinden betreiben zahlreiche Freizeiteinrichtungen, vor allem Sportstätten, z. B. Frei- und Hallenschwimmbäder. Aus Gründen der Förderung des Breitensports werden keine kostendeckenden Entgelte erhoben, sondern erhebliche Zuschüsse geleistet. Bei einer Privatisierung ohne Zuschußleistung wäre eine Verteuerung der Eintrittspreise um 3 bis 5 DM zu befürchten[150]. Das würde einen Rückgang der breiten Bevölkerungsnutzung bewirken. Eine Privatisierung an gewerbliche Träger nur zur teilweise eigenen Finanzierung dürfte keine Einsparungen für den Gemeindehaushalt erbringen, schon deshalb weil die Privaten nicht nur an Kostendeckung, sondern auch an Gewinnen interessiert sind.

---

147 Vgl. Oppermann, Kulturverwaltungsrecht, S. 271 mit Fn. 12.
148 Siehe Deutscher Städtetag, S. 32.
149 Deutscher Städtetag, S. 32.
150 Vgl. Deutscher Städtetag, S. 35.

Möglich erscheint im Einzelfall die Unterstützung eines Vereins zum Bau und Betrieb eigener Schwimmanlagen, wenn der Verein bereit ist, der Öffentlichkeit Zugang zu gewähren. Hier könnte privates Potential für die Allgemeinheit genutzt werden. Allerdings ist darauf hinzuweisen, daß solche Vereine am ehesten daran interessiert sind, ihre Anlagen in der Zeit zur vereinsexternen Nutzung freizugeben, in der kein Eigenbedarf besteht, etwa vormittags für Schulen, Bundeswehr, Polizei und Feuerwehr. In den Nachmittags- und Abendstunden beanspruchen sie regelmäßig ihre Anlagen für die Mitglieder selbst. Daher liegt auch im Einsatz privater Vereine keine generelle Privatisierungsmöglichkeit, die den Allgemeinzugang sicherstellt.

Die Freizeiteinrichtungen zählen zu den öffentlichen Einrichtungen, die die Gemeinden nach den Vorschriften verschiedener Gemeindeordnungen im Rahmen ihrer Leistungsfähigkeit zu schaffen haben[151]. Ihre Bereitstellung gehört jedoch nicht zur Sicherung des sozialen Mindeststandards, sondern zur vorgelagerten Stufe der gesellschaftlichen Teilhabe. Hier steht den Kommunen regelmäßig ein weitgehender Ermessensspielraum zu. Es ist Sache der Vertretungskörperschaften, zu entscheiden, welche Einrichtungen sie schaffen und unterhalten wollen.

Kostendeckende Preise sind vielfach sozialpolitisch unerwünscht und vermindern die Teilhabe zahlreicher Bürger, schließen sie aber nicht aus. Das zeigt ein Vergleich mit den Kosten, die für Vergnügungen wie Bundesligaspiele, Unterhaltungsveranstaltungen usw. aufgewendet werden müssen. Demnach können gegen eine Privatisierung von Schwimmbädern zu privater Finanzierung aus dem Gedanken der gesellschaftlichen Teilhabe heraus grundsätzlich keine rechtlichen Bedenken erhoben werden. Unter Umständen sind jedoch soziale Randgruppen gezielt zu begünstigen, um auch ihnen eine Mindestteilhabe zu garantieren. Allerdings kann ein weitgehender Rückzug der Kommunen aus dem Freizeitbereich Steuerungsverluste auslösen und im Konflikt mit Art. 28 Abs. 2 GG stehen.

Eher privatisierungsfähig als die Schwimmbäder als solche sind nicht betriebsnotwendige zusätzliche Leistungen der Bäder (z. B. gastronomische Leistungen, Sauna, medizinische Bäder). Private können diese Leistungen eventuell kostengünstiger darbieten[152].

7. Gesundheitswesen

Krankenhäuser in öffentlicher, vor allem kommunaler Trägerschaft, nehmen eine wichtige Stellung im Krankenhaussystem der Bundes-

[151] Vgl. Körner, GO NW, § 18 Erl. 1 (Sportanlagen als öffentliche Einrichtungen); v. Loebell, GO NW, § 18 Erl. 2.

[152] Vgl. dazu Bayerischer Städteverband, Rationalisierung/Privatisierung, S. 29.

republik ein. Die Anteile der verschiedenen Krankenhausträger am Gesamtbestand der planmäßigen Betten verteilten sich zum 31. 12. 1974 wie folgt[153]:

1 309	öffentliche Krankenhäuser mit	387 590 planm. Betten =	54,1 %
1 200	freigemeinn. Krankenhäuser mit	253 949 planm. Betten =	35,4 %
974	private Krankenhäuser mit	74 991 planm. Betten =	10,5 %
insgesamt:			
3 483	Krankenhäuser mit	716 530 planm. Betten =	100 %

Die Anteile sind in den einzelnen Bundesländern allerdings verschieden gewichtet. So überwiegt in Nordrhein-Westfalen der Anteil der freigemeinnützigen Träger, in Bayern dagegen der Anteil öffentlicher Träger[154].

Nach geltendem Recht könnte eine Privatisierung im wesentlichen nur durch Übertragung öffentlicher Krankenhäuser auf freigemeinnützige Träger vorgenommen werden. Auf Gewinn ausgerichtete private Krankenhäuser, die die Voraussetzungen von § 10 Abs. 2 oder 3 der Gemeinnützigkeitsverordnung vom 24. 12. 1953 nicht erfüllen, werden nämlich gem. § 4 Abs. 3 Nr. 2 KHG vom 29. 6. 1972 (BGBl I, S. 1009) nicht nach dem Krankenhausfinanzierungsgesetz gefördert. Private Krankenhäuser nehmen zudem in der Regel nur Ergänzungsfunktionen im Gesundheitwesen wahr, z. B. als Spezialkliniken[155]. Sie sind jedoch in ihrem Leistungsangebot und in ihrer Kapazität beschränkt und überwiegend für einkommensschwächere Schichten unzugänglich[156]. Es erscheint fraglich, ob die privaten gewerblichen Krankenhäuser auf Dauer ein breites Versorgungsangebot bereithalten und sich nicht nur auf gewinnbringende Fachrichtungen beschränken würden[157].

In freigemeinnützigen Krankenhäusern ist eine umfassende Versorgung im allgemeinen gesichert. Hier stellt sich aber das Problem der Steuerungsverluste für die öffentliche Hand. Schon bei den neuen Krankenhausgesetzen der Länder ist umstritten, wieweit der Gesetzgeber Vorschriften über die Leitung und die Verwaltung freigemeinnütziger Krankenhäuser erlassen darf[158]. Auf die Probleme in Zusam-

[153] Vgl. Statistisches Bundesamt, Statistisches Jahrbuch für die Bundesrepublik Deutschland 1976, S. 90, Krankenhäuser und planmäßige Betten, Prozentzahlen nach eigener Rechnung.

[154] Statistisches Bundesamt (Fn. 153).

[155] So auch Bull, Die Staatsaufgaben nach dem Grundgesetz, S. 246 f.; Deutscher Städtetag, Privatisierung öffentlicher Aufgaben, S. 33.

[156] Vgl. auch Bull, S. 246 f.; Deutscher Städtetag, S. 33.

[157] Ebenso Deutscher Städtetag, S. 33.

[158] Vgl. Bachof/Scheuing, Krankenhausfinanzierungsgesetz und Grundgesetz; Maunz, Krankenhausreform durch Ländergesetze.

menhang mit der Reform des § 218 StGB ist schon hingewiesen worden[159].

Das Sozialstaatsprinzip gebietet die Sicherung einer gleichmäßigen gesundheitlichen Versorgung der Bevölkerung. Diese Verpflichtung gehört zur Sorge für den sozialen Mindeststandard. Folgerichtig bestimmen die neuen Krankenhausgesetze der Länder die Sicherung der Krankenhausversorgung zur öffentlichen Aufgabe, z. B. in § 2 Abs. 1 KHG NW. In Nordrhein-Westfalen obliegt die Sicherstellung der Versorgung dem Land gem. § 2 Abs. 2 KHG NW. Die Gemeinden und Gemeindeverbände sind zur Mitwirkung verpflichtet. § 2 Abs. 3 KHG NW legt den Gemeinden und den Gemeindeverbänden eine Garantiepflicht auf. Notfalls sind eigene Krankenhäuser zu schaffen.

Sofern die gleiche Versorgung für alle Bürger sichergestellt ist, ist gegen eine Übertragung eines öffentlichen Krankenhauses auf einen freigemeinnützigen Träger rechtlich nichts einzuwenden. Es entsteht dann aber eine potentielle Selbsteintrittspflicht der Gemeinde, d. h., sie muß notfalls das Krankenhaus wieder übernehmen, um die Gesundheitsversorgung sicherzustellen.

Das Sozialstaatsprinzip mit der Bestimmung der öffentlichen Verantwortung für die Krankenhausversorgung gebietet zudem die Vorhaltung eines genügenden Anteils öffentlicher Krankenhäuser zu Steuerungszwecken im Gesundheitswesen. Nur so kann ein ausreichender öffentlicher Einfluß auf die Gesundheitsversorgung gesichert werden[160]. Die Länder haben für die Einhaltung dieses Verfassungsgebots zu sorgen.

8. Die kommunalen Sparkassen

Auch die kommunalen Sparkassen sind von der Privatisierungsdiskussion nicht ausgenommen. Seit Jahren wird das Problem der besseren Eigenkapitalausstattung der Sparkassen diskutiert[161]. So betrug im Jahre 1976 die Eigenkapitalquote der Sparkassen in Relation zur Bilanzsumme nur 3,2 %[162]. Um demgegenüber eine bessere Eigenkapitalausstattung zu gewährleisten, wird die Beteiligung privaten Kapitals an den Sparkassen vorgeschlagen. Denkbar wäre die Anerkennung haftender Einlagen als Eigenkapital in Weiterentwicklung der Anerkennung stiller Einlagen nach § 10 Abs. 4 KWG. Dies würde die Hereinnahme von privaten Geldern unter der Vereinbarung bedeuten,

---

[159] Siehe oben 3. Teil B I.

[160] So im Ergebnis auch Deutscher Städtetag, S. 33.

[161] Vgl. z. B. Oberbeckmann, Die Sparkasse 1977, S. 38; Deutscher Sparkassen- und Giroverband, Jahresbericht 1976, S. 54 f.; Jahresbericht 1977, S. 56 f.; Kurze, Zeitschrift für das gesamte Kreditwesen 1978, 144 ff.

[162] Vgl. Deutscher Sparkassen- und Giroverband, Jahresbericht 1976, S. 54.

daß diese Einlagen im Verlustfalle zur Gläubigersicherheit mithaften, ohne daß diese Haftung Beteiligungsrechte gewährt. Gleichzeitig müßten den mithaftenden Einlegern günstigere Konditionen als sonstigen Einlegern zugestanden werden[163]. Weitergehend ist der Vorschlag, die Sparkassen in Aktiengesellschaften umzuwandeln und durch Ausgabe von Aktien teilzuprivatisieren[164]. Jedoch sollten auch hier die verfassungsrechtlichen Grenzen nicht außer acht gelassen werden.

Die Sparkassen dienen der kreditwirtschaftlichen Versorgung der Bürger im Gebiet des Gewährsträgers, vornehmlich des Mittelstandes und der wirtschaftlich schwächeren Bevölkerung. Sie sollen den Sparsinn und die Vermögensbildung fördern[165]. Weiterhin nehmen die Sparkassen kommunalpolitische Aufgaben als Hausbank der Gemeinden und in der Förderung der Stadtentwicklungspolitik wahr[166].

Allerdings wird ein Großteil dieser Aufgaben heute auch von privaten Kreditinstituten wahrgenommen. Insofern ist eine weitgehende Angleichung zwischen öffentlich-rechtlichen und privaten Kreditinstituten festzustellen[167].

Dennoch ist festzuhalten, daß die Sparkassen ihren ursprünglichen sozial- und kommunalpolitischen Aufgaben weitgehend treu geblieben sind[168]. Es ist fraglich, ob ohne die Konkurrenz der kommunalen Sparkassen die privaten Kreditinstitute derartige Aufgaben übernommen hätten. Zudem stellen die besondere kommunale Bindung der Sparkassen, das Regionalprinzip, die Kontrolle durch die Kommunalaufsicht und die Haftung des Gewährsträgers weiterhin ein Sicherungsmoment für den Sparer dar, das ihm private Banken trotz „Feuerwehrfonds" nicht bieten. Allein die Garantiefunktion der Sparkassen für die kreditwirtschaftliche Versorgung und Sparförderung des „kleinen Mannes" und die Korrekturfunktionen im Wettbewerb begründen weiterhin den Charakter der Sparkassen als besondere soziale Einrichtung. Als solche genießt die Institution Sparkasse Bestandsschutz. Dieser ergibt sich aus dem Verbot des sozialen Rückschritts, das sich für eine solch

---

163 Vgl. Oberbeckmann (Fn. 161); Deutscher Sparkassen- und Giroverband, Jahresbericht 1976, S. 55; Jahresbericht 1977, S. 57; Kurze, Zeitschrift für das gesamte Kreditwesen 1978, 144 (148 f.).

164 Siehe Kurze, Zeitschrift für das gesamte Kreditwesen 1978, 144 (150); vgl. dazu auch Oberbeckmann (Fn. 161).

165 Vgl. § 3 SpkG NW; siehe zu den sozialpolitischen Aufgaben der Sparkassen auch Stern/Burmeister, Die kommunalen Sparkassen, S. 74 f.; Rüfner, Formen öffentlicher Verwaltung, S. 164.

166 Vgl. Stern/Nierhaus, Rechtsfragen der Neuordnung des Sparkassenwesens, S. 18.

167 So auch Stern/Nierhaus, S. 17; BVerwG, DVBl 1972, 780 (781) v. 28. 12. 1971.

168 Ebenso Stern/Nierhaus, S. 17 f.; BVerwG, DVBl 1972, 780 (781); darauf Bezug nehmend BVerwG, DÖV 1973, 492 v. 29. 11. 1972.

gewachsene Einrichtung wie die Sparkasse zu einer begrenzten Einrichtungsgarantie verdichtet[169]. Das Sparkassenwesen ist in seiner Grundstruktur geschützt. Eine weitgehende Restriktion des Geschäftsbetriebs oder gar eine Auflösung der Sparkassen wäre verfassungswidrig[170].

Die Sparkassen gehören zu den ältesten wirtschaftlichen Unternehmen der Gemeinden[171]. Auch wenn sie im Laufe ihrer Entwicklung erhebliche rechtliche und organisatorische Wandlungen durchgemacht haben, so sind sie doch immer noch wesentlicher Bestandteil der Kommunalwirtschaft. Die Befriedigung des kommunalen Finanzbedarfs, vor allem durch langfristige Darlehen, ist eine der Voraussetzungen für eine sachgerechte Erfüllung der gemeindlichen Aufgaben. Die Kommunen benötigen Finanzierungsinstitute, die die Gewährung langfristiger Kredite nicht nur von Rentabilitätsgesichtspunkten abhängig machen[172]. Aus diesen Gründen kann festgehalten werden, daß die kommunale Betätigung in der Kreditwirtschaft zum Wesensgehalt der kommunalen Selbstverwaltung zählt[173]. Die Errichtung von Sparkassen ist allein Angelegenheit der Gemeinden[174].

Allerdings findet das Recht auf kommunale Betätigung im Sparkassenwesen seine Grenze in der Leistungsfähigkeit. Gerade wegen der besonderen sozialstaatlichen Bedeutung der Sparkassen haben die Länder auf ein leistungsfähiges Sparkassenwesen hinzuwirken. Daher verstößt das Recht des Landes, einen Zusammenschluß von Sparkassen zu einem Zweckverband zu erzwingen gem. § 31 Abs. 4 und 5 SpkG NW nicht gegen die Selbstverwaltungsgarantie des Art. 28 Abs. 2 GG[175]. Insofern bildet das Sparkassenrecht allerdings einen Grenzfall der zulässigen Beschränkung des Selbstverwaltungsrechts[176].

Weitergehende Eingriffe, so die Auflösung einer Sparkasse zwecks Übertragung auf eine andere private oder öffentlich-rechtliche Kreditanstalt, sind dagegen mit der Selbstverwaltungsgarantie nicht vereinbar[177]. Derartige Maßnahmen verstoßen gegen Art. 28 Abs. 2 GG.

---

169 Siehe zum Bestandsschutz der Sparkassen auch Stern/Burmeister, S. 95 ff., S. 110.

170 So Stern/Burmeister, S. 110.

171 Vgl. Stern/Püttner, Die Gemeindewirtschaft, S. 13 ff. und S. 166 zur Entwicklung der kommunalen Sparkassen; ebenso Stern/Burmeister, S. 64 ff.

172 Vgl. Stern/Burmeister, S. 75 zu den kommunalpolitischen Aufgaben der Sparkassen; siehe auch Stern/Püttner, S. 166.

173 Vgl. Stern/Burmeister, S. 64 ff., v. a. S. 93 f.; Stern/Püttner S. 166; Heinevetter, SpkG NW, § 1 Erl. 1; Rothe, SpkG NW, § 1 Erl. I, 1.

174 So auch Heinevetter, SpkG NW, § 1 Erl. 1.

175 Vgl. dazu Rothe, SpkG NW, § 31 Erl. V, 3, 2.

176 So Scholz, Das Wesen, S. 185; unter Berufung auf ihn Stern/Nierhaus, S. 24.

177 So auch Heinevetter (Fn. 174).

Auf die gleichen Bedenken stößt eine gesetzlich vorgeschriebene Umwandlung der Sparkassen in Aktiengesellschaften und eine damit verbundene Teilprivatisierung. Gerade ihr öffentlich-rechtlicher Status ist besonderer Ausdruck der kommunalen und sozialen Bindung der Sparkassen. Eine gesetzlich zwingende Aufhebung dieses Status berührt den Wesensgehalt kommunaler Selbstverwaltung[178].

Anders könnte eine gesetzliche Regelung zu beurteilen sein, die den Gemeinden lediglich die rechtliche Möglichkeit einräumt, ihre Sparkassen in Aktiengesellschaften umzuwandeln und privates Kapital aufzunehmen. Entscheidend ist, ob dadurch die kommunale und soziale Bindung aufgegeben wird, was mit dem Bestandsschutz der Institution Sparkasse und der Selbstverwaltungsgarantie nicht vereinbar wäre.

Es wird erwogen, den öffentlichen Auftrag und die kommunale Bindung privatrechtlicher Sparkassen durch die Satzung der Sparkassen sicherzustellen. Entsprechende Satzungsvorschriften wären in einem neuen Sparkassengesetz zwingend vorzuschreiben[179]. Eine örtliche Bindung könnte auch dadurch angestrebt werden, daß durch die Ausgabe vinkulierter Namensaktien nur an Ortsansässige der Kreis der Aktionäre örtlich beschränkt wird[180].

Ob durch solche Regelungen tatsächlich auf Dauer die Bindung der Sparkassen-AG an den öffentlichen Auftrag und die Kommune und der örtliche Bezug sichergestellt werden können, erscheint jedoch fraglich. Es steht zu erwarten, daß die Hereinnahme privaten Kapitals mit Beteiligungsrechten langfristig zu einer stärkeren Gewinnmaximierung zu Lasten der kommunalen Strukturpolitik und der sozialen Ausrichtung führen wird. Hierdurch droht die Sparkasse als spezifische soziale und kommunale Institution ihre Identität zu verlieren[181]. Auch erscheint es nicht ausgeschlossen, daß die Ziele der kommunalen Strukturpolitik verstärkt von den Interessen der privaten Anteilseigner bestimmt werden. Daher bestehen auch gegen eine solche Privatisierung aus Gründen der sozialen Institutsgewährleistung und der Selbstverwaltungsgarantie verfassungsrechtliche Bedenken.

Dagegen erscheint die Einführung privater Hafteinlagen ohne Beteiligungsrechte als ein verfassungsrechtlich gangbarer Weg, wenn eine bessere Eigenkapitalausstattung nicht durch Zuführung von Dotationskapital oder Anrechnung eines Haftungszuschlags für An-

---

178 So auch Stern/Burmeister, S. 94.

179 Vgl. dazu Kurze, Zeitschrift für das gesamte Kreditwesen 1978, 144 (150).

180 Vgl. Kurze (Fn. 179).

181 Vgl. Oberbeckmann, Die Sparkasse 1977, S. 38.

staltslast und Gewährträgerhaftung[182] erreicht werden kann. Zwar wird auch die Einführung privater Hafteinlagen zu einer verstärkten Gewinnorientierung führen. Dies wird jedoch durch die Erhaltung der öffentlich-rechtlichen Struktur und die alleinige Verantwortung und Kontrolle des Gewährsträgers ausgeglichen, so daß weiterhin eine genügende Bindung an die soziale und kommunale Aufgabenstellung der Sparkassen gewahrt bleibt.

Zu fragen bleibt, wieweit die Gemeinden selbst verpflichtet sind, ihre Sparkassen zu erhalten.

Den Gemeinden steht grundsätzlich nicht nur das Recht zu, Sparkassen zu errichten, sondern auch Sparkassen wieder aufzulösen[183]. Das Auflösungsrecht der Gemeinden und das Genehmigungsrecht des Wirtschaftsministers sind jedoch durch das Sozialstaatsprinzip und das Pflichtigkeitsmoment der Selbstverwaltungsgarantie gebunden. Vor Auflösung einer Sparkasse sind andere Möglichkeiten, z. B. der Zusammenschluß mit einer anderen Sparkasse oder eine Ausweitung der Gewährträgerschaft durch Bildung eines Zweckverbands, zu untersuchen, um die Sparkasse zu erhalten[184]. Für den Wirtschaftsminister verdichtet sich diese Bestandserhaltungspflicht zum Genehmigungsverbot, wenn durch eine vermehrte Anzahl von Sparkassenauflösungen eine Beeinträchtigung des Sparkassenwesens und eine Versorgungslücke für ein bestimmtes Gebiet droht. Nur so kann die soziale Institution Sparkasse gesichert werden.

9. Sonstige kommunale Einrichtungen mit Bindung an einen öffentlichen Zweck

Nachdem die Grenzen der Privatisierung eingehender an einigen bedeutenden kommunalen Einrichtungen aufgezeigt worden sind, sollen an dieser Stelle einige weitere Bereiche kommunaler Betätigung kurz angesprochen werden. Diese Aufgabenbereiche zählen nicht zur Sicherung des sozialen Mindeststandards. Hier steht es im wesentlichen im kommunalen Ermessen, zu entscheiden, ob die Gemeinde selbst die betreffende Aufgabe wahrnehmen oder sie Privaten überlassen will.

a) Außenwerbung

Die städtischen Reklamebetriebe sind oft nur Nebenbetriebe der städtischen Grundstücksverwaltung. In der Regel werfen sie Gewinne

---

[182] Vgl. hierzu Deutscher Sparkassen- und Giroverband, Jahresbericht 1976, S. 55; Jahresbericht 1977, S. 57.

[183] Vgl. Rothe, SpkG NW, § 1 Erl. III, 1.

[184] So in der Form einer Empfehlung auch Heinevetter, SpkG NW, § 1 Erl. 9.

ab[185]. Mit ihrer Hilfe kann Einfluß auf das Stadtbild genommen werden. Bei diesen Betrieben kann eine Umwandlung in eine Eigengesellschaft (GmbH) erwogen werden, um größere wirtschaftliche Bewegungsfreiheit zu sichern und damit Gewinne für den kommunalen Haushalt. Eine rechtliche Verpflichtung der Kommunen, die Außenwerbung in eigene Regie zu nehmen oder überhaupt für sie zu sorgen, besteht nicht.

b) Bestattungswesen

Hier findet sich — oft traditionell bedingt — ein Bereich kommunaler Betätigung. Es gibt weiterhin gute Gründe für die Aufrechterhaltung eines Bestattungsbetriebs in kommunaler Regie in Konkurrenz mit Privaten. Der kommunale Betrieb bietet den Gemeindeeinwohnern die Möglichkeit, alle mit der Bestattung zusammenhängenden Geschäfte öffentlich-rechtlicher und privatrechtlicher Art durch ein Unternehmen erledigen zu lassen, was vor allem durch den engen Sachzusammenhang zwischen der dem Benutzungszwang unterliegenden Bestattung und der Leichenversorgung sowie der Beschaffung von Bestattungsartikeln gerechtfertigt erscheint[186].

c) Messen

Größere Städte unterhalten eigene Messeeinrichtungen. Die Veranstaltung von Messen und Ausstellungen dient vor allem der Förderung der eigenen Wirtschaft und Kultur[187].

d) Stadthallen

Zur Durchführung größerer Veranstaltungen, auch für Vereine oder politische Parteien, unterhalten die Kommunen eigene Stadthallen.

e) Schlachthöfe

Als Musterbeispiele erfolgreicher Privatisierungen werden regelmäßig einzelne ehemals städtische Schlachthöfe, namentlich der Kölner Schlachthof, angeführt[188].

---

185 Vgl. Stern/Püttner, Die Gemeindewirtschaft, S. 46.

186 Vgl. BVerwGE 39, 329 (335 f.) v. 22. 2. 1972; siehe zum kommunalen Bestattungswesen auch Bayerischer Städteverband, Rationalisierung/Privatisierung, S. 38 f.

187 Siehe auch Stern/Püttner, S. 46.

188 Vgl. Bund der Steuerzahler, Entstaatlichung, S. 13 f.; Bundesfachausschuß für Wirtschaft der F.D.P., Liberale Thesen zur öffentlichen Wirtschaft, S. 3; Fischer-Menshausen, in: Verselbständigung von Verwaltungsträgern, 51 (64); siehe zur Privatisierung von Schlachthöfen auch Pausch, Möglichkeiten einer Privatisierung öffentlicher Unternehmen, S. 69 ff.

Die kommunalen Schlachthöfe sind zwischen 1880 und 1900 vorwiegend aus hygienepolizeilichen Gründen, nämlich im Interesse der Lebensmittelversorgung (Fleischbeschau) und allgemeiner städtischer Hygene, eingerichtet worden[189]. Dem sollte der zugunsten der Schlachthöfe angeordnete Schlachtzwang dienen, nebenbei allerdings auch der rentierlichen Ausnutzung der Schlachthöfe. So erbrachten die Schlachthöfe zunächst auch erhebliche Gewinne für die Gemeinden[190].

Die Gewinnsituation hat sich allerdings in letzter Zeit erheblich verschlechtert. Mit dem Vordringen des Fleischtotversands und der Verbesserung der Kühltransporte ging die Zahl der Schlachtungen in den städtischen Schlachthäusern zurück. Zudem wurde die Ausgleichsabgabe auf von stadtauswärts eingeführtes Frischfleisch stufenweise abgebaut[191]. Diese Entwicklung führte zu Überlegungen einzelner Städte, ihre Schlachthöfe zu privatisieren.

In der Regel kommt nur eine Privatisierung in der Form der Übertragung einer öffentlichen Aufgabe lediglich zu privater Durchführung in Betracht. Der Schlachthof als solcher bleibt eine öffentliche Einrichtung[192].

Eine finanzielle Entlastung ist — trotz gegenteiliger Behauptungen von Privatisierungsinteressenten — mit einer Übertragung der Schlachthöfe regelmäßig nicht verbunden. Die günstige Entwicklung des privatisierten Kölner Schlachthofes ist mit Subventionen der Steuerzahler bewirkt worden. Die Stadt Köln gab erhebliche Investitionszuschüsse und gewährte Steuererleichterungen[193]. Hinzu kam ein erheblicher Personalabbau. Die gesellschaftlichen Folgekosten muß der Staat tragen. Zudem verbleiben den Kommunen nach einer Privatisierung Pensionslasten und Schuldendienst für die von den Privaten nicht benötigten Gebäude, ebenso wichtige und kostenintensive Aufgaben wie Fleischbeschau und Veterinäraufsicht[194].

Gerade aus den Kölner Erfahrungen heraus hat in jüngster Zeit die Stadt Stuttgart davon abgesehen, ihren Schlachthof zu privatisieren[195].

Vielfach bestehen bei der Unterhaltung der genannten zumeist wirtschaftlichen Unternehmen Sachzusammenhänge mit anderen kommu-

---

189 Vgl. Stern/Püttner, S. 18 f.

190 Stern/Püttner, S. 18 f.

191 Vgl. Bund der Steuerzahler (Fn. 188); Deutscher Städtetag, Privatisierung öffentlicher Aufgaben, S. 36.

192 Vgl. auch Deutscher Städtetag, S. 36.

193 Siehe auch: In Stuttgart — keine Privatisierung, Demokratische Gemeinde 1976, S. 660; Tofaute, WSI-Mitteilungen 1976, 370 (384).

194 Siehe Deutscher Städtetag, S. 36.

195 Siehe dazu: In Stuttgart — keine Privatisierung, Demokratische Gemeinde 1976, S. 660.

nalen Aufgaben[196]. Die Betätigung auf diesem Gebiet ist grundsätzlich geschützt durch das Selbstverwaltungsrecht. In einigen Bundesländern ist allerdings die Neuaufnahme einer entsprechenden Tätigkeit erschwert durch den Nachweis eines dringenden öffentlichen Zwecks[197].

Grundsätzlich haben die kommunalen Vertretungskörperschaften nach eigenem Ermessen zu entscheiden, ob sie die betreffenden Tätigkeiten weiterhin in eigener Regie durchführen oder Privaten überlassen wollen. Bei einer Privatisierung sollten allerdings die Schwierigkeiten, die bei einer Wiederaufnahme kommunaler Betätigung entstehen können, bedacht werden. Außerdem ist die aus dem Sozialstaatsprinzip folgende Fürsorgepflicht der öffentlichen Hand für die Beschäftigten zu beachten.

10. Historisch begründete Einrichtungen

In den einzelnen Gemeinden, vornehmlich in den größeren Städten, gibt es zahlreiche Gemeindeeinrichtungen, die im wesentlichen nur historisch begründbar sind und die sich heute nur noch sehr bedingt öffentlichen Zwecken unterordnen lassen. Beispiele sind Pfandleihhäuser, Betriebe der Urproduktion, etwa Gemeindebrauereien und Ziegeleien, Gemeindeapotheken, Sägewerke und teilweise auch Bestattungsbetriebe oder Gemeindegärtnereien. Gegen die Privatisierung derartiger Einrichtungen bestehen rechtlich keine Bedenken. Hier müssen die Gemeinden nach eigenem Ermessen entscheiden, ob sie diese Einrichtungen weiterführen wollen, vielleicht weil sie Gewinne für den Gemeindehaushalt abwerfen, oder ob diese Betriebe aufgegeben werden sollen.

11. Aufgaben im Zwischenbereich von Eingriffs- und Leistungsverwaltung

Es gibt kommunale Aufgaben im Zwischenbereich von Eingriffs- und Leistungsverwaltung, z. B. die Feuerwehr und der Rettungsdienst[198]. Soweit es sich um Aufgaben der Gefahrenabwehr handelt, ist der Staat für ihre Erledigung zuständig. Im Rechtsstaat ist der Schutz der öffentlichen Sicherheit und Ordnung Aufgabe des Staates. Lediglich die Durchführung von Aufgaben im Zwischenbereich kann auf Private übertragen werden. Zu denken ist hier vor allem an gemeinnützige Organisationen. Bei der Feuerwehr sind auch in dieser Beziehung Grenzen gesetzt. Die Gemeinden haben für die Aufstellung und Unterhaltung von Gemeindefeuerwehren zu sorgen[199]. Die Gemeindefeuer-

[196] So auch BVerwGE 39, 329 v. 22. 2. 1972.

[197] Vgl. z. B. § 88 Abs. 1 GO NW.

[198] Vgl. Deutscher Städtetag, Privatisierung öffentlicher Aufgaben, S. 13 f.

[199] § 4 Feuerwehrgesetz BW, Art. 3 Bay Gesetz über das Feuerlöschwesen, § 1 Abs. 1 Feuerschutzgesetz NW.

wehr darf nicht durch andere Organisationen ersetzt werden; allenfalls können private Werkfeuerwehren zum Feuerschutz mit herangezogen werden[200]. Auch dort, wo die freiwillige Feuerwehr als Verein nach bürgerlichem Recht organisiert ist, ist sie durch die Vorbehalte der Kommunalaufsicht[201] in die Staatsorganisation eingegliedert. In diesem Sinne ist sie „Nicht-Privater".

Wegen ihrer Nähe zur Eingriffsverwaltung sind die Grundsätze für die Privatisierung der Eingriffsverwaltung auf die Feuerwehr anzuwenden. Dort, wo es die größere Sachnähe Privater nahelegt, Feuerwehraufgaben auf Private zu übertragen, ist das rechtlich zulässig (Beispiel: Werkfeuerwehren). Eine allgemeine Privatisierung der Feuerwehr im Sinne einer Übertragung auf gewerbliche Private scheidet dagegen aus.

12. Annexaufgaben

Möglich erscheint die Privatisierung sog. Hilfstätigkeiten oder Annexaufgaben der öffentlichen Verwaltung, z. B. die Reinigung von Gemeindegebäuden, die Durchführung von Reparaturen an gemeindlichen Fahrzeugen, die Erledigung von Druckereiarbeiten, die Unterhaltung eines Bauhofs, die Wäschereiarbeiten für Krankenhäuser, die Bewirtschaftung von Kantinen usw.[202]. Vielfach wird die Privatisierung solcher Annexaufgaben den Bürger nicht unmittelbar treffen.

Vergleichbar sind auch abtrennbare Teile kommunaler Einrichtungen, bei denen im Einzelfall zu prüfen ist, ob sie nicht kostengünstiger Privaten übertragen werden können. Dazu zählen abtrennbare Teile von Sportstätten, z. B. Tennisplätze, oder von Bädern, z. B. Sauna, medizinische Bäder, Wannenbäder usw.[203].

Die Privatisierung dieser Aufgabenbereiche ist grundsätzlich rechtlich zulässig. Es sollte aber gefragt werden, ob diese Aufgaben auch in gleicher Qualität wie in kommunaler Regie erbracht werden. Die bisher gemachten Erfahrungen sind keineswegs alle günstig[204]. Der Bayerische Städteverband kommt zum Ergebnis, daß in den Bereichen, die besondere Anforderungen an Hygiene oder den Arbeitseinsatz stellen (z. B. Krankenhäuser, Altenheime, Kinderkrippen, Bäder) eine

[200] Vgl. § 19 Abs. 5 Feuerwehrgesetz BW.

[201] Siehe Art. 4 Bay Gesetz über das Feuerlöschwesen.

[202] Vgl. Fischer-Menshausen, in: Verselbständigung von Verwaltungsträgern, 51 (60 f.) und den umfangreichen Katalog des Deutschen Städtetags, S. 42 f.; siehe auch Bayerischer Städteverband, Rationalisierung/Privatisierung, S. 23 ff.

[203] Siehe Deutscher Städtetag, S. 44; vgl. auch Bayerischer Städteverband, S. 29 f.

[204] Vgl. Minssen, Fallstudie über die Privatisierung der Gebäudereinigung bei der Stadt Hildesheim, S. 65; siehe auch Bayerischer Städteverband, S. 43.

Reinigung durch private Unternehmen nicht immer zweckmäßig ist[205]. Auch in Hamburg, wo die Gebäudereinigung teilweise privatisiert worden ist, sind die Erfahrungen nicht nur positiv[206]. Vor allem sind negative Auswirkungen auf die Beschäftigten zu beklagen. Daher ist noch einmal darauf hinzuweisen, daß das Sozialstaatsprinzip die Sicherung des sozialen Status der Betroffenen gebietet.

Zu nennen ist in diesem Zusammenhang auch die Beteiligung Privater an der Bauplanung und -durchführung (Anfertigung von Gutachten und Nahbereichsuntersuchungen, Entwurf von Bauplänen, Bauleitplänen und Entwicklungsplänen)[207]. Dadurch kann im Einzelfall privates Leistungspotential zur Erfüllung öffentlicher Aufgaben genutzt werden. Zu bedenken ist aber, daß die Vergabe solcher Planungsaufgaben zugleich mit Einflußverlusten des Gemeinderats verbunden ist. Die privaten Planer können sich der Kontrolle durch die Bürgerschaft und ihre gewählten Vertreter eher entziehen als die Verwaltung. Eine Einflußnahme auf die Planungsarbeiten ist somit erschwert, das politische Mandat der Ratsmitglieder geschwächt.

III. Zusammenfassende Betrachtung der Leistungsverwaltung

Zusammengefaßt kann festgestellt werden, daß sich die zentralen Bereiche der kommunalen Leistungsverwaltung aus sozialstaatlichen und kommunalverfassungsrechtlichen Gründen (Art. 28 Abs. 2 GG) wenig zur Privatisierung eignen. Das gilt vor allem für die Einrichtungen, die die Gemeinden im Rahmen ihrer Garantiefunktion für den sozialen Mindeststandard der Bürger unterhalten. Die Sicherung einer flächendeckenden Leistungsdarbietung auf Dauer zu sozial angemessenen Bedingungen, die Einbindung in die Gemeindeentwicklung und die Pflicht, weltanschaulich neutrale Einrichtungen vorzuhalten, stehen einer Privatisierung entgegen. Eine Privatisierung mit befreiender Wirkung, d. h., ohne ausreichende sozialstaatliche und grundrechtliche Sicherungen, ist mit dem Gedanken der Freiheit und Teilhabe, den Grundprinzipien unserer rechts- und sozialstaatlichen Ordnung, nicht zu vereinbaren und daher verfassungswidrig[208].

In der vorgelagerten Stufe sozialer Teilhabe ist eine Privatisierung kommunaler Aufgaben eher denkbar. Ohne entsprechende Subven-

[205] Bayerischer Städteverband, S. 44.

[206] Siehe dazu Tofaute, WSI-Mitteilungen 1976, 370 (386 f.).

[207] Vgl. „Entstaatlichung" öffentlicher Aufgaben, MdI Rh.-Pf., LT DrS 8/661, S. 4.

[208] So auch Gallwas, VVDStRL 29, 211 (227); vgl. auch Fischer-Menshausen, in: Verselbständigung von Verwaltungsträgern, 51 (55).

tionen müssen die Privaten allerdings die Leistungen für die Bürger erheblich verteuern, so daß die breite Mehrheit ausgeschlossen wäre.

Die Garantenstellung der Gemeinden begründet spezielle Handlungspflichten[209]. In Öffentlichkeitsverträgen ist die soziale Teilhabe der Bürger zu sichern. In den Einrichtungen, die die personale Existenz des einzelnen berühren (Altenheime, Kindergärten, Schulen), sind Grundrechtsdefizite auszugleichen. Dort wo Anschluß- und Benutzungszwang besteht, sind Haftungsverluste infolge einer Privatisierung zu mindern.

Sofern eine Inpflichtnahme auch vertraglicher Art des Privaten nicht möglich ist, muß das Gemeinwesen das Teilhabedefizit selbst ausgleichen, indem es dem Bürger Alternativen und Ausweichmöglichkeiten anbietet[210]. Generell kann festgestellt werden: Je schwieriger der Ausgleich des Teilhabe- und sonstigen Grundrechtsdefizits des einzelnen ist, desto größere Skepsis ist gegen die Rechtmäßigkeit einer Übertragung öffentlicher Aufgaben auf Private angebracht[211]. Insgesamt zeigen Erfahrungen, daß eine sozialstaatsgerechte Privatisierung in kleineren Gemeinden bei bestimmten Einrichtungen (z. B. Müllabfuhr) eher möglich ist als in größeren Städten[212].

Haushaltsmäßige Entlastungen sind von Privatisierungsmaßnahmen kaum zu erwarten. Vielmehr wird nun eine umfangreiche Subventionierung den Kommunen zur Pflicht gemacht, wenn keine Leistungsverkürzung für die breite Mehrheit der Bevölkerung in den privatisierten Bereichen eintreten soll. Im wesentlichen werden nur die Kosten von einem Haushaltstitel auf den anderen verlagert[213]. Die Gemeinde verliert aber den unmittelbaren Einfluß auf ihre eigene infrastrukturelle Entwicklung.

Zwar lassen sich theoretisch sozialstaatliche Leistungen und gemeindlicher Einfluß auf den privaten Bereich vertraglich sichern, es bedarf dazu jedoch eines teuren und umfangreichen Kontrollapparats. Die Bürokratisierungsgefahr ist bei solchen zusätzlichen Kontrollinstanzen höher zu bewerten als in den regelmäßig mit einer gewissen organisatorischen Selbständigkeit ausgestatteten gemeindlichen Einrichtungen. Zudem zeigen historische Erfahrungen die Schwierigkeiten, trotz aller Verträge gemeindliche Wünsche gegenüber privaten Versorgern durchzusetzen.

Was zur Privatisierung im wesentlichen übrigbleibt, sind Gemeindeeinrichtungen, die nicht die soziale Teilhabe sichern, sondern anders

[209] Ebenso Gallwas, VVDStRL 29, 211 (229).

[210] Vgl. Gallwas, VVDStRL 29, 211 (230).

[211] So Gallwas, VVDStRL 29, 211 (231).

[212] Vgl. Licht, in: Ver- und Entsorgung — Wer macht's?, S. 19 ff.

[213] Ebenso Remmlinger, Der Gemeindehaushalt 1976, 38 (39).

geartete öffentliche Zwecke verfolgen. Ebenso sind nur historisch begründbare Einrichtungen zu nennen, die ihre öffentliche Zweckbindung weitgehend verloren haben. Insoweit ist eine ständige Aufgabenüberprüfung und -kritik angebracht. Privatisierungsmöglichkeiten, denen keine rechtlichen Bedenken, abgesehen von der Pflicht, den sozialen Status der Beschäftigten zu sichern, entgegenstehen, ergeben sich vor allem im Bereich der Annexaufgaben[214]. Zu denken ist auch an eine verstärkte Auftragsvergabe öffentlicher Einrichtungen und Unternehmen an Private[215].

Die Sicherung der Daseinsstabilisierung des einzelnen durch öffentliche Einrichtungen ist das Kennzeichen des modernen Sozialstaats. Eine weitgehende Privatisierung bedeutet die Abkehr vom Sozialstaat und den Rückmarsch ins vorige Jahrhundert, die Rückverweisung der öffentlichen Hand in die berühmte Nachtwächterrolle.

---

214 Ebenso Schleberger, DSt 1976, 690 (691).

215 Vgl. auch § 18 Abs. 5 Mittelstandsförderungsgesetz BW v. 16. 12. 1975, Gesetzblatt BW 1975, S. 861 ff.

5. TEIL

Alternativen zur Privatisierung kommunaler Aufgaben

Es gibt sicher Anlaß zu mancher Kritik an bürokratischen und arbeitsorganisatorischen Fehlentwicklungen im öffentlichen Sektor[1]. Wollte man allerdings wegen eines Mangels die ganze Einrichtung abschaffen, so dürfte es längst keine Privatwirtschaft mehr geben. Notwendig ist nicht der Abbau öffentlicher Dienstleistungen, sondern eine durchgreifende Reform des öffentlichen Dienstes[2].

I. Verselbständigung von Verwaltungsträgern

In der kommunalen Leistungsverwaltung ist teilweise eine größere organisatorische — manchmal auch nur technische — Unabhängigkeit einzelner Einrichtungen festzustellen. Dadurch kann mehr Flexibilität bei der Darbietung von Dienstleistungen erreicht werden. Die allgemeine Verwaltung ist in ihrer Struktur noch zu sehr auf die Aufgaben der Eingriffsverwaltung ausgerichtet. Daher ist auf dem Wege einer größeren Gliederung der Verwaltung in selbständigere Einheiten weiter voranzuschreiten[3].

An Einrichtungen, die stärker verselbständigt werden könnten, sind zu nennen die Müllabfuhr, die Straßenreinigung, die Gebäudereinigung, die Bereithaltung und Reparatur von Kraftfahrzeugen[4], aber auch öffentliche Einrichtungen wie Schwimmbäder, Museen oder

---

[1] Das wird auch von der ÖTV so gesehen, vgl. Kluncker, „das-ötv-magazin" Nr. 1/1976, S. 3.

[2] Ebenso Kluncker (Fn. 1).

[3] Siehe allgemein zum Problem der „Verselbständigung von Verwaltungsträgern" die gleichnamige Schrift der Deutschen Sektion des Internationalen Instituts für Verwaltungswissenschaften (Hrsg. F. Wagener); weiterhin F. Wagener (Hrsg.), Regierbarkeit? Dezentralisation? Entstaatlichung?, insbesondere die Beiträge von Ulrich Becker, Aufgabenerfüllung durch verselbständigte Betriebseinheiten aus der Sicht der Großstadt, S. 91 ff. und van Kaldekerken/Gottschalk, Verselbständigte Betriebseinheiten in der Kommunalverwaltung aus der Sicht mittlerer und kleinerer Gemeinden, S. 129 ff.; Laux, Größere Flexibilität der öffentlichen Verwaltung durch Verselbständigung betrieblicher Einheiten; Kux, Ansätze zur Privatisierung öffentlicher Aufgaben, S. 148 ff., S. 196 ff.

[4] Vgl. Dieckmann, in: Verselbständigung von Verwaltungsträgern, 19 (22).

Bibliotheken. Hier bietet sich die Bildung selbständiger Betriebseinheiten in Anlehnung an das Eigenbetriebsrecht an[5]. Der Senat der Freien und Hansestadt Hamburg hat ein entsprechendes Untersuchungsprogramm beschlossen[6]. Auf der gleichen Linie liegen die Bestimmungen des KHG NW, die eine verstärkte organisatorische Selbständigkeit der Krankenhäuser gegenüber den kommunalen und freigemeinnützigen Trägern vorschreiben[7]. Zu nennen ist auch § 88 Abs. 2 GO NW, der auch für nicht-wirtschaftliche Unternehmen und Einrichtungen die Möglichkeit eröffnet, nach den Grundsätzen der Eigenbetriebsverordnung geführt zu werden, ebenso § 85 Abs. 2 GO Rh.-Pf., der die gleiche Möglichkeit vorsieht und darüber hinaus bestimmt, daß diese Einrichtungen mit Eigenbetrieben verbunden werden können.

Hinsichtlich der Wirtschafts- und Betriebsführung kann im wesentlichen auf die Ausführungen zum Eigenbetrieb verwiesen werden[8]. Kennzeichnend sind die Ausweisung der Betriebseinheit als Sondervermögen mit einem besonderen Wirtschaftsplan, die kaufmännische Buchführung und größere personalpolitische Beweglichkeit des Amtsleiters.

Die Vorteile solcher verselbständigter Betriebseinheiten liegen in der Steigerung von Effizienz und Rationalität, in der größeren Steuerbarkeit und Anpassungsfähigkeit, gerade auch gegenüber dem Bürger[9]. Größere Selbständigkeit und Überschaubarkeit erhöhen die Motivation der Mitarbeiter und eröffnen neue Möglichkeiten der Partizipation für die Bürger[10]. Die allgemeine Verwaltungsführung wird von betrieblichen Funktionen entlastet[11].

Mögliche Nachteile einer solchen Verselbständigung könnten Einbuße an politischer Verantwortung und Steuerung und ein vermehrter Aufwand für die Koordination der politischen Führung in der Zentrale und der betrieblichen Führung in der Betriebseinheit sein[12].

In jedem Fall muß die Einheit der Verwaltung gewährleistet sein. Darunter ist im Anschluß an Laux[13] zu verstehen:

— Gewährleistung der Einheitlichkeit der politischen Zielsetzung

— Einheitlichkeit der politischen Kontrolle

[5] Vgl. Dieckmann (Fn. 4).

[6] Siehe dazu U. Becker (Fn. 3).

[7] Siehe dazu auch Laux, in: Verselbständigung von Verwaltungsträgern, 141 (148 ff.); ders., Größere Flexibilität der öffentlichen Verwaltung durch Verselbständigung betrieblicher Einheiten, S. 11 ff.

[8] Siehe oben 1. Teil A II 3 a.

[9] Vgl. U. Becker, S. 110 f.

[10] U. Becker, S. 118 f.

[11] U. Becker, S. 113.

[12] U. Becker, S. 115.

— Einheitlichkeit der Verwaltungspolitik, d. h. der Grundsätze für die Leistungsverwaltung gegenüber dem Bürger
— Einheitlichkeit der wesentlichen Grundsätze für die innere Organisation, insbesondere im Bereich des Besoldungs- und Tarifwesens
— Einheitlichkeit der rechtlichen Grundlagen.

Mit der Bildung selbständiger Betriebseinheiten können aber das Prinzip der Einheit der Verwaltung und die Freisetzung von Leistungsimpulsen und größere Beweglichkeit der Verwaltung in vernünftiger Weise miteinander verbunden werden. Die genannten möglichen Nachteile wiegen in der Regel diese Vorteile nicht auf[14]. Gerade in großstädtischen Verwaltungen liegt in der Einrichtung von selbständigen Betriebseinheiten die Möglichkeit einer bürgernahen dezentralen Gliederung.

Eine andere Form der Verselbständigung liegt in Ausgliederungen aus der formellen Verwaltung durch Ausweichen in privatrechtliche Organisationsformen. Zu denken ist vor allem an kommunale Versorgungs- und Verkehrsunternehmen, die als Eigengesellschaft geführt werden. Die Vor- und Nachteile einer solchen Verselbständigung sind oben dargestellt worden[15]. Vielfach werden gegen Umwandlungen städtischer Betriebe in Eigengesellschaften Bedenken geäußert, weil sich die nunmehr rechtlich selbständigen Unternehmen kommunalem Einfluß stärker entziehen können als Eigenbetriebe.

An sich stellt der Eigenbetrieb die ideale Rechtsform dar, wirtschaftliche Unternehmen den Zwecken der Gemeindepolitik unterzuordnen und dennoch ihre Führung an wirtschaftlichen Grundsätzen zu orientieren[16]. Bei großen wirtschaftlichen Unternehmen der Gemeinden, die die Versorgung der Bevölkerung mit lebenswichtigen Gütern auf lange Sicht besorgen müssen, kann aber, etwa aus Gründen der günstigeren Finanzierungsmöglichkeiten, die Eigengesellschaft die richtige Rechtsform sein. In anderen kommunalen Aufgabenbereichen kann dagegen ein zu weitgehender Gebrauch privatrechtlicher Organisationsformen zu einer Auflösung der Einheit der Verwaltung führen. Daher setzen einzelne Gemeindeordnungen der Umwandlung von Eigenbetrieben in Eigengesellschaften rechtliche Grenzen[17].

Eine weitere Dezentralisationsmöglichkeit, vornehmlich für die allgemeine Verwaltung, sollte nicht vergessen werden, die Bildung von

---

[13] Laux, in: Verselbständigung von Verwaltungsträgern, 141 (153).

[14] Ebenso Laux (Fn. 13).

[15] Siehe oben 1. Teil A II 3 b.

[16] So auch das MdI Rh.-Pf., „Entstaatlichung" öffentlicher Aufgaben, LT DrS 8/661, S. 10.

[17] Vgl. z. B. § 104 Abs. 1 Nr. 2 GO BW, § 115 Abs. 2 NGO.

Bezirksverwaltungsstellen und Bezirksvertretungen in größeren Städten. Auf diese Weise kann der Verlust an Bürgernähe, der allerorten gerade auch als Folge kommunaler Neugliederungsmaßnahmen beklagt wird, teilweise ausgeglichen werden.

Insgesamt kann durch eine größere Dezentralisation der Verwaltung, vornehmlich durch die Bildung selbständiger Betriebseinheiten, die Bewahrung eines dirigierenden Einflusses des Gemeinwesens auf die Gemeindeentwicklung und die Sozial-, Wirtschafts- und Kulturförderung der Gemeindeeinwohner mit der Förderung von Motivation und Initiativen der Mitarbeiter und demokratischer Teilhabe der Bürger verbunden werden.

Eine bessere Verwaltungsgliederung durch stärkere Verselbständigung von Betriebseinheiten, also Effizienzsteigerung innerhalb der Verwaltung, ist gegenüber der Privatisierung öffentlicher Aufgaben, die die Gemeinden ja nicht aus Willkür übernommen haben, sondern aus der Notwendigkeit heraus, die gleichmäßige Versorgung der Bürger mit Strom und Wasser, die Abfallbeseitigung und die Unterhaltung von Sozialeinrichtungen sicherzustellen, meist weil sich kein Privatunternehmer dazu bereitfand, die rechtsstaatlichere und sozialstaatsgerechtere Lösung.

II. Reform des Dienstrechts

Neben einer Verbesserung der allgemeinen Organisation der Verwaltung ist die Reform des öffentlichen Dienstrechts wesentlich. Die strenge Verwaltungshierarchie mit ihren starren Laufbahnregelungen ist abzubauen zugunsten einer stärkeren Betonung individueller Verantwortung und Leistung. Das bedingt eine größere Durchlässigkeit des Laufbahnrechts, eine Verlagerung von Entscheidungsgewalt und Verantwortung nach unten, damit Ausführungs- und Entscheidungsfunktionen wieder stärker zusammenfallen. Weiterhin sind Formen kollektiver Kooperation der Bediensteten zu fördern und ihre Mitbestimmungsrechte zu stärken. So können neue Motivationsanreize für die Beschäftigten geschaffen werden.

Solche Reformvorschläge stellen eine reale Alternative zur Privatisierung dar. Die Reform des Staatsapparats und nicht der Abbau des Sozialstaats durch Privatisierung ist geboten.

Zusammenfassung in Leitsätzen

I. In Zusammenhang mit der Finanznot der öffentlichen Hand, namentlich der Kommunen, wird die Forderung nach Privatisierung kommunaler Aufgaben erhoben.

II. Unter kommunalen Aufgaben sind die Aufgaben zu verstehen, die die Gemeinden im Rahmen ihrer Allzuständigkeit für die örtlichen Angelegenheiten gem. Art. 28 Abs. 2 GG zulässigerweise wahrnehmen. Die kommunalen Aufgaben sind ein Unterbegriff der öffentlichen Aufgaben, also der Aufgaben, die zulässigerweise nach rechtlichen Maßstäben von der Staatsorganisation im weitesten Sinne wahrgenommen werden.

III. Unter Privatisierung wird die Übertragung öffentlicher Aufgaben auf eine natürliche oder juristische Person im privaten Bereich, d. h. außerhalb der Staatsorganisation im weitesten Sinne, zu der auch die privatrechtlichen Unternehmen der öffentlichen Hand zählen, verstanden.

Zu unterscheiden sind:

1. Die Übertragung von Hilfstätigkeiten der öffentlichen Verwaltung auf Private
2. Die Übertragung öffentlicher Aufgaben zur Durchführung auf Private
3. Die generelle Übertragung von Aufgaben auf Private
4. Die Übertragung von Aufgaben auf freigemeinnützige Organisationen
5. Die reglementierende Inpflichtnahme Privater
6. Leasing als privatwirtschaftliche Finanzierung öffentlicher Aufgaben

IV. Aus den Verfassungsbestimmungen sind der Bereich gebotener öffentlicher Tätigkeit und Verantwortlichkeit zu ermitteln und damit die Grenzen von Privatisierungsmaßnahmen.

1. Das Rechtsstaatsprinzip gewährleistet eine bestimmte Qualität des Verwaltungsverfahrens. Art. 33 Abs. 4 GG begrenzt die Übertragung hoheitlicher Befugnisse auf Private quantitativ.

2. Das Sozialstaatsprinzip verpflichtet den Staat für einen sozialen Mindeststandard jedes Bürgers notfalls durch eigene Einrichtungen zu sorgen. Der Sozialstaat gebietet die öffentliche Kontrolle und Beschränkung privater Monopolstellungen und fordert von den Gemeinden die Sozialförderung ihrer Einwohner durch planmäßige Infrastrukturpolitik. Sozialer Rückschritt ist untersagt.

3. Art. 15 GG erschwert die Privatisierung öffentlicher Unternehmen. Es ist der Nachweis eines dringenden öffentlichen Zwecks und der Nachweis, daß durch die Privatisierung die Erfüllung öffentlicher Aufgaben nicht gefährdet wird, zu führen.

4. Art. 3 GG vermittelt dem einzelnen einen Anspruch auf gleiche Teilhabe an den Gütern der Gemeinschaft, am Staat und seinen Leistungen. Dieser Teilhabeanspruch darf durch Privatisierung nicht erschwert werden.

   Der Teilhabeanspruch ist für den einzelnen rechtlich durchsetzbar als Anspruch auf gleichen Zugang zu bestehenden Einrichtungen. Nur in Verbindung mit weiteren personalen Momenten, etwa einer drohenden Beeinträchtigung der Grundrechte aus Art. 1, 4 und 6 GG, kann Art. 3 GG im Bereich des Schul- und Sozialwesens einen Anspruch auf Beibehaltung bestimmter öffentlicher Einrichtungen, zumindest auf Erhalt der Teilhabe, gewähren.

5. Die Garantie der kommunalen Selbstverwaltung schützt die wesensmäßigen, typusbestimmenden Selbstverwaltungsangelegenheiten gegen Privatisierungsgesetze und ähnliche staatliche Maßnahmen. In der Selbstverwaltungsgarantie liegt auch ein Moment der Pflichtigkeit für die Gemeinden selbst, das die Erhaltung eines dirigierenden Einflusses auf die Gemeindeentwicklung gebietet. Privatisierungen sind nur partiell zulässig.

6. Ein allgemeines verfassungsrechtliches Subsidiaritätsprinzip, das die Betätigung der öffentlichen Hand nur subsidiär zuläßt, ist dem Grundgesetz nicht zu entnehmen.

V. Bei einer Privatisierung kommunaler Aufgaben sind die rechtlichen, politischen und sozialen Folgen zu bedenken und zu den Verfassungsgeboten in Beziehung zu setzen.

1. Die öffentliche Hand ist auch bei Betätigung in Privatrechtsformen, einschließlich des Einsatzes privatrechtlicher Gesellschaften, an die Grundrechte gebunden, wenn sie einen durch öffentlich-rechtliche Aufgabenbestimmung festgelegten Zweck verfolgt oder eine Monopolstellung als Nachfrager oder An-

bieter wirtschaftlicher Leistungen einnimmt. Demnach droht den Bürgern bei einer Privatisierung kommunaler Aufgaben ein weitgehender Grundrechtsverlust.

2. Den Bürger treffen Haftungsverluste, wenn eine Aufgabe privatisiert wird, die seitens der öffentlichen Hand öffentlichrechtlich in Ausübung öffentlicher Gewalt erfüllt wurde.

3. Der Benutzungsanspruch der Einwohner an den öffentlichen Einrichtungen der Gemeinde droht durch eine Privatisierung vereitelt zu werden.

4. Der gleiche Zugang zu privatisierten Einrichtungen für alle Bürger kann durch einen Öffentlichkeitsvertrag gesichert werden. Ebenso können so Grundrechts- und Haftungsdefizite ausgeglichen werden.

5. Eine Privatisierung öffentlicher Aufgaben zwingt die öffentliche Hand vielfach zur Subventionierung Privater, wenn der Allgemeinzugang der Einrichtung erhalten bleiben soll. Bei einer Rückübernahme stellt sich dann die Frage der Entschädigung des Privaten (Soziale Asymetrie).

6. Eine Privatisierung ersetzt nicht selten ein öffentliches durch ein privates Monopol. Es stellt sich die Frage der Monopolkontrolle. Historische Erfahrungen belegen deren Schwierigkeiten.

7. Die Privatisierung von Gemeindeeinrichtungen bringt Steuerungsverluste der öffentlichen Hand mit sich. Die Gemeinden verlieren den Einfluß auf ihre eigene infrastrukturelle Entwicklung. Die Gesamtverantwortung der öffentlichen Hand für die gesellschaftliche Entwicklung wird beeinträchtigt. Bei der Privatisierung wirtschaftlicher Unternehmen besteht die Gefahr, daß die Einheit der Gemeindewirtschaft zerstört wird.

8. Eine Privatisierung zu eigener privater Finanzierung würde die breite Mehrheit von vielen Einrichtungen ausschließen. Die Arbeitnehmer müssen bei einer Übernahme durch den Privaten erhebliche Verschlechterungen in vielen Leistungskategorien hinnehmen. Das Sozialstaatsprinzip gebietet, den sozialen Status der Beschäftigten einigermaßen zu wahren.

VI. Schlußfolgerungen:

1. Im Bereich der Eingriffsverwaltung können Aufgaben auf Private nur übertragen werden, wenn der größere Sachverstand Privater oder unverhältnismäßige Aufwendungen bei staatlicher Aufgabenerfüllung die Inanspruchnahme Privater nahe-

legen. Aus dem Vorbehalt des Gesetzes, der dem Gebot der Gesetzmäßigkeit der Verwaltung gem. Art. 20 Abs. 3 GG entspricht, folgt, daß eine Übertragung von Aufgaben der Eingriffsverwaltung, selbst wenn sie materiell zulässig ist, nur durch Gesetz oder auf Grund eines Gesetzes erfolgen kann. Das gilt auch für die kommunale Eingriffsverwaltung, der jeweils gesetzliche Regelungen zugrunde liegen. Damit ist ausgeschlossen, daß etwa die Bauaufsicht oder die Gebühreneintreibung auf Private übertragen werden.

2. Im Bereich der Leistungsverwaltung können Aufgaben auf Private übertragen werden, sofern die Teilhabeansprüche der Bürger gesichert sind und die verfassungsrechtlichen Grenzen beachtet werden. Durch Verträge ist die gleiche und flächendeckende Versorgung auf Dauer zu sozial angemessenen Bedingungen sicherzustellen. In Einrichtungen, die die personale Existenz des einzelnen berühren, sind Grundrechtsdefizite, bei Einrichtungen mit Anschluß- und Benutzungszwang Haftungsverluste infolge einer Privatisierung auszugleichen. Je schwieriger der Ausgleich der Teilhabe- und sonstigen Grundrechtsdefizite ist, desto eher ist die öffentliche Hand zur Aufrechterhaltung eigener Einrichtungen gezwungen. Weiterhin ist die Pflicht zur Monopolkontrolle und zur Bewahrung eines dirigierenden Einflusses auf die Gemeindeentwicklung zu beachten. Eine Privatisierung ohne diese Sicherungen ist verfassungswidrig. Damit dürften die zentralen Bereiche der kommunalen Leistungsverwaltung, vor allem die Einrichtungen, die die Gemeinden zur Sicherung des sozialen Mindeststandards der Bürger unterhalten, für eine Privatisierung kaum in Betracht kommen. Wegen der Unterschiedlichkeit der kommunalen Einrichtungen ist allerdings deren verfassungsrechtliche Stellung an Hand der allgemeinen Verfassungsgebote jeweils gesondert zu bestimmen.

   Haushaltsmäßige Entlastungen sind durch eine Privatisierung kaum zu erwarten. Steuerungsverluste der Gemeinden für ihre Entwicklung sind zu befürchten. Eine weitgehende Privatisierung bedeutet die Abkehr vom Sozialstaat.

3. Geboten ist nicht der Abbau öffentlicher Dienstleistungen, sondern die Reform des öffentlichen Dienstes.

Literaturverzeichnis

(Zitiert wie Kursiv gedruckt)

Abendroth, Wolfgang: Zum Begriff des demokratischen und sozialen Rechtsstaates im Grundgesetz der Bundesrepublik Deutschland, *in: Rechtsstaatlichkeit und Sozialstaatlichkeit* (Hrsg. Ernst Forsthoff), Darmstadt 1968 S. 114 ff.

Ahrens, Karl: Der Beitrag der kommunalen Wirtschaft zur Stadtentwicklung, *in: Stadtentwicklung und kommunale Versorgungswirtschaft,* VKU-NW-Information Nr. 3, Köln 1972, S. 33 ff.

Anschütz, Gerhard: *Die Verfassung des Deutschen Reiches* vom 11. August 1919, 14. Aufl., Berlin 1933

van Aubel, Peter: Die gemischtwirtschaftliche Unternehmung, in: Handbuch der kommunalen Wissenschaft und Praxis (Hrsg. Hans Peters), III. Band, Berlin, Göttingen, Heidelberg 1959, S. 877 ff. (*van Aubel, in: HKWP III*)

Bachof, Otto: Begriff und Wesen des sozialen Rechtsstaates, Der soziale Rechtsstaat in verwaltungsrechtlicher Hinsicht, *VVDStRL 12, S. 37 ff.*

Bachof, Otto/*Scheuing,* Dieter Helmut: Krankenhausfinanzierung und Grundgesetz, Stuttgart, Berlin, Köln, Mainz 1971

Badura, Peter: Auftrag und Grenzen der Verwaltung im sozialen Rechtsstaat, *DÖV 1968, S. 446 ff.*

— Die Daseinsvorsorge als Verwaltungszweck der Leistungsverwaltung und der soziale Rechtsstaat, *DÖV 1966, S. 624 ff.*

— Eigentumsgarantie und Benutzungszwang, *DÖV 1964, S. 539 f.*

— Das Verwaltungsmonopol, Berlin 1963

Ballerstedt, Kurt: Wirtschaftsverfassungsrecht, in: Bettermann/Nipperdey/Scheuner, Die Grundrechte, 3. Band, 1. Halbband, Berlin 1958, S. 1 ff. (*Ballerstedt, in: Die Grundrechte III, 1*)

Bansch, Frank: Die Beleihung als verfassungsrechtliches Problem — Zur Zulässigkeit einer Übertragung hoheitlicher Befugnisse auf Private nach dem Grundgesetz, jur. Diss., Frankfurt a. M. 1973

Baumbach/Hueck: Aktiengesetz, Kommentar, 13. Aufl., München 1968

— GmbH-Gesetz, Kommentar, 13. Aufl., München 1970

Baurichter, Friedel: Strukturfragen der kommunalen Wirtschaft, *in: Kommunale Versorgungswirtschaft in Nordrhein-Westfalen* (Hrsg. VKU), Köln 1971, S. 13 ff.

Bayerischer Städteverband: Sparmaßnahmen der Städte, *Rationalisierung/Privatisierung,* München 1976

Becker, Erich: Entwicklung der deutschen Gemeinden und Gemeindeverbände im Hinblick auf die Gegenwart, in: Handbuch der kommunalen Wissenschaft und Praxis (Hrsg. Hans Peters), I. Band, Berlin, Göttingen, Heidelberg 1956, S. 62 ff. (*E. Becker, in: HKWP I*)

Becker, Erich: Kommunale Selbstverwaltung, in: Bettermann/Nipperdey, Die Grundrechte, 4. Band, 2. Halbband, Berlin 1962, S. 673 ff. (*E. Becker, in: Die Grundrechte IV, 2*)

— Verwaltung und Verwaltungsrechtsprechung, *VVDStRL 14, S. 96 ff.*

— Verwaltungsaufgaben, *in: Verwaltung* (Hrsg. Fritz Morstein Marx), Berlin 1965

Becker, Ulrich: Aufgabenerfüllung durch verselbständigte Betriebseinheiten aus der Sicht der Großstadt, *in: Regierbarkeit? Dezentralisation? Entstaatlichung?* (Hrsg. F. Wagener), S. 91 ff.

Beinhardt, Gerd: Das Recht der öffentlichen Sicherheit und Ordnung in seinem Verhältnis zur Eingriffs- und Leistungsverwaltung, *DVBl 1961, S. 608 ff.*

Benda, Ernst: Industrielle Herrschaft und sozialer Staat — Wirtschaftsmacht von Großunternehmen als gesellschaftliches Problem, Göttingen 1966

Bender, Bernd: Staatshaftungsrecht, 2. Aufl., Karlsruhe 1974

Bogs, Harald: Bestandsschutz für sozialrechtliche Begünstigungen als Verfassungsproblem, *RdA 1973, S. 26 ff.*

Bonner Kommentar: Kommentar zum Bonner Grundgesetz, Hamburg 1950 ff. (*z. B. Stern, in: BK*)

Brinkmann, Karl: Grundrechts-Kommentar zum Grundgesetz für die Bundesrepublik Deutschland vom 23. Mai 1949, Bonn 1967 ff. (*Brinkmann*)

Brohm, Winfried: Die Dogmatik des Verwaltungsrechts vor den Gegenwartsaufgaben der Verwaltung, *VVDStRL 30, S. 245 ff.*

— Strukturen der Wirtschaftsverwaltung — Organisationsformen und Gestaltungsmöglichkeiten im Wirtschaftsverwaltungsrecht, Stuttgart, Berlin, Köln, Mainz 1969

Brox, Hans/*Rüthers*, Bernd: Arbeitskampfrecht, Stuttgart 1965

Bruns, Dirk: Verwaltungsrechtliche Probleme der Abfallbeseitigung, jur. Diss., Freiburg i. Br. 1973

Bull, Hans Peter: Die Staatsaufgaben nach dem Grundgesetz, Frankfurt a. M. 1973

Bullinger, Martin: Öffentliches Recht und Privatrecht. Studien über Sinn und Funktionen der Unterscheidung, Stuttgart, Berlin, Köln, Mainz 1968

Bundesfachausschuß für Wirtschaft der F.D.P.: Liberale Thesen zur öffentlichen Wirtschaft, 1975

Bund der Steuerzahler: Entstaatlichung. Wie man öffentliche Haushalte durch Verlagerung von Aufgaben auf Private entlasten kann, Wiesbaden 1975

v. Campenhausen, Axel Freiherr: Erziehungsauftrag und staatliche Schulträgerschaft. Die rechtliche Verantwortung für die Schule, Göttingen 1967

Dagtoglou, Prodomos: Die Beteiligung Privater an Verwaltungsaufgaben. Die Abgrenzungsproblematik, *DÖV 1970, S. 532 ff.*

Däubler, Wolfgang: Der Streik im öffentlichen Dienst, in: Arbeitskampf, Zusammengestellt von Karl Hernekamp, Berlin, New York 1975, S. 164 ff. (*Däubler, in: Hernekamp, Arbeitskampf*)

Depenbrock, Johannes: Die Stellung der Kommunen in der Versorgungswirtschaft. Ein Beitrag zum Wirtschaftsverfassungsrecht, München und Berlin 1961

Desch, Volker: Subsidiaritätsprinzip und Sozialhilferecht, jur. Diss., Würzburg 1965

Deutsches Institut für Urbanistik/Deutscher Städtetag: Kommunale *Gebührenhaushalte, Teil 1*, Berlin 1976

Deutscher Sparkassen- und Giroverband: Jahresbericht 1976, Bonn 1977; Jahresbericht 1977, Bonn 1978

Deutscher Städtetag: Privatisierung öffentlicher Aufgaben, Köln 1976

Dieckmann, Rudolf: Problemaufriß zur Verselbständigung von Verwaltungsträgern, *in: Verselbständigung von Verwaltungsträgern* (Hrsg. F. Wagener), S. 19 ff.

Dittmann, Armin: Bundeseigene Verwaltung durch Private. Zur Problematik privatrechtlicher Mittlerorganisationen am Beispiel der auswärtigen Kulturpolitik, *Die Verwaltung 1975, S. 431 ff.*

Doemming/Füsslein/Matz: Entstehungsgeschichte der Artikel des Grundgesetzes, *JöR 1* n. F., Tübingen 1951

Dürig, Günter: Die Geltung der Grundrechte für den Staatsfiskus und sonstige Fiskalate, *BayVBl 1959, S. 201 ff.*

— Verfassung und Verwaltung im Wohlfahrtsstaat, *JZ 1953, S. 193 ff.*

Ebert, Kurt: Das Recht des öffentlichen Dienstes, Berlin 1965

Ellwein, Thomas: Einführung in die *Regierungs- und Verwaltungslehre*, Stuttgart, Berlin, Köln, Mainz 1966

— Zur Entwicklung der öffentlichen Aufgaben, Notwendigkeit, Probleme und vorläufiges Ergebnis einer Prognose, *DÖV 1972, S. 13 ff.*

— Regierung und Verwaltung, 1. Teil, *Regierung als politische Führung*, Stuttgart, Berlin, Köln, Mainz 1970

Emmelius, Hans Hermann: Das Rangverhältnis von Staat, Gemeinde und freier Gesellschaft bei der Wahrnehmung wohlfahrtsfördernder Aufgaben, insbesondere dargetan an den Beispielen des Bundessozialhilfegesetzes und des Änderungs- und Ergänzungsgesetzes zum Reichsjugendwohlfahrtsgesetz, jur. Diss., Bonn 1964

Emmerich, Volker: Die Fiskalgeltung der Grundrechte, namentlich bei erwerbswirtschaftlicher Betätigung der öffentlichen Hand, *JuS 1970*, S. 332 ff.

— *Die kommunalen Versorgungsunternehmen* zwischen Wirtschaft und Verwaltung. Zur Stellung der Gemeinden in der Energieversorgung, Frankfurt a. M. 1970

— *Das Wirtschaftsrecht* der öffentlichen Unternehmen, Bad Homburg v. d. H. Berlin, Zürich 1969

Engels, Wolfram: Leistung und Verschwendung der öffentlichen Hand, *in: Was soll und kann der Staat noch leisten?*, Reden, Thesen und Ergebnisse auf den 5. Bad Kreuznacher Gesprächen vom 30./31. Mai 1975

Ennecerus, Ludwig/*Nipperdey*, Hans Carl: Allgemeiner Teil des Bürgerlichen Rechts, Ein Lehrbuch, 1. Halbband, 15. Aufl., Tübingen 1959 *(Ennercerus/Nipperdey, AT I)*

„Entstaatlichung" öffentlicher Aufgaben: Antwort des Ministeriums des Innern. Rheinland-Pfalz auf die Große Anfrage der Fraktion der CDU — DrS 8/435 — *LT DrS 8/661* v. 5. 1. 1976

Erichsen, Hans-Uwe/*Martens*, Wolfgang: Allgemeines Verwaltungsrecht, Berlin, New York 1975 *(z. B. v. Münch, in: Erichsen/Martens, Allg. VerwR)*

Evangelisches Staatslexikon: Hrsg. Hermann Kunst, Roman Herzog, Wilhelm Schneemelcher, 2. Aufl., Stuttgart, Berlin 1975 *(z. B. Stern, in: EvStL)*

Evers, Hans-Ulrich: Das Recht der Energieversorgung, München 1974

Eyermann/Fröhler: Verwaltungsgerichtsordnung, Kommentar, 6. Aufl., München 1974 *(Eyermann/Fröhler, VwGO)*

Fichtmüller, Carl Peter: Zulässigkeit ministerialfreien Raums in der Bundesverwaltung, *AöR 91, S. 297 ff.*

Fichtner, Otto: Das Recht der Sozial- und Jugendhilfe in der Verfassungsordnung des Grundgesetzes, *Zeitschrift für Sozialreform 1961, S. 321 ff.*

Fick, Dieter: Neuordnung der Vorschriften über die kommunale wirtschaftliche Betätigung und Beteiligungen, *Kommunalwirtschaft 1976, S. 37 ff.*

Filter, Erich: Die Entwicklung der Gas-, Wasser- und Elektrizitätswirtschaft in der Stadt Düsseldorf, Diss., Köln 1960

Fischerhoff, Hans: „Daseinsvorsorge" und wirtschaftliche Betätigung der Gemeinden, *DÖV 1960, S. 41 ff.*

— Öffentliche Versorgung mit Wasser, Gas, Elektrizität und öffentliche Verwaltung, *DÖV 1957, S. 305 ff.*

Fischer-Menshausen, Herbert: Entlastung des Staates von Aufgaben und Ausgaben?, *in: Verselbständigung von Verwaltungsträgern* (Hrsg. F. Wagener), S. 51 ff.

Foerster, German: Können Hoheitsträger ihre Aufgaben auf Privatpersonen übertragen?, *SKV 1967, S. 198 ff.*

Forsthoff, Ernst: Begriff und Wesen des sozialen Rechtsstaates, *VVDStRL 12, S. 8 ff.*

— Die Daseinsvorsorge und die Kommunen, Köln 1958

— Lehrbuch des Verwaltungsrechts, 1. Band, Allgemeiner Teil, 10. Aufl., München 1973 *(Forsthoff, Lehrbuch I)*

— Rechtsfragen der leistenden Verwaltung, Stuttgart 1959

— Die Verwaltung als Leistungsträger, Stuttgart und Berlin 1938

Friauf, Karl Heinrich: Zur Rolle der Grundrechte im Interventions- und Leistungsstaat, *DVBl 1971, S. 674 ff.*

Friesenhahn, Ernst: Der Wandel des Grundrechtsverständnisses, Festvortrag, Verhandlungen des Fünfzigsten Deutschen Juristentages, Hamburg 1974, Band II *(Friesenhahn, 50. DJT II)*

Fröhler, Ludwig: Landesgesetzliche Beschränkungen der wirtschaftlichen Betätigung der öffentlichen Hand, *BayVBl 1956, S. 135 ff.*

Fröhler, Ludwig/*Oberndorfer*, Peter: Die Gemeinde im Spannungsfeld des Sozialstaats, Linz 1970

Frotscher, Werner: Die Ausgestaltung kommunaler Nutzungsverhältnisse bei Anschluß- und Benutzungszwang, Siegburg 1974

Frowein/Meyer/Schneider: Bundesverfassungsgericht im dritten Jahrzehnt, Symposion zu Ehren von Ernst Friesenhahn anläßlich seines 70. Geburtstages am 8. Januar 1972 im Senatssaal der Rheinischen Friedrich-Wilhelm-Universität zu Bonn, Frankfurt a. M. 1973 *(Friesenhahn-Symposion)*

Fuß, Ernst-Werner: Verwaltung und Schule, *VVDStRL 23, S. 199 ff.*

Gallwas, Hans Ullrich: Die Erfüllung von Verwaltungsaufgaben durch Private, *VVDStRL 29, S. 211 ff.*

Geiger, Wilhelm: Die Bundesverfassungsgerichtsbarkeit in ihrem Verhältnis zur Landesverfassungsgerichtsbarkeit und ihre Einwirkung auf die Verfassungsordnung der Länder, in: Festschrift für Wilhelm Laforet anläßlich seines 75. Geburtstages 1952, S. 251 ff. *(Geiger, in: Laforet-Festschrift)*

Giese/Schunck: Grundgesetz für die Bundesrepublik Deutschland vom 23. Mai 1949, Kommentar, 9. Aufl., Frankfurt a. M. 1976 *(Giese/Schunck)*

Glaser, Krischan: Das Subsidiaritätsprinzip und die Frage seiner Verbindlichkeit nach Verfassungs- und Naturrecht, jur. Diss., Berlin 1965

Gitermann, Marcus: Konzessionierter oder kommunaler Betrieb von monopolistischen Unternehmungen öffentlichen Charakters?, Diss., Zürich 1922

Gönnenwein, Otto: Gemeinderecht, Tübingen 1963

Gottschick, Hermann: Das Bundessozialhilfegesetz, 3. Aufl., Köln, Berlin, Bonn, München 1966

Greß, Josef: Hoheitliche Verwaltung durch juristische Personen des Privatrechts, *SKV 1967, S. 122 ff.*

Grewe, Wilhelm: Das bundesstaatliche System des Grundgesetzes, *DRZ 1949, S. 349 ff.*

Gröttrup, Hendrik: Die kommunale Leistungsverwaltung — Grundlagen der gemeindlichen Daseinsvorsorge —, 2. Aufl., Stuttgart, Berlin, Köln, Mainz 1976

Groß, Rolf: Verstaatlichung der Banken und Grundgesetz, *DÖV 1975, S. 344 ff.*

Grupp, Klaus: Die Beschränkung von Schwangerschaftsabbrüchen durch Kreistagsbeschlüsse, *NJW 1977, S. 329 ff.*

Gundlach, Gustav: Die sozialen Rundschreiben Leos XIII. und Pius XI., 3. Aufl., Paderborn 1960

Häberle, Peter: Das Bundesverfassungsgericht im Leistungsstaat. Die Numerus-clausus-Entscheidung vom 18. 7. 1972, *DÖV 1972, S. 729 ff.*
— Grundrechte im Leistungsstaat, *VVDStRL 30, S. 43 ff.*
— *Öffentliches Interesse* als juristisches Problem. Eine Analyse von Gesetzgebung und Rechtsprechung, Bad Homburg 1970
— Unmittelbare staatliche Parteienfinanzierung unter dem Grundgesetz — BVerfGE 20, 50, *JuS 1967, S. 64 ff.*

Hamann, Andreas: Deutsches Wirtschaftsverfassungsrecht, Neuwied, Berlin, Darmstadt 1958

Hamann/Lenz: Das Grundgesetz für die Bundesrepublik Deutschland vom 23. Mai 1949, Kommentar, 3. Aufl., Neuwied und Berlin 1970 *(Hamann/Lenz)*

Hamm, Walter: Kollektiveigentum. Die Rolle öffentlicher Unternehmen in der Marktwirtschaft, Heidelberg 1961

Hartwich, Hans-Hermann: Sozialstaatspostulat und gesellschaftlicher Status quo, Köln und Opladen 1970

Haussmann, Frederick: *Public Utlities* und gemischtwirtschaftliche Unternehmungen in nationaler und internationaler Sicht, Bern 1955

Heckel, Hans: Deutsches Privatschulrecht, Berlin, Köln 1955

— Schulverwaltung, in: Handbuch der kommunalen Wissenschaft und Praxis (Hrsg. Hans Peters), II. Band, Berlin, Göttingen, Heidelberg 1957, S. 110 ff. *(Heckel, in: HKWP II)*

Heinevetter, Klaus: Sparkassengesetz Nordrhein-Westfalen, Kommentar, Köln 1971

Heller, Hermann: Rechtsstaat oder Diktatur?, Tübingen 1930

Helmreich, Karl/*Widtmann*, Julius: Bayerische Gemeindeordnung, 3. Aufl., München 1966 *(Helmreich/Widtmann, BayGO)*

Henke, Wilhelm: Die Rechtsformen der sozialen Sicherheit und das Allgemeine Verwaltungsrecht, *VVDStRL 28, S. 149 ff.*

Henkel, Joachim: Verstaatlichung der Banken, *DVBl 1975, S. 317 ff.*

Hennecke, Frank: Staat und Unterricht. Die Festlegung didaktischer Inhalte durch den Staat im öffentlichen Schulwesen, Berlin 1972

Herbig, Gottfried: *Die öffentlichen Einrichtungen im sozialen Rechtsstaat* der Gegenwart, Berlin 1970

Herzog, Roman: Subsidiaritätsprinzip und Staatsverfassung, *Der Staat 1963, S. 399 ff.*

Hesse, Konrad: Der Gleichheitssatz im Staatsrecht, *AöR 77, S. 167 ff.*

— *Grundzüge* des Verfassungsrechts der Bundesrepublik Deutschland, 9. Aufl., Karlsruhe 1976

— Der Rechtsstaat im Verfassungssystem des Grundgesetzes, in: Festgabe für Rudolf Smend zum 80. Geburtstag, Tübingen 1962, S. 71 ff. *(Hesse, in: Smend-Festgabe)*

Hettlage, Karl M.: Die Gemeinden in der Finanzverfassung, *AfK 1964, S. 1 ff.*

Hill, Fritz: Jugendwohlfahrtsgesetz, Kommentar, Opladen 1975 *(Hill, JWG)*

Hirsch, Paul: Kommunalpolitische Probleme, Vorträge an der Universität Berlin, Leipzig 1920

Hoffmann, Heinrich: Die Verstaatlichung von Berufen, *DVBl 1964, S. 457 ff.*

Hohrmann, Friedrich: *Bundesgesetzliche Organisation* landesunmittelbarer Selbstverwaltungskörperschaften. Formen und Zulässigkeit ihrer Einschaltung in die Ausführung von Bundesgesetzen durch den Bundesgesetzgeber, Berlin 1967

Horak, Hans: *Die wirtschaftliche Betätigung der öffentlichen Hand* in der Bundesrepublik Deutschland und ihre Probleme, Köln und Opladen 1964

Huber, Ernst Rudolf: Grundgesetz und wirtschaftliche Mitbestimmung, Stuttgart, Berlin, Köln, Mainz 1970

— Der Streit um das Wirtschaftsverfassungsrecht, *DÖV 1956, S. 135 ff.* und *S. 200 ff.*

— Wirtschaftsverwaltungsrecht, 1. Band, 2. Aufl., Tübingen 1953 *(Huber, WirtVerwR I)*

— Wirtschaftsverwaltungsrecht, 2. Band, 2. Aufl., Tübingen 1954 *(Huber, WirtVerwR II)*

Hueck, Alfred: Gesellschaftsrecht, Ein Studienbuch, 17. Aufl., München 1975

Hueck, Alfred/*Nipperdey*, Hans Carl: Lehrbuch des Arbeitsrechts, 2. Band, 2. Halbband, 7. Aufl., Berlin und Frankfurt a. M. 1970 *(Hueck/Nipperdey, Lehrbuch des Arbeitsrechts II, 2)*

Hurst, Karl: Anmerkung zu BVerwG, DVBl 1965, 522 v. 21. 7. 1964, *DVBl 1965, S. 523 ff.*

— Gemeindeeinrichtungen, in: Handbuch der kommunalen Wissenschaft und Praxis (Hrsg. Hans Peters), II. Band, Berlin, Göttingen, Heidelberg 1957, S. 833 ff. *(Hurst, in: HKWP II)*

Ihlenfeld, Hartwig: *Pflicht und Recht zum Besuch öffentlicher Schulen* nach deutschem Bundes- und Landesrecht, Hamburg 1971

Ipsen, Hans Peter: Enteignung und Sozialisierung, *VVDStRL 10, S. 74 ff.*

— Gemeindliche Personalhoheit und die Selbstverwaltungsgarantie, *DÖV 1955, S. 225 ff.*

— Gleichheit, in: Neumann/Nipperdey/Scheuner, Die Grundrechte, 2. Band, Berlin 1954, S. 111 ff. *(Ipsen, in: Die Grundrechte II)*

— Zur Legalität des Werbefernsehens, *NJW 1963, S. 2049 ff.*

— Rechtsfragen zur „Ausgliederung“ des Werbefernsehens, *NJW 1963, S. 2102 ff.*

Isensee, Josef: Subsidiaritätsprinzip und Verfassungsrecht. Eine Studie über das Regulativ des Verhältnisses von Staat und Gesellschaft, Berlin 1968

Jäger, Peter: Öffentlich-wirtschaftliche Kriterien der Privatisierung, *Wirtschaftsdienst 1976, S. 569 ff.*

Jans, Karl Wilhelm/*Happe,* Günter: Jugendwohlfahrtsgesetz, Kommentar, Köln 1963 *(Jans/Happe, JWG)*

Jans, Karl Wilhelm/*Müller,* Erika: *Kindergärten,* Horte, Kindertagesheime, Kinderspielplätze, 2. Aufl., Köln und Berlin 1972

Jerusalem, Franz W.: Besprechung zu „Der Begriff des sozialen Rechtsstaates“ von Christian-Friedrich Menger, *NJW 1953, S. 1133 f.*

Jesch, Dietrich: Anmerkung zu BayVGH, DÖV 1964, 426 v. 17. 3. 1961, *DÖV 1964, S. 428 ff.*

Kalkbrenner, Helmut: Die rechtliche Verbindlichkeit des Subsidiaritätsprinzips, in: Festschrift für Günther Küchenhoff zum 65. Geburtstag, 2. Halbband, Berlin 1972, S. 515 ff. *(Kalkbrenner, in: Küchenhoff-Festschrift)*

van Kaldekerken, Karl-Heinz/*Gottschalk,* Wolf: Verselbständigte Betriebseinheiten in der Kommunalverwaltung aus der Sicht mittlerer und kleinerer Gemeinden, *in: Regierbarkeit? Dezentralisation? Entstaatlichung?* (Hrsg. F. Wagener), S. 129 ff.

Kaltefleiter, Werner: Die Produktivität ist miserabel, *Wirtschaftswoche Nr. 37 v. 5. 9. 1975, S. 42 ff.*

Kampf den Defiziten: BDP: Privatisierungs-Konzept noch 1976, *lastauto omnibus Nr. 4/1976, S. 72 ff.*

Kaun: Vor- und Nachteile der Konzentrationstendenzen in der deutschen Versorgungswirtschaft, *Kommunalwirtschaft 1969, S. 497 ff.*

Keese, Heinz/*Kursawe,* Karl Heinz/*Burucker,* Hans Georg: Sozialhilferecht, 4. Aufl., Hannover 1974

Keßler: Der Bund und die Kommunalpolitik, *DVBl 1953, S. 1 ff.*

Kimminich, Otto: Anmerkung zu BVerfG, JZ 1972, 686 (= 33, 303) v. 18. 7. 1972, *JZ 1972, S. 696 ff.*

— *Verfassungsrechtliche Probleme* einer Neuregelung der vertraglichen Grundlagen für die örtliche Energieversorgung, Köln 1974

Kipp, Heinrich: Zum Problem der Förderung der Wissenschaften durch den Bund, *DÖV 1955, S. 555 ff.*

Klein, Friedrich: Bonner Grundgesetz und Rechtsstaat, *ZgesStW 106, S. 390 ff.*

Klein, Hans H.: Zum Begriff der öffentlichen Aufgabe, *DÖV 1965, S. 755 ff.*

— *Die Grundrechte* im demokratischen Staat. Kritische Anmerkungen zur Auslegung der Grundrechte in der deutschen Staatsrechtslehre der Gegenwart, Stuttgart, Berlin, Köln, Mainz 1972

— *Die Teilnahme* des Staates am wirtschaftlichen Wettbewerb, Stuttgart, Berlin, Köln, Mainz 1968

Klüber, Hans: Die Einrichtungen der Gemeinde, *DSt 1963, S. 441 ff.*

— *Das Gemeinderecht* in den Ländern der Bundesrepublik Deutschland, Berlin, Heidelberg, New York 1972

Kluncker, Heinz: Privatisierung — eine neue Masche, den Bürger zu schröpfen, „das ötv-magazin" Nr. 1/1976, S. 3

Knoll, Ernst: Eingriffe in das Eigentum im Zuge der Umgestaltung gesellschaftlicher Verhältnisse. Zur Lehre vom Eigentum, der Enteignung und der Entschädigung, *AöR 79, S. 455 ff.*

Körner, Hans: Gemeindeordnung Nordrhein-Westfalen, Kommentar, 2. Aufl., Köln 1975 *(Körner, GO NW)*

Köttgen, Arnold: *Gemeindliche Daseinsvorsorge* und gewerbliche Unternehmerinitiative im Bereich der Wasserversorgung und Abwässerbeseitigung, Göttingen 1961

— Die Gemeinde und der Bundesgesetzgeber, Stuttgart 1957

Kommunale Gemeinschaftsstelle für Verwaltungsvereinfachung: *Katalog der Organisationseinheiten mit Betriebscharakter* innerhalb der örtlichen Gemeindeverwaltung, Köln 1966

— Verwaltungsorganisation der Gemeinden, Teil I, *Aufgabengliederungsplan,* 4. Aufl., Köln 1967

Kommunalpolitische Vereinigung der CDU und CSU Deutschlands: Kommunalpolitisches Grundsatzprogramm, Recklinghausen 1976

Kopp, Ferdinand O.: Rechtsnatur der Aufhebung oder Verlegung von Verwaltungsbehörden, *DÖV 1965, S. 267 ff.*

— Verwaltungsgerichtsordnung, Kommentar, 2. Aufl., München 1976 *(Kopp, VwGO)*

Koschnik, Hans: Kommunale Versorgungswirtschaft in der Kommunalpolitik, *in: Kommunale Versorgungsunternehmen* (Hrsg. Bund Werbung GmbH), Frankfurt a. M. 1975, S. 22 ff.

Kottenberg, Kurt/*Rehn,* Erich: Gemeindeordnung für das Land Nordrhein-Westfalen, Kommentar, 10. Aufl., Stand: Juni 1975 *(Kottenberg/Rehn, GO NW)*

— Rechtsprechung zum kommunalen Verfassungsrecht des Landes Nordrhein-Westfalen, Siegburg, Stand: Dezember 1975 *(Kottenberg/Rehn, RKVR)*

Kratzer, J.: Besprechung von Christoph Masson, Bayerische Kommunalgesetze, *DVBl 1961, S. 603 f.*

Krautzberger, Michael: Die Erfüllung öffentlicher Aufgaben durch Private. Zum Begriff des staatlichen Bereichs, Berlin 1971

Kriele, Martin: Einführung in die Staatslehre. Die geschichtlichen Legitimitätsgrundlagen des demokratischen Verfassungsstaates, Reinbeck bei Hamburg 1975

— Wirtschaftsfreiheit und Grundgesetz. Rückblick und Bilanz am Verfassungstag, *ZRP 1974, S. 105 ff.*

Krüger, Herbert: Die Auflage als Instrument der Wirtschaftsverwaltung, *DVBl 1955, S. 380 ff.*

— Sozialisierung, in: Bettermann/Nipperdey/Scheuner, Die Grundrechte, 3. Band, 1. Halbband, Berlin 1958, S. 91 ff. *(Krüger, in: Die Grundrechte III, 1)*

Kruschke, Hans-Dieter: Wirtschaftliche Betätigung und fürsorgerechtliche Verpflichtung der öffentlichen Hand, *DÖV 1971, S. 694 ff.*

Küchenhoff, Günther: Die Freiheit der Zulassung zur kassenärztlichen Tätigkeit, *RdA 1960, S. 202 ff.*

— Das Prinzip der staatlichen Subsidiarität im Arbeitsrecht, *RdA 1959, S. 201 ff.*

— *Staatsverfassung und Subsidiarität*, in: Utz, Das Subsidiaritätsprinzip, Heidelberg 1953, S. 67 ff.

— Zuständigkeitsgrenzen in der Jugend- und Sozialhilfe, *NJW 1968, S. 433 ff.*

Küffmann, Gerold: Verdrängung der kommunalen Energieversorgung, *DSt 1969, S. 210 ff.*

Kunze/Schmid/Rehm: Gemeindeordnung für Baden-Württemberg, Kommentar, 3. Aufl., Stuttgart 1969, Stand: April 1976 *(Kunze/Schmid/Rehm, GO BW)*

Kurze, Thomas: Verstärkung der Eigenkapitalbasis der Sparkassen, *Zeitschrift für das gesamte Kreditwesen 1978, S. 144 ff.*

Kux, Wilhelm R.: Ansätze zur Privatisierung öffentlicher Aufgaben, Werkbericht 2, Institut für Kommunalwissenschaften der Konrad-Adenauer-Stiftung, St. Augustin 1976

Landsberg, Otto: Die Betriebe der Stadt Magdeburg, in: Gemeindebetriebe, Schriften des Vereins für Socialpolitik, 129. Band, 3. Teil *(Landsberg, in: Gemeindebetriebe/Magdeburg)*

Laux, Eberhard: Größere Flexibilität der öffentlichen Verwaltung durch Verselbständigung betrieblicher Einheiten, Wibera-Sonderdruck Nr. 75, Düsseldorf 1976

— Katalog von Rechtsformen verselbständigter Verwaltungsträger, *in: Verselbständigung von Verwaltungsträgern* (Hrsg. F. Wagener), S. 119 ff.

Leibholz, Gerhard: Die Gleichheit vor dem Gesetz und das Bonner Grundgesetz, *DVBl 1951, S. 193 ff.*

Leisner, Walter: Grundrechte und Privatrecht, München 1960

— Privatinteressen als öffentliches Interesse, *DÖV 1970, S. 217 ff.*

— *Werbefernsehen* und öffentliches Recht. Ein Beitrag zur Problematik der öffentlichen Aufgabe sowie zu Grundlagen und Grenzen fiskalischer Tätigkeit, Berlin 1967

Lepsien, Wolfgang: Prinzipien der Leistungsverwaltung, jur. Diss., Münster 1961

Lerche, Peter: Wirtschaftliche Agenda der Gemeinden und Klagerecht Privater, *JurA 1970, S. 821 ff.*

— *Verfassungsfragen* um Sozialhilfe und Jugendwohlfahrt, Berlin 1963

Licht, Dieter: Privatisierung der Müllabfuhr und Änderung des Einsammelsystems — Gedanken zur Verbilligung der Abfallbeseitigung —, *Städte- und Gemeinderat 1977, S. 164 ff.*

von Loebell, Friedrich Wilhelm: Gemeindeordnung für das Land Nordrhein-Westfalen, Kommentar, 2. Aufl., Wiesbaden Stand: April 1970 *(v. Loebell, GO NW)*

Löw, Konrad: Fiskalgeltung der Grundrechte, *DÖV 1957, S. 879 ff.*

Loewenstein, Karl: Über Wesen, Technik und Grenzen der Verfassungsänderung, Berlin 1961

Ludwig/Cordt/Stech: Recht der Elektrizitäts-, Gas- und Wasserversorgung, Kommentar, Frankfurt a. M. 1972

Lüersen/Neuffer: Niedersächsische Gemeindeordnung, Kommentar, Stand: März 1976 *(Lüersen/Neuffer, NGO)*

Macher, Ludwig: Der Grundsatz des gemeindefreundlichen Verhaltens. Zur Aktualisierung der Garantie der kommunalen Selbstverwaltung, Berlin 1971

Mäding, Erhard: Aufgaben der öffentlichen Verwaltung, *Die Verwaltung 1973, S. 257 ff.*

Mallmann, Walter: Schranken nichthoheitlicher Verwaltung, *VVDStRL 19, S. 165 ff.*

von Mangoldt, Hermann: Das Bonner Grundgesetz, Berlin und Frankfurt 1953 *(v. Mangoldt [1. Aufl.])*

von Mangoldt, Hermann/*Klein,* Friedrich: Das Bonner Grundgesetz, Band I, 2. Aufl., Berlin und Frankfurt a. M. 1966 *(v. Mangoldt/Klein)*

Martens, Wolfgang: Grundrechte im Leistungsstaat, *VVDStRL 30, S. 7 ff.*

— Öffentlich als Rechtsbegriff, Bad Homburg v. d. H. Berlin, Zürich 1969

Maunz, Theodor: Deutsches Staatsrecht, Ein Studienbuch, 20. Aufl., München 1975

— Grundfragen des Energiewirtschaftsrechts, *VerwArch 50, S. 315 ff.*

— Krankenhausreform durch Ländergesetze, Stuttgart, Berlin, Köln, Mainz 1974

— Die staatliche Verwaltung der Zuschüsse und Subventionen, *BayVBl 1962, S. 1 ff.*

Maunz/Dürig/Herzog: Grundgesetz, Kommentar, 4. Aufl., München Stand: Januar 1976 *(Maunz/Dürig/Herzog)*

Mayer, Franz: Das verfassungsrechtliche Gebot der gesetzlichen Ermächtigung, Festschrift zum 75. Geburtstag von Hermann Nottarp, Karlsruhe 1961, S. 187 ff. *(F. Mayer, in: Nottarp-Festschrift)*

— Allgemeines Verwaltungsrecht, Stuttgart, München, Hannover 1970 *(F. Mayer, Allg. VerwR)*

Mayer, Otto: Deutsches Verwaltungsrecht, 2. Band, 3. Aufl., München und Leipzig 1924 *(Otto Mayer, Deutsches VerwR II)*

Medicus, Dieter: Urteilsanmerkung, *JZ 1967, S. 63 ff.*

Menger, Christian-Friedrich: *Der Begriff des sozialen Rechtsstaates* im Bonner Grundgesetz, Tübingen 1953

— Die Bestimmung der öffentlichen Verwaltung nach den Zwecken, Mitteln und Formen des Verwaltungshandelns, *DVBl 1960, S. 297 ff.*

Mennacher, Hubert: Begriffsmerkmale und Rechtsstellung der mit öffentlicher Gewalt beliehenen Hoheitsträger des Privatrechts, jur. Diss., München 1963

Merk, Bruno: Gemeindliche Daseinsvorsorge in neuerer Sicht, Köln 1973

Meyerhoff/Pünder/Schäfer: Schulverwaltungsgesetz und Schulfinanzgesetz Nordrhein-Westfalen, 2. Aufl., Köln 1968

Minssen, Heiner: Fallstudie über die Privatisierung der Gebäudereinigung bei der Stadt Hildesheim, in: ÖTV (Hrsg.), Zur Privatisierung öffentlicher Dienstleistungen 3, Stuttgart 1977

Model, Otto/*Müller*, Klaus: Grundgesetz für die Bundesrepublik Deutschland, Kommentar, 8. Aufl., Köln, Berlin, Bonn, München 1976 *(Model/Müller)*

Möller, Ferdinand: Gemeindliche Subventionsverwaltung, Köln, Stuttgart 1963

Mombaur, Peter Michael/*Siebenmorgen*, Elisabeth: Kindergartengesetz Nordrhein-Westfalen, Kommentar, 5. Aufl., Köln und Berlin 1975 *(Mombaur/Siebenmorgen, KgG NW)*

Mommsen, Wilhelm: Deutsche Parteiprogramme, München 1960

Monopolkommission: Mehr Wettbewerb ist möglich, *Hauptgutachten* 1973/1975, Baden-Baden 1976

Most, Otto: Die Gemeindebetriebe der Stadt Düsseldorf, in: Gemeindebetriebe, Schriften des Vereins für Socialpolitik, Band 129, 2. Teil, Leipzig 1909 *(Most, in: Gemeindebetriebe/Düsseldorf)*

Müllabfuhr und Straßenreinigung — privat oder kommunal?: Mitteilungen des VKS 1976, S. 1 ff.

von Münch, Ingo: Besonderes Verwaltungsrecht, 4. Aufl., Berlin, New York 1976 *(z. B. v. Unruh, in: Besonderes VerwR [Hrsg. v. Münch])*

— Grundgesetz, Kommentar, Band 1, Frankfurt a. M. 1974 *(z. B. Dicke, in: v. Münch, GG)*

— Grundgesetz, Kommentar, Band 2, München 1976 *(z. B. Roters, in: v. Münch, GG)*

von Mutius, Albert: Grundrechte als „Teilhaberechte" — zu den verfassungsrechtlichen Aspekten des „numerus clausus", *VerwArch 1973, S. 183 ff.*

Neuhoff, Robert: Kommunale Selbstverwaltung und Bonner Grundgesetz, *DÖV 1952, S. 259 ff.*

Nikisch, Arthur: Arbeitsrecht, II. Band, 2. Aufl., Tübingen 1959 *(Nikisch, Arbeitsrecht II)*

Nipperdey, Hans Carl: Soziale Marktwirtschaft und Grundgesetz, 2. Aufl., Köln, Berlin, München, Bonn 1961

Oberbeckmann, Hans-Ludwig: Die Eigenkapitalausstattung der Sparkassen, *Sparkasse 1977, S. 38*

ÖPNV-Konzept 1977: lastauto omnibus Nr. 3/1977, S. 88 ff.

Oppermann, Thomas: Kulturverwaltungsrecht. Bildung — Wissenschaft — Kunst, Tübingen 1969

Orth/Schulz: Städtereinigung in kommunaler oder privater Hand, *Kommunalwirtschaft 1977, S. 11 ff.*

Ossenbühl, Fritz: Daseinsvorsorge und Verwaltungsprivatrecht, *DÖV 1971, S. 513 ff.*

— Die Erfüllung von Verwaltungsaufgaben durch Private, *VVDStRL 29, S. 137 ff.*

— Rechtliche Probleme der Zulassung zu öffentlichen Stadthallen — Zur Dogmatik der Gewährung öffentlicher Leistungen —, *DVBl 1973, S. 289 ff.*

— Staatshaftungsrecht, München 1976

Pagenkopf, Hans: Kommunalrecht, Band 1, 2. Aufl., Köln, Berlin, Bonn, München 1975 *(Pagenkopf, Kommunalrecht I)*

Palandt: Bürgerliches Gesetzbuch, Kommentar, 36. Aufl., München 1977 *(Palandt/Thomas)*

Pant, Peter: Kindergartengesetz Nordrhein-Westfalen, Kommentar, 7. Aufl., Köln 1977 *(Pant, KgG NW)*

Pappermann, Ernst: Bundesrahmenkompetenz zur Vereinheitlichung des Kommunalrechts?, *DVBl 1972, S. 643 ff.*

— Prozessuale Fragen im Rechtsstreit politischer Parteien auf Überlassung gemeindlicher Räume, *JZ 1969, S. 485 ff.*

— Verfassungsrechtliche Grundlagen der Funktionalreform im kommunalen Bereich, *SKV 1976, S. 2 ff.*

— Verwaltungsverbund im kreisangehörigen Raum, *DÖV 1975, S. 181 ff.*

— Das zwischengemeindliche Nachbarrecht, *JuS 1973, S. 689 ff.*

Pausch, Rainer: Möglichkeiten einer Privatisierung öffentlicher Unternehmen, Göttingen 1976

Pestalozza, Christian: *„Formenmißbrauch"* des Staates. Zu Figur und Folgen des „Rechtsmißbrauchs" und ihre Anwendung auf staatliches Verhalten, München 1973

Peters, Hans: Die kommunale Selbstverwaltung und das Subsidiaritätsprinzip, *AfK 1967, S. 5 ff.*

— Öffentliche und staatliche Aufgaben, Festschrift für Hans Carl Nipperdey zum 70. Geburtstag, Band II, München und Berlin 1965, S. 877 ff. *(Peters, in: Nipperdey- Festschrift II)*

Peters, Hans/*Ossenbühl,* Fritz: *Die Übertragung von öffentlich-rechtlichen Befugnissen auf die Sozialpartner* unter besonderer Berücksichtigung des Arbeitsschutzes, Berlin und Frankfurt a. M. 1967

Plander, Harro: Anmerkung zu BVerfG, NJW 1972, 1561 (= 33, 303) v. 18. 7. 1972, *NJW 1972, S. 1941 ff.*

„Privatisierung" kein Allheilmittel: Mitteilungen des VKS 1976, S. 30 ff.

Privatisierung — und was dahintersteckt: Bus + Bahn Februar 1976, S. 2.

Püttner, Günter: Die Einwirkungspflicht. Zur Problematik öffentlich-rechtlicher Bindungen bei Einrichtungen in Privatrechtsform, *DVBl 1975, S. 353 ff.*

— Die öffentlichen Unternehmen. Verfassungsfragen zur wirtschaftlichen Betätigung der öffentlichen Hand, Bad Homburg v. d. H. Berlin, Zürich 1969

— Das Recht der kommunalen Energieversorgung. Zum Problem der besonderen öffentlichen Aufgaben der Gemeindeunternehmen, Stuttgart, Berlin, Köln, Mainz 1967

Püttner, Günter: Verselbständigung von Organisationseinheiten mit Betriebscharakter in Privatrechtsform, *in: Verselbständigung von Verwaltungsträgern* (Hrsg. F. Wagener), S. 125 ff.

— Allgemeines Verwaltungsrecht, Ein Studienbuch, 3. Aufl., Düsseldorf 1975 *(Püttner, Allg. VerwR)*

Ramm, Thilo: *Der Arbeitskampf* und die Gesellschaftsordnung des Grundgesetzes, Stuttgart 1965

Rauball, Johannes und Reinhard: Gemeindeordnung für Nordrhein-Westfalen, Kommentar, 2. Aufl., München 1974 *(Rauball, GO NW)*

Rauschenbach, Gerhard: *Wirtschaftsrecht* mit Kartellrecht, Stuttgart, Berlin, Köln, Mainz 1965

Redeker, Konrad/*von Oertzen*, Hans-Joachim: Verwaltungsgerichtsordnung, Kommentar, 5. Aufl., Stuttgart, Berlin, Köln, Mainz 1975 *(Redeker/ v. Oertzen, VwGO)*

Reform des Staatshaftungsrechts: Entwürfe eines Staatshaftungsgesetzes und einer Grundgesetzänderung mit Begründungen, *Kommissionsbericht*, Hrsg. Bundesminister der Justiz und des Innern, 1973

— Referentenentwürfe, Gesetz zur Änderung des Grundgesetzes, Staatshaftungsgesetz, Hrsg. Bundesminister der Justiz und des Innern, 1976 *(Referentenentwurf zur Reform des Staatshaftungsrechts)*

Remmlinger, Herbert: Privatisierung öffentlicher Aufgaben, *Der Gemeindehaushalt 1976, S. 38 ff.*

Rendtorff, Trutz: Kritische Erwägungen zum Subsidiaritätsprinzip, *Der Staat 1962, S. 405 ff.*

Reprivatisierung — wo und wie?: lastauto omnibus Nr. 5/1976, S. 66 ff.

Reschke, Hans: Regierbarkeit von Staat und Gemeinden und ihre Gefährdung, *in: Regierbarkeit? Dezentralisation? Entstaatlichung?* (Hrsg. F. Wagener), S. 27 ff.

Reusch, Hans-Christoph: Gemeindliche Rechtspflichten auf dem Gebiet der Daseinsvorsorge, jur. Diss., Bonn 1970

Reuß, Wilhelm: Arbeitskampf im Bereich der öffentlichen Verwaltung, *DVBl 1968, S. 57 ff.*

— Öffentliche Wirtschaftsverwaltung mit privatwirtschaftlichen Gestaltungsmitteln, *in: Staatsbürger und Staatsgewalt, Bd. II*, Karlsruhe 1963, S. 255 ff.

— Die Organisation der Wirtschaft, in: Bettermann/Nipperdey/Scheuner, Die Grundrechte, 3. Band, 1. Halbband, Berlin 1958, S. 91 ff. *(Reuß, in: Die Grundrechte III, 1)*

— Buchbesprechung von Winfried Brohm, Strukturen der Wirtschaftsverwaltung, *DVBl 1970, S. 396 f.*

Reuter, Lutz-Rainer: Soziales Grundrecht auf Bildung? Ansätze eines Verfassungswandels im Leistungsstaat, *DVBl 1974, S. 7 ff.*

Ridder, Helmut: Die soziale Ordnung des Grundgesetzes, Leitfaden zu den Grundrechten einer demokratischer Verfassung, in: Verfassungsrecht (Hrsg. J. Mück), Opladen 1975, S. 85 ff. *(Ridder, in: Mück, Verfassungsrecht)*

— *Zur verfassungsrechtlichen Stellung der Gewerkschaften* im Sozialstaat nach dem Grundgesetz für die Bundesrepublik Deutschland, Stuttgart 1960

Roth, Wolfgang (Hrsg.): Komunalpolitik — für wen?, Arbeitsprogramm der Jungsozialisten, Frankfurt a. M. 1971

Rothe, Karl-Heinz: Sparkassengesetz für das Land Nordrhein-Westfalen, Kommentar, 3. Aufl., Siegburg 1976 *(Rothe, SpkG NW)*

Rüfner, Wolfgang: *Formen öffentlicher Verwaltung* im Bereich der Wirtschaft. Untersuchungen zum Problem der leistenden Verwaltung, Berlin 1967

Rüthers, Bernd: Gewerkschaftliche Mitgliederwerbung im Betrieb und in der Dienststelle, *JuS 1970, S. 607 ff.*

Sachverständigenrat zur Begutachtung der gesamtwirtschaftlichen Entwicklung: Jahresgutachten 1975, BT DrS 7/4326 v. 24. 11. 1975

Salomon, Klaus-Dieter: *Der soziale Rechtsstaat als Verfassungsauftrag* des Bonner Grundgesetzes, Köln 1965

Sauberzweig, Dieter: Städtische Kulturpolitik, *DSt 1970, S. 111*

Sauerborn, Werner: Fallstudie über die Privatisierung der Müllabfuhr im Landkreis Göttingen, ÖTV (Hrsg.), Zur Privatisierung öffentlicher Dienstleistungen 3, Stuttgart 1977

Schenk, Paul: Kommunale Stromversorgung — ein leistungsfähiger Wirtschaftszweig vor neuen Aufgaben, *in: Kommunale Versorgungsunternehmen* (Hrsg. Bund Werbung GmbH), Frankfurt a. M. 1975, S. 37 ff.

— Kommunalwirtschaft und Umweltschutz, *in: Komunale Versorgungswirtschaft in Nordrhein-Westfalen*, Köln 1971, S. 20 ff.

Scheuner, Ulrich: Die neuere Entwicklung des Rechtsstaats in Deutschland, *in: Rechtsstaatlichkeit und Sozialstaatlichkeit* (Hrsg. Ernst Forsthoff), Darmstadt 1968, S. 461 ff.

— Zur Neubestimmung der kommunalen Selbstverwaltung, *AfK 1973, S. 1 ff.*

Scheuring, Ottheinz/*Lang*, Helmut: *BMT-G II*, Bundesmanteltarifvertrag für Arbeiter gemeindlicher Verwaltungen und Betriebe v. 31. Januar 1962, 5. Aufl., München 1976, Stand: Dezember 1976

Schleberger, Erwin: In Sachen Privatisierung, *DSt 1976, S. 690 ff.*

Schmidt-Bleibtreu/Klein: Kommentar zum Grundgesetz für die Bundesrepublik Deutschland, 3. Aufl., Neuwied und Berlin 1973 *(Schmidt-Bleibtreu/Klein)*

Schneider, Hans: Zur Haftung der Gemeinden für ihre öffentlichen Anstalten, *NJW 1962, S. 705 ff.*

Scholler, Heinrich: *Die Interpretation des Gleichheitssatzes* als Willkürverbot oder als Gebot der Chancengleichheit, Berlin 1969

Scholtissek: Die Eigentumsgarantie des Grundgesetzes, *BB 1952, S. 981 ff.*

Scholz, Rupert: Neue Entwicklungen im Gemeindewirtschaftsrecht — Strukturfragen und Verfassungskritik, *DÖV 1976, S. 441 ff.*

— *Das Wesen* und die Entwicklung der gemeindlichen öffentlichen Einrichtungen. Zugleich ein Beitrag zur Lehre von der Garantie der kommunalen Selbstverwaltung, Berlin 1967

Schreiber, Werner: Das Sozialstaatsprinzip des Grundgesetzes in der Praxis der Rechtsprechung, Berlin 1972

Schricker, Helmut: *Wirtschaftliche Tätigkeit der öffentlichen Hand* und unlauterer Wettbewerb, München, Köln, Berlin 1964

Schwabe, Jürgen: Krankenversorgung und Verfassungsrecht, *NJW 1969, S. 2174 ff.*

— *Die sogenannte Drittwirkung* der Grundrechte. Zur Einwirkung der Grundrechte auf den Privatrechtsverkehr, München 1971

Schwerdtfeger, Gunther: *Unternehmerische Mitbestimung* der Arbeitnehmer und Grundgesetz, Frankfurt a. M. 1972

Seele, Günter: Die besonderen staatlichen Exekutivbefugnisse im Bereich der kommunalen Selbstverwaltung, jur. Diss., Göttingen 1964

Siebert, Wolfgang: Privatrecht im Bereich öffentlicher Verwaltung. Zur Abgrenzung und Verflechtung von öffentlichem Recht und Privatrecht, Festschrift für Hans Niedermeyer zum 70. Geburtstag, Göttingen 1953, S. 215 ff. *(Siebert, in: Niedermeyer-Festschrift)*

Siedentopf, Heinrich: Grenzen und Bindungen der Kommunalwirtschaft. Die wirtschaftliche Betätigung der Gemeinden im System des Privatrechts und Verwaltungsrechts, Stuttgart 1963

Silbergleit, Heinrich: Preußens Städte, Denkschrift zum 100jährigen Jubiläum der Städteordnung vom 19. November 1808, Berlin 1908

Soergel/Siebert: Bürgerliches Gesetzbuch, Kommentar, Schuldrecht II, 10. Aufl., Stuttgart, Berlin, Köln, Mainz 1969 *(z. B. Soergel/Siebert/Glaser)*

Stadtreinigungsamt Mannheim: Thesen zur Privatisierung der Müllabfuhr, Mannheim 1976

Statistisches Bundesamt: Statistisches Jahrbuch 1976 für die Bundesrepublik Deutschland, Stuttgart und Mainz 1976

Staudinger: Kommentar zum Bürgerlichen Gesetzbuch, II. Band, Recht der Schuldverhältnisse, 5. Teil, 11. Aufl., Berlin 1975 *(Staudinger/Schäfer)*

Stein, Ekkehart: Staatsrecht, 3. Aufl., Tübingen 1973

Stein, Erwin: Probleme des Schulrechts nach dem Grundgesetz, *NJW 1950, S. 658 ff.*

Steinbeißer, Albert: Das Ordnungssystem unserer Versorgungswirtschaft und die Stellung der Gemeinden, *in: Kommunale Versorgungsunternehmen* (Hrsg. Bund Werbung GmbH), Frankfurt a. M. 1975, S. 26 ff.

Steiner, Udo: Öffentliche Verwaltung durch Private, Hamburg 1975

— Öffentliche Verwaltung durch Private, *DÖV 1970, S. 526 ff.*

Stellungnahme der Bundesvereinigung der kommunalen Spitzenverbände zur Verfassungsbeschwerde gegen das Bundessozialhilfegesetz vom 30. 6. 1961, *NDV 1963, S. 118 ff.*

Stellungnahme der Bundesvereinigung der kommunalen Spitzenverbände zur Verfassungsbeschwerde gegen das Gesetz zur Änderung und Ergänzung des Reichsjugendwohlfahrtsgesetzes vom 11. 8. 1961, *NDV 1963, S. 114 ff.*

Stephany, Horst: Staatliche Schulhoheit und kommunale Selbstverwaltung, Stuttgart 1964

Stern, Klaus: Kommunalwirtschaft und Verfassungsrecht (Hrsg. VKU), Köln 1970

— Der rechtliche Standort der Gemeindewirtschaft, *AfK 1964, S. 81 ff.*

— *Die verfassungsrechtliche Position der kommunalen Gebietskörperschaften* in der Elektrizitätswirtschaft, Berlin und Frankfurt a. M. 1966

Stern, Klaus/*Burmeister*, Joachim: Die kommunalen Sparkassen. Verfassungs- und verwaltungsrechtliche Probleme, Stuttgart, Berlin, Köln, Mainz 1972

Stern, Klaus/*Nierhaus*, Michael: *Rechtsfragen der Neuordnung des Sparkassenwesens* als Folge kommunaler Neugliederung — Dargestellt am Raum Köln —, München 1976

Stern, Klaus/*Püttner*, Günter: Die Gemeindewirtschaft. Recht und Realität, Stuttgart, Berlin, Köln, Mainz 1975

Studienkommission für die Reform des öffentlichen Dienstrechts: Bericht der Kommission, Baden-Baden 1973

Süsterhenn, Adolf: Das Subsidiaritätsprinzip als Grundlage der vertikalen Gewaltenteilung, in: Festschrift zum 75. Geburtstag von Hans Nawiasky, München 1956, S. 141 ff. *(Süsterhenn, in: Nawiasky-Festschrift)*

Suhr, Dieter: Rechtsstatlichkeit und Sozialstaatlichkeit, *Der Staat 1970, S. 67 ff.*

Surén, Karl-Friedrich/*Loschelder*, Wilhelm: Die deutsche Gemeindeordnung vom 30. Januar 1935, Band I, Berlin 1940 *(Surén/Loschelder, DGO)*

Tallert, Alfons: Gedanken zum städtischen Theater, *DSt 1972, S. 58 ff.*

Thiele, Willi: Wirtschaftsverfassungsrecht, 2. Aufl., Göttingen 1974

Thoma, Richard: Die juristische Bedeutung der grundrechtlichen Sätze der Deutschen Reichsverfassung im allgemeinen, *in:* Nipperdey, Die *Grundrechte und Grundpflichten der Reichsverfassung*, 1. Band, Berlin 1929

Tiemann, Burkhard: Möglichkeiten und Grenzen der Haftungsbeschränkung im verwaltungsrechtlichen Benutzungsverhältnis, *BayVBl 1974, S. 57 ff.*

— Privatisierung öffentlicher Verwaltungstätigkeit, *BayVBl 1976, S. 261 ff.*

Tofaute, Hartmut: Gesellschaftliche und ökonomische Aspekte der Privatisierung unter besonderer Berücksichtigung gewerkschaftlicher Gesichtspunkte, *WSI-Mitteilungen 1976, S. 370 ff.*

Tschirner, Andreas: Die Nutzung haushaltsnaher Infrastruktur. Ein Beitrag zur Konsumforschung im Bereich kollektiver Güter, Diss., Köln 1975

Ule, Carl Hermann: Das Bundessozialhilfegesetz, der Sozialstaatsgedanke und die gemeindliche Selbstverwaltung, *Zeitschrift für Sozialreform 1962, S. 637 ff., S. 701 ff.*

— Öffentlicher Dienst, in: Bettermann/Nipperdey, Die Grundrechte, 4. Band, 2. Halbband, Berlin 1962, S. 537 ff. *(Ule, in: Die Grundrechte IV, 2)*

— Verwaltungsprozeßrecht, Ein Studienbuch, 6. Aufl., München 1975

Ullrich, Konrad: Die Eigenverantwortlichkeit der Gemeinden — zur Auslegung des Artikels 28 II Grundgesetz, *SKV 1976, S. 130 ff.*

— Nochmals: Artikel 28 GG und Aufgabenverteilung zwischen Selbstverwaltungskörperschaften, *SKV 1976, S. 334 ff.*

Verband kommunaler Städtereinigungsbetriebe, Landesgruppe Bayern: Müllabfuhr-Gebührenvergleich zwischen öffentlicher und privater Müllabfuhr, München 1975

Verband kommunaler Unternehmen e. V.: Kommunale Versorgungswirtschaft 1974 - 1975, Geschäftsbericht, Köln 1975

— *10 Thesen zur Stellung der kommunalen Versorgungsunternehmen* in Wirtschaft und Gesellschaft. Leitbild und Ziele, Köln 1975

Verband öffentlicher Verkehrsbetriebe: VÖV-Konzept '76. Öffentlicher Personennahverkehr für die Gesellschaft von heute und morgen. Zielvorstellungen und Wege zu ihrer Verwirklichung, Köln 1976

Verband privater Städtereinigungsbetriebe: Bericht von der Jahrestagung 1975 am 2./3. Oktober in Lahnstein, Köln 1975

Verkehrsbericht 1970 der Bundesregierung: BT DrS VI/1350

Ver- und Entsorgung — Wer macht's?: Podiumsveranstaltung des Deutschen Städte- und Gemeindebundes am 23. März 1976 in Bad Neuenahr-Ahrweiler, Göttingen 1976

Vogel, Klaus: Öffentliche Wirtschaftseinheiten in privater Hand, Hamburg 1959

Vogel, Hans-Jochen: Stadtwerke — notwendiges Instrument der Stadtentwicklung, *in: Kommunale Unternehmen — Kundeneigen, kundennah* (Hrsg. VKU), Köln 1971, S. 9 ff.

Wagener, Frido (Hrsg.): Regierbarkeit? Dezentralisation? Entstaatlichung?, Bericht über die verwaltungswissenschaftliche Fachtagung der Deutschen Sektion des Internationalen Instituts für Verwaltungswissenschaften in Hamburg vom 9. bis 11. Juni 1976, Bonn 1976

— Verselbständigung von Verwaltungsträgern, Bericht über ein verwaltungspolitisches Sonderseminar der Hochschule für Verwaltungswissenschaften Speyer in Verbindung mit der Deutschen Sektion des Internationalen Instituts für Verwaltungswissenschaften in Speyer vom 24. - 26. 9. 1975, Bonn 1976

Wagner, Heinz: Öffentlicher Haushalt und Wirtschaft, *VVDStRL 27, S. 47 ff.*

Weber, Max: Grundriß der Sozialökonomik, III. Abteilung, *Wirtschaft und Gesellschaft*, 1. Halbband, 3. Aufl., Tübingen 1947

Weber, Werner: Zur Problematik von Enteignung und Sozialisierung nach neuem Verfassungsrecht, *NJW 1950, S. 401 ff.*

— *Staats- und Selbstverwaltung* in der Gegenwart, Göttingen 1953

— Die verfassungsrechtlichen Grenzen sozialstaatlicher Forderungen, *Der Staat 1965, S. 409 ff.*

Wege zur menschlichen Stadt: Vorträge, Aussprachen und Ergebnisse der 17. Hauptversammlung des Deutschen Städtetags vom 2. bis 4. Mai 1973 in Dortmund, Köln 1973

Weigel, Paul: Die Gemeindebetriebe der Stadt Leipzig, in: Gemeindebetriebe, Schriften des Vereins für Socialpolitik, 129. Band, 7. Teil, Leipzig 1909 *(Weigel, in: Gemeindebetriebe/Leipzig)*

Weisel, Horst: Der Sozialstaatsgrundsatz des Bonner Grundgesetzes. Ein Beitrag zu seiner Substanz-, Funktions- und Strukturproblematik, jur. Diss., Marburg 1960

Welty, Eberhard: Die Sozialenzyklika Papst Johannes XXIII, Mater et magistra, 2. Aufl., Freiburg i. B. 1961

Wertenbruch, Wilhelm: Grundgesetz und Menschenwürde, Köln, Berlin 1958

— Grundrechtsanwendung im Verwaltungsprivatrecht, *JuS 1961, S. 105 ff.*

Wiegand, Dietrich: Sozialstaatsklausel und soziale Teilhaberechte, *DVBl 1974, S. 657 ff.*

Wiegand, Konrad: Die Übertragung hoheitlicher Befugnisse auf Privatrechtssubjekte, jur. Diss., Mainz 1954

Wiese, Rolf: Überlegungen zur Privatisierung öffentlicher Aufgaben, *SKV 1976, S. 194 ff.*

Winkler, Heinz: Privatinitiative oder totaler Staat, *UiD-Dokumentation 7/76*

Wissenschaftlicher Beirat beim BMW: Kosten und Preise öffentlicher Unternehmen, Bulletin Nr. 4/1976, S. 36 ff.

Wissenschaftlicher Beirat beim BMF: Zur Lage und Entwicklung der Staatsfinanzen in der Bundesrepublik Deutschland, Bulletin Nr. 103/S. 1001 ff. v. 16. 8. 1975

Wittern, Andreas: *Grundriß* des Verwaltungsrechts, 10. Aufl., Köln, Stuttgart, Berlin, Mainz 1975

Wolff, Hans J.: Rechtsformen gemeindlicher Einrichtungen, *AfK 1963, S. 149 ff.*

— Verwaltungsrecht I, Ein Studienbuch, 7. Aufl., München 1968 *(Wolff, VerwR I, 7. Aufl.)*

— Verwaltungsrecht III, Ein Studienbuch, 3. Aufl., München 1973 *(Wolff, VerwR III)*

Wolff, Hans J./*Bachof*, Otto: Verwaltungsrecht I, Ein Studienbuch, 9. Aufl., München 1974 *(Wolff/Bachof, VerwR I)*

— Verwaltungsrecht II, Ein Studienbuch, 4. Aufl., München 1976 *(Wolff/Bachof, VerwR II)*

Zacher, Hans: *Freiheit und Gleichheit* in der Wohlfahrtspflege, Köln, Berlin, Bonn, München 1964

— Soziale Gleichheit. Zur Rechtsprechung des Bundesverfassungsgerichts zu Gleichheitssatz und Sozialstaatsprinzips, *AöR 93, S. 341 ff.*

Zeidler, Karl: Gedanken zum Fernseh-Urteil des Bundesverfassungsgerichts, *AöR 86, S. 361 ff.*

— Schranken nichthoheitlicher Verwaltung, *VVDStRL 19, S. 208 ff.*

Zeiß, Friedrich: *Das Eigenbetriebsrecht der gemeindlichen Betriebe* unter besonderer Berücksichtigung der Eigenbetriebsverordnung Nordrhein-Westfalen, 2. Aufl., Stuttgart 1962

— Kommunales Wirtschaftsrecht und Wirtschaftspolitik, in: Handbuch der kommunalen Wissenschaft und Praxis (Hrsg. Hans Peters), III. Band, S. 611 ff. *(Zeiß, in: HKWP III)*

— Die Versorgungs- und Verkehrsbetriebe als wirtschaftliche Unternehmen der Gemeinden nach den Deutschen Gemeindeordnungen, *DÖV 1958, S. 201 ff.*

Zuleeg, Manfred: Beleihung mit Hoheitsgewalt, Verwaltungshilfe und privatrechtliches Handeln bei Schülern, *DÖV 1970, S. 627 ff.*

Druck:
CPI Druckdienstleistungen GmbH
im Auftrag der
Zeitfracht GmbH
Ein Unternehmen der Zeitfracht - Gruppe
Ferdinand-Jühlke-Str. 7
99095 Erfurt